AFFAIRE ARISTOPHIL

DE LA MÊME AUTEURE

Les Grands Fauves du barreau, avec Valérie de Senneville, Calmann-Lévy, 2016.

L'Amour (fou) pour un criminel, Cherche Midi, 2015 ; Points, 2016.

Les Diaboliques d'Urcel, Scènes de crimes, 2007.

Je parle, avec Laetitia Bohn-Derrien, JC Lattès, 2005 ; J'ai Lu, 2007, Prix des lecteurs Sélection du Reader's Digest 2006.

Les Sanguinaires, Denoël, 2004.

L'Affaire des diaboliques d'Urcel, J'ai Lu, 1996 et 2001, Prix littéraire de la Gendarmerie nationale.

Isabelle Horlans

Affaire Aristophil :

liquidation en bande organisée

Préface de Didier van Cauwelaert

LE PASSEUR
ÉDITEUR

www.lepasseur-editeur.com

ISBN : 978-2-36890-691-0

À Roland et Marie-Jo Agret

On blâme l'injustice, non par l'aversion qu'on a pour elle, mais pour le préjudice qu'on en reçoit.

FRANÇOIS DE LA ROCHEFOUCAULD,
MAXIMES, 1965

Il y a deux manières de combattre : l'une avec les lois, l'autre avec la force.

La première est celle des hommes, la seconde celle des bêtes.

Mais comme très souvent la première ne suffit pas, il est besoin de recourir à la seconde.

NICHOLAS MACHIAVEL,
LE PRINCE, 1513

Préface

DANS un monde où les intentions pures sont non seulement inconcevables mais suspectes, il arrive souvent qu'on requalifie après usage les enchanteurs en apprentis sorciers, les généreux sans méfiance en aigrefins potentiels, les passionnés volubiles en machiavels de l'arnaque. Mais jamais la transmutation des louanges en lynchage n'avait atteint un tel degré que dans l'affaire hallucinante que vous allez découvrir.

De deux choses l'une : ou le personnage central de ce livre, au vu du traitement que lui infligent la justice et les médias, s'avère être l'un des plus grands escrocs du monde, ou bien il est victime d'un complot sans précédent visant à lui confisquer son entreprise et ses biens personnels. Comme tous ceux qui avaient auparavant salué son exceptionnelle réussite dans le domaine culturel, je me suis laissé abuser un temps par les « sources proches du dossier » qui prétendaient connaître la réalité de ses malversations. La présente préface constitue, entre autres, un *mea culpa*.

Il était une fois une société commerciale dont les produits, grâce au flair et à l'expérience de son fondateur, procuraient aux clients investisseurs, du plus fortuné au plus modeste, des plus-values intéressantes dans un secteur jusqu'alors ignoré par la finance : celui des lettres et manuscrits. Tout allait bien dans le meilleur des mondes, jusqu'à ce 18 novembre 2014 où les médias, après avoir célébré le succès époustouflant de ce modèle économique, virèrent de bord du jour au lendemain, apparemment « alertés » par certains experts en autographes et produits financiers, quelque peu jaloux de la gloire de leur concurrent. Et la presse de lâcher alors une bombe à fragmentation : la société en question serait en fait dirigée par un « Madoff français » – en référence à l'escroc américain condamné à 150 années de prison pour avoir vendu du vent. Ainsi, les prétendues plus-values allouées aux investisseurs se résumeraient aux sommes versées par les nouveaux souscripteurs. Pour « preuve » : une perquisition ordonnée à la requête du parquet de Paris, le jour même de la publication du premier article à charge.

Aussitôt, la panique s'empare desdits investisseurs qui, tels les clients d'une banque annoncée en faillite imminente, se précipitent pour récupérer leur mise – sauf que la justice, en vertu du principe de précaution, décide de bloquer les comptes de l'entreprise, lui interdisant ainsi, malgré une trésorerie largement suffisante (plus de 7 millions d'euros immédiatement disponibles !) de verser le moindre centime à ses clients, ses fournisseurs et son personnel. Résultat : le tribunal prononce la liquidation judiciaire de la société incriminée, avant même que l'enquête ait confirmé ou infirmé le bien-fondé de ces accusations gratuites. Et ce, sans qu'il y ait eu la moindre plainte déposée en amont, avant le 18 novembre 2014, par des souscripteurs mécontents ou des organismes de contrôle. Ainsi, la seule preuve à charge retenue dans ce dossier sera la conséquence inévitable d'une telle campagne de diffamation : le mouvement de panique des supposées victimes en puissance, sur qui fondent des cohortes d'avocats leur conseillant de porter plainte, à titre préventif, contre la poule aux œufs d'or au cas où elle passerait à la casserole.

Situation surréaliste, scénario tordu inventé par le romancier que je suis ? C'est pourtant ce qui est arrivé, dans la France d'aujourd'hui, à la société Aristophil et à son fondateur Gérard Lhéritier.

*

Qui est-il, celui que tout le monde désormais qualifie de « Madoff à la française » ? Un Niçois né en Lorraine, collectionneur d'origine modeste ayant fait de son amour irraisonné du patrimoine littéraire une source de plus-value rationnelle pour les passionnés comme lui, humbles ou aisés, qui purent s'offrir par son entremise des lettres de Napoléon, des notes d'Albert Einstein, des brouillons de Charles de Gaulle ou des partitions de Mozart – documents réels, authentifiés, à la valeur établie, sans comparaison possible avec le vent que vendait Madoff.

Le seul crime de Lhéritier, jusqu'à preuve du contraire : être un fils de plombier qui, sans autre diplôme qu'un BEPC, sans autre formation que ses enthousiasmes, son instinct et sa connaissance du marché bibliophile, a créé un formidable parc d'attraction sur le terrain de chasse privée d'experts et de marchands très chics, gardiens d'un temple que cet apparent plouc a osé ouvrir au grand public et au petit peuple. Ajoutez à ce racisme social un délit de faciès et de mauvais goût – un physique de « petit homme rondouillard », comme on s'emploie dès lors à le souligner dans la presse, des « cravates voyantes », une « apparente bonhomie trop généreuse pour être honnête », une « manière tapageuse de fêter sa réussite en offrant des réceptions hors de prix » –, et vous obtiendrez la recette du plus gros scandale de ce début de siècle. L'histoire à peine croyable d'une entreprise florissante volée à son fondateur, lequel sera traité, pour ce faire, à la manière d'un parrain du grand banditisme. Un vol d'État, en somme, perpétré sur décision des pouvoirs publics, pour leur profit et celui de certains marchands à qui Lhéritier faisait de l'ombre, mais qui, du coup, ont prospéré sous les projecteurs de l'actualité en s'enrichissant grâce au dépeçage de son empire.

Voilà ce qui ressort de l'enquête rigoureuse, implacable, renversante menée par Isabelle Horlans. Aussi extraordinaire soit-elle, l'histoire de ce fils de plombier devenu, dans le domaine des lettres et manuscrits, le plus grand collectionneur, investisseur, mécène et créateur de musées privés au monde, avant de tout perdre, pourrait n'être aux yeux du lecteur qu'une aventure digne d'un roman de Balzac – c'est-à-dire, à travers la tragédie d'un honnête homme diffamé, trahi, spolié, une source de comédie humaine, d'indignation passagère, de divertissement haletant aux multiples rebondissements, tant il est vrai que les catastrophes pleuvant sur autrui nous distraient un temps de nos propres malheurs. Cependant, au-delà du drame individuel et du préjudice causé par voie de conséquence à des milliers de clients, l'affaire Aristophil ne peut laisser personne indifférent, car elle constitue un véritable mode d'emploi pour escrocs assermentés : comment faire main basse, en toute impunité, sur l'entreprise d'un particulier. Je n'exagère pas. En l'état actuel de notre appareil juridico-médiatique, où la présomption d'innocence est considérée comme une fausse pudeur ringarde, ce qui a « tué » Gérard Lhéritier peut arriver, demain, à n'importe quel entrepreneur.

Pourquoi ai-je eu à cœur de préfacer le présent livre, malgré les mises en garde amicales d'éminents confrères me conseillant, en substance, de « laisser les morts enterrer les morts » plutôt que d'exhumer un corps toujours en vie, ce qui évidemment dérange du monde ? D'abord, fils d'un avocat ayant payé assez cher les injustices qu'il avait réussi à pourfendre, je supporte mal d'entendre les hyènes hurler avec les loups, surtout lorsqu'elles demeurent sourdes à l'examen objectif des faits. Quand le seul élément à charge contre quelqu'un est un proverbe, quand on brûle d'office un présumé innocent au motif qu'« il n'y a pas de fumée sans feu », je sors mon stylo. Et je m'attends, évidemment, à ce que les pyromanes dressent contre moi des semblants de pare-feu. Éteignons-les d'emblée.

Oui, Gérard Lhéritier est quelqu'un dont j'apprécie l'intelligence pratique, la culture autodidacte, la passion généreuse et la candeur sans complexe de l'homme d'affaires heureux de faire bénéficier de sa réussite ceux qu'il estime. Pour autant, je n'ai jamais reçu de lui le moindre centime, le moindre cadeau, ni signé avec lui le moindre contrat de travail ou d'investissement. Et la seule fois où j'ai dîné à sa table, aux grandes heures d'Aristophil, c'est lors de sa participation à une soirée caritative de la Fondation française pour la recherche sur l'épilepsie, dont je suis le parrain.

Accaparé au temps de sa gloire par une cour de zélateurs plus ou moins sincères, Lhéritier n'était pas un ami. J'ai commencé à le considérer comme tel quand presque tous ceux qui profitaient de ses largesses l'ont lâché, affectant, par souci d'éthique, prudence ou conformisme social, de ne plus être convaincus de son innocence. « Mais cet homme a causé la ruine de petits investisseurs ! » m'objecteront certains. Non. L'autorité judiciaire *seule* a provoqué l'effondrement et le démantèlement d'Aristophil. En l'absence de toute plainte d'investisseurs, rappelons-le. On a *légalement* empêché Lhéritier de restituer leurs collections ou leurs mises de fonds aux clients qui l'auraient souhaité, alors même que sa société en avait parfaitement les moyens. On l'a mis artificiellement en faillite afin de le déposséder : l'enquête d'Isabelle Horlans le démontre point par point. Le dindon de la farce est devenu bouc émissaire, et c'est lui qu'on accuse d'avoir saigné les victimes de sa mise à mort.

Il est donc compréhensible que, dans ce contexte, l'écrasante majorité de ses relations ait pris des distances avec celui qui avait créé « l'une des plus belles sociétés françaises », comme l'écrivait *L'Express* en 2013. Moi-même, la rumeur de novembre 2014 me fit revenir quelques jours, par méconnaissance du dossier, sur ma première impression. J'avais fait la connaissance de Lhéritier au sommet de sa gloire, durant le vernissage d'une de ces fabuleuses expositions qu'il organisait dans son Musée des Lettres et Manuscrits. C'est là qu'il m'avait demandé d'être le président de l'Institut du même nom qu'il allait inaugurer. Parrainage purement honorifique, au même titre que la présidence ponctuelle que tous les salons du livre proposent aux écrivains. J'avais accepté, en témoignage d'admiration pour son action culturelle démesurée – j'étais notamment épaté que ce self-made-man ait mécéné la Bibliothèque nationale de France, à hauteur de plusieurs millions d'euros, pour permettre à l'État, qui ne disposait pas du budget nécessaire, d'acquérir un manuscrit inestimable du XVe siècle, ainsi que les archives du philosophe Michel Foucault.

Après sa chute programmée, mon témoignage d'admiration lui fut, bien sûr, reproché. Si ce « parvenu prodigue » avait affiché sans retenue le soutien d'Académiciens, de prix Goncourt, de journalistes en vue, de personnalités politiques de tout bord, c'était « bien évidemment » pour « s'acheter une respectabilité » en vue d'éventuelles exactions, comme on le martela dans les médias. Autrement dit, il n'y a pas de feux d'artifices sans écran de fumée.

Où en est la justice, aujourd'hui, après avoir déshonoré, volé, ruiné un entrepreneur culturel accusé d'« escroqueries en bande organisée » ? Nulle part. Le dossier est vide de tout élément pouvant justifier un chef d'accusation aussi grave et précis. Comme vous allez le découvrir, certaines collections confisquées à son Musée des Lettres et Manuscrits ont d'ores et déjà été « liquidées », au cours de ventes aux enchères s'apparentant à des braderies en gros, comme pour tenter de justifier *a posteriori* les accusations de surcote – accusations démenties sans cesse, dans le monde entier, par la flambée des prix sur le marché du patrimoine écrit. Ces magouilles à grosses ficelles prêteraient à rire, si elles n'étaient indissociables du harcèlement juridique, financier, moral subi par Gérard Lhéritier et sa fille Valérie, mise en examen comme lui avec gel de ses biens, en tant que responsable des achats d'Aristophil.

Clairement, la conclusion idéale de ce dossier, pour tous ceux qui l'ont *fabriqué*, eût été le suicide de l'innocent présumé, lui permettant ainsi d'accéder au statut de coupable auto-désigné. Lhéritier l'avoue lui-même : sans la présence de ses enfants et petits-enfants, il aurait pu succomber à la tentation de mettre fin à ses jours en réponse à l'acharnement tout-puissant de l'injustice – laquelle aurait gagné par abandon.

En février 2019, à l'heure où j'écris ces lignes, et sans qu'il y ait eu le moindre jugement ni la moindre annonce de procès, Gérard Lhéritier demeure, comme sa fille, mis en examen et tous leurs biens saisis – y compris le restant de ces 170 millions d'euros gagnés à l'EuroMillions que ses accusateurs tentèrent de faire passer pour de l'argent blanchi, et dont il avait versé près d'un quart au compte de son entreprise pour en accompagner le développement. Les seuls bénéficiaires de ce carnage, outre les ennemis de Lhéritier et les Archives nationales si heureux de pouvoir enfin s'emparer de ses biens, sont les avocats démarcheurs de victimes, lesquels ont tout intérêt à ce que perdure une injustice aussi rentable en ce qui les concerne.

Quant aux magistrats, ils ont tenté en 2018 de négocier une sortie de crise honorable pour eux : un « plaider coupable » proposé à Gérard Lhéritier, concernant principalement la rédaction de brochures commerciales dont le style aurait pu être susceptible d'abuser des illettrés. On rêve. Tout ça pour ça. Où est passée l'escroquerie en bande organisée, à quel niveau se situe-t-elle ?

Au lecteur de juger.

Didier van Cauwelaert

Avant-propos

Il est des affaires, rapportées par les journaux, qui suscitent plus de questions qu'elles ne fournissent de réponses. Surtout que, passant d'un article à l'autre, on réalise que leurs auteurs abusent du « copier-coller », reproduisant à l'infini erreurs et approximations dont ils justifient la publication par la mention fourre-tout « de source proche du dossier ». Un habillage qui ne trompe que les lecteurs.

Le « scandale Aristophil », du nom de l'entreprise que dirigeait Gérard Lhéritier, en est une illustration : quatre ans après sa mise en examen pour escroqueries en bande organisée, notamment, le créateur du Musée des Lettres et Manuscrits[1] est condamné par le tribunal médiatique et l'opinion publique, bien qu'il n'ait pas encore été jugé.

De novembre 2017 à juin 2018, espérant éviter un procès-fleuve dont l'issue est incertaine, le procureur de la section financière[2] du parquet de Paris et le magistrat

1. Dans ce récit, le Musée des Lettres et Manuscrits (marque déposée, d'où les majuscules) apparaîtra parfois sous le sigle « MLM », tel que mentionné dans la presse et les rapports d'enquête.
2. À ne pas confondre avec le Parquet national financier qui n'a pas été saisi des faits ici rapportés.

instructeur ont tenté de négocier une sortie acceptable par les parties. En vain. Le « plaider coupable » a été refusé par quatre des neuf suspects et des parties civiles. En l'état, nul ne peut prédire l'issue du dossier. Il n'est pas démontré qu'une « bande organisée » s'est livrée à des escroqueries et, pour l'abus de biens sociaux qui aurait été commis en 2003, non « dissimulé[1] » comme en attestent les bilans comptables, la prescription sera débattue. Seuls semblent aujourd'hui retenus des pratiques commerciales parfois trompeuses, la complicité d'abus de confiance, des erreurs de facturation et le blanchiment de fraude fiscale se rapportant à des plus-values non déclarées par des clients. On est loin des charges initiales.

En dépit de ces évolutions, Gérard Lhéritier reste présenté comme un « Madoff », référence à l'homme d'affaires new-yorkais qui a détourné 65 milliards au profit de sa famille. Il a été condamné à 150 ans de prison pour avoir dupé des millions d'investisseurs croyant effectuer de fructueux placements, en échange de quoi ils ne recevaient que des bordereaux falsifiés.

Les deux affaires sont incomparables. Les sociétés indépendantes Finestim et Art Courtage qui travaillaient avec Aristophil ont vendu des œuvres réelles. Les lettres et manuscrits qu'a réunis Gérard Lhéritier à Paris, dans le plus grand musée privé d'Europe, puis dans un second à Bruxelles, étaient accessibles aux historiens, aux chercheurs, aux lycéens. Pas un des 130 000 documents ne s'est révélé être faux. Des raretés, certaines rapatriées

1. S'il l'avait été, la prescription de trois ans (portée à six ans depuis la loi du 16 février 2017) n'aurait démarré que le jour où les faits ont été découverts.

après leur disparition du territoire français, ont été classées « trésors nationaux ».

Autre donnée factuelle : avant la saisie des collections en novembre 2014, aucun des 18 750 clients n'avait déposé plainte. C'est l'action judiciaire et elle seule qui a plongé dans la détresse les propriétaires et indivisaires, indûment qualifiés de « petits épargnants » puisque Aristophil n'était pas un organisme bancaire. Même l'Autorité des marchés financiers a admis, par écrit, que l'entreprise n'était pas soumise au « régime des intermédiaires en biens divers ». Les courtiers ne plaçaient pas des produits financiers. Si les acquéreurs avaient préféré des actions France Télécom, comme sept millions de Français en 1997 et 1998, à 27,70 euros puis 59 euros le titre, ils auraient perdu leurs économies en 2002, et les plus obstinés se seraient disputé des miettes en 2010. Ils ont choisi les manuscrits, des valeurs plus sûres.

Pour s'en convaincre, il suffit de se pencher sur l'évolution des tarifs d'écrits de Marcel Proust, d'Albert Einstein, d'un courrier de Francis Crick, découvreur de l'ADN, adjugé 6,2 millions de dollars le 10 avril 2013. Il y a dix ans, un poème de Charles Baudelaire se négociait autour de 150 000 euros ; en 2018, une de ses lettres fut acquise 234 000 euros. Bien sûr, toutes les pièces ne se valent pas, les prix varient selon leur caractère exceptionnel, l'engouement pour l'auteur ou la saturation du marché, un phénomène éprouvé depuis la dispersion des œuvres d'Aristophil. Sans compter que si les 120 lettres du fonds Flaubert sont dispersées une à une et non sous forme de collection, la valorisation s'en trouvera réduite.

Les conséquences de la saisie de leurs documents autographes ont fait oublier aux clients qu'ils en restent propriétaires, même s'ils peinent à les récupérer auprès du commissaire-priseur Claude Aguttes qui en a obtenu la garde fin 2016. Et lorsqu'ils sont mis en vente, ils sont si dépréciés par les experts que tous pensent avoir été grugés. Il est évident que si *L'Alchimiste* d'Alexandre Dumas est proposé à 50 000 euros, il trouvera preneur. En l'espèce, Me Aguttes l'a adjugé 72 000 euros (82 368 avec les frais) au libraire Jean-Claude Vrain, mis en examen dans le dossier, qui l'avait vendu 420 000 euros à Aristophil. Il est loin d'être le seul à tirer bénéfice de la liquidation. Ainsi contribue-t-on à augmenter le nombre de « victimes ».

Que Gérard Lhéritier soit disculpé de tout ou partie des soupçons, sa crédibilité demeurera entachée. Ce n'est pas la première fois que sa réputation est écornée. Bien que relaxé le 24 juin 2005 par le tribunal de Nice, après dix ans d'instruction, il continue de traîner comme un boulet l'histoire dite « des timbres de Monaco ». Racontée pour laisser entendre que c'était un galop d'essai, comme le colporte un avocat de plaignants, la presse précise qu'il a été innocenté sans s'étendre sur les rôles du policier qui a piégé Gérard Lhéritier et du premier juge en charge de cette instruction. Le rappel permanent de cet épisode renforce un axiome : dès lors qu'il est épinglé, le justiciable n'est plus jamais blanchi.

Ses mésaventures m'étaient inconnues jusqu'à ce que le regretté Roland Agret, qui présidait l'association Action Justice avec son épouse Marie-Jo, pointent des dysfonctionnements dans l'enquête. Ils postent un premier article le 2 décembre 2014[1] sur leur blog hébergé par LeMondefr. Soit quatorze jours après la descente de police au musée, perquisition dédicacée par un officier « avec les amitiés

1. Marie-Jo Agret, « Gérard Lhéritier, coupable médiatique ? ».

de la DRPJ[1] » et signé Bernard Petit, alors directeur du service. Que l'on prenne cette galéjade au premier ou au second degré, l'enquêteur qui a endossé l'identité de son patron a commis une entorse aux règles du Code de procédure pénale. Elle peut révéler une partialité dont doit s'émanciper l'auxiliaire de justice. « L'anecdote » marque le début des singularités de ce dossier.

Ma confiance en Roland et Marie-Jo Agret, dont le travail a favorisé la révision de procès, a éveillé ma curiosité. J'ai entrepris de lister des questions : pourquoi a-t-on « condamné » Gérard Lhéritier dès l'ouverture de l'enquête préliminaire ? Pourquoi avoir si précipitamment liquidé Aristophil, sans lui laisser l'opportunité d'indemniser qui souhaitait l'être ? Pourquoi le ministère public s'est-il opposé à la cession-redressement que les parties préconisaient, et à laquelle la juge était favorable ? Cette mesure de bon sens fréquemment utilisée aurait permis à chacun d'exercer ses droits. Pourquoi n'avoir publié que des extraits à charge des procès-verbaux ? Pourquoi a-t-on prêté, au P-DG, des sociétés et des comptes offshore ? Pour quel motif a-t-il injecté 41 millions dans son groupe, puisant dans sa fortune personnelle, s'il est un escroc, un âpre aux gains qui roulait des « investisseurs » ? Pourquoi parler depuis près de cinq ans de « 18 000 victimes » et d'un « préjudice de 800 millions » quand, en novembre 2014, il restait 10 000 contrats en suspens, pour un montant de 430 000 millions, et qu'en décembre 2018, il est recensé 1 546 plaignants ? Lesquels ne se sont manifestés qu'*après* le cataclysme. L'apparition de parties civiles, dont certaines confondent dépôt de plainte et déclaration de créances, a légitimé *a posteriori*

1. Direction régionale de la police judiciaire, en l'occurrence de Paris.

le tintamarre juridico-médiatique. Il y a du principe de l'œuf ou de la poule, dans cette affaire. Et pour quelles raisons sont épargnés les courtiers qui auraient berné des souscripteurs, promettant des « gains » ne correspondant pas aux termes du contrat, pourtant précis ? Enfin, que penser des experts mandés par Aristophil qui ont surestimé des œuvres, faussant les prix ?

C'est aussi cela, « le scandale Aristophil ».

Mais pas seulement. Car, une fois les œuvres saisies et authentifiées, ils sont nombreux à s'être bousculés : administrateurs, liquidateurs, les 101 avocats des clients (démarchés dès le 16 février 2015, avant les mises en examen), les commissaires-priseurs et libraires. Honoraires et bénéfices se chiffrent en millions. Quant aux Archives de France, elles se servent dans la collection, s'appropriant des documents qu'elles pouvaient préempter en amont. Fin janvier 2019, 3 000 d'entre eux étaient déjà revendicables, sans bourse délier, et l'inventaire n'est pas terminé !

Cela méritait que l'on s'attarde sur un dossier prématurément ficelé. Il requérait l'étude des cotes et que soit entendue la version de Gérard Lhéritier, en complément du son de cloche qui, tintinnabulant dans les rédactions, veut qu'on ait arrêté un « Madoff français ». Les journaux qui lui offraient leur « une » après que leurs envoyés spéciaux se furent bousculés à ses cocktails l'ont « blacklisté », ils n'entendent plus l'écouter. La maison Gallimard, qui l'éditait, a viré casaque. Le téléphone a cessé de sonner. Seule une poignée de fidèles a résisté à la doxa.

Présenter Gérard Lhéritier comme un « escroc en bande organisée » a permis de justifier la saisie de ses biens, ses gains à l'EuroMillions, d'appliquer la procédure réservée aux trafiquants de drogue, aux terroristes. De là s'ensuit l'effondrement.

J'ai choisi d'exposer ce récit sans respecter l'ordre chronologique qui aurait voulu que l'on débutât par les gardes à vue et la liquidation du groupe. Deux événements survenus les 5 mars et 5 août 2015 soit, entre les deux, cinq mois qui ont ruiné des milliers de gens. Pour démontrer ce qui apparaît comme une volonté de s'emparer des richesses d'Aristophil, il était indispensable de poser le contexte général. Sans développer une théorie du complot, inepte, on peut s'interroger : en rassemblant la plus belle collection de lettres et manuscrits du monde, Gérard Lhéritier a attisé la jalousie et exaspéré jusqu'au sommet de l'État. Le ministère de la Culture a peu goûté qu'un homme sorti de nulle part, désigné par quelques journalistes comme « un plouc », bâtisse un empire avec le patrimoine écrit. Autre énigme : par quel miracle, s'il est l'arnaqueur décrit, Gérard Lhéritier n'est-il pas « tombé » depuis des lustres, tant il fut la cible d'investigations durant vingt-cinq ans ? L'aurait-on laissé agir pour faciliter l'appropriation de ses biens ?

La sensation d'être confrontée à un abus de pouvoir, la somme d'événements qui ont conduit à la « mise à mort » d'Aristophil avant jugement et la situation de clients « dévalisés » m'ont profondément troublée. Il fallait que fût fait le récit détaillé de ce dépeçage qui a détruit les uns et enrichit les autres avec le concours de la justice. Il n'est d'ailleurs pas exclu qu'un jour, la responsabilité de l'État soit engagée.

1

Mardi 18 novembre 2014

« LA police est là, elle monte ! »

Julie, l'assistante de Gérard Lhéritier, est à son poste depuis trente minutes. Il est 9 heures. Elle ignore que ce mardi 18 novembre 2014 marquera son dernier jour de sérénité au travail. Du moins au sein d'Aristophil, société par actions simplifiée qui gère les nombreuses activités de son patron, notamment l'Institut des lettres et manuscrits récemment créé. Le siège du groupe est installé en l'hôtel de La Salle, édifice prestigieux de 1 700 mètres carrés situé 21, rue de l'Université, dans le 7e arrondissement parisien. Inauguré le 24 avril 2013, il a été acquis 34 millions d'euros par Gérard Lhéritier, au nez et à la barbe de l'émir du Qatar, candidat au rachat de cette bâtisse du XVIIe siècle où logea, entre autres, le duc de Cambacérès de son retour d'exil, en 1818, jusqu'à sa mort, en 1824. Les luxueux salons du rez-de-chaussée sont dédiés aux événements littéraires qu'il organise régulièrement. Le Tout-Paris des lettres s'y presse depuis dix-huit mois ; le faste des soirées, la foule d'auteurs, de personnalités politiques qui s'y croisent, attire la presse. C'est un cercle germanopratin où il fait bon être vu. Au premier étage, le propriétaire dispose d'un bureau donnant sur la rue

Gaston-Gallimard, là où l'éditeur de Marcel Proust s'est établi en 1929 pour n'en plus bouger.

À 450 mètres de là, au 222, boulevard Saint-Germain, le fondateur d'Aristophil a ouvert le 18 juin 2010 son Musée des Lettres et Manuscrits, association loi 1901 : en six ans d'activité, celui de la rue de Nesle, inauguré le 18 juin 2004, était devenu trop exigu pour exposer l'ensemble des collections. L'immeuble haussmannien, un écrin jouissant de trois étages et s'ouvrant sur une cour au dallage gris et lustré, abrite une partie des 130 000 documents originaux signés Marcel Proust, Victor Hugo, Albert Einstein, Vincent van Gogh, Wolfgang Amadeus Mozart, Ludwig van Beethoven, Napoléon Ier ou Dwight D. Eisenhower – entre autres illustres écrivains, scientifiques, peintres, musiciens et personnages qui ont écrit l'Histoire. Cela fait 25 ans, presque un tiers de sa vie, que Gérard Lhéritier les collectionne et partage sa passion. Il ignore que des enquêteurs ont aussi assiégé le musée.

« La police ?... »

Gérard Lhéritier interrompt l'entretien quotidien avec son directeur de la culture, Jean-Pierre Guéno. Ils se regardent, interloqués mais pas inquiets. « J'imagine un vol d'œuvre d'art », se souvient l'ancien président d'Aristophil. Peut-être s'agit-il d'inspecteurs de l'Office central de la lutte contre le trafic de biens culturels en quête d'informations. Las ! ce ne sont pas deux officiers qui surgissent mais une vingtaine de civils, arme à la ceinture, brassard orange et noir au bras. L'homme en tête de cortège se présente :

« Commissaire divisionnaire Yves Doublet, chef de la brigade de répression de la délinquance économique. Nous allons procéder aux perquisitions du musée et du siège d'Aristophil dans le cadre d'une enquête préliminaire ouverte par le parquet de Paris. Je vous demande de ne plus toucher à rien. »

Gérard Lhéritier n'a jamais entendu parler de la BRDE, l'une des sept brigades de la sous-direction des affaires économiques et financières, la SDAEF, rattachée à la police judiciaire parisienne. En 2008 et 2010 déjà, il a eu affaire à l'élite de ce service, la Brigade financière, qui a mené des investigations approfondies sur les activités d'Aristophil. La directrice d'enquête a procédé à un audit complet, interrogé les commissaires aux comptes (CAC), étudié la comptabilité, et a conclu à l'absence d'anomalies. Ouverts à la demande du procureur, les deux dossiers ont été classés sans suite.

D'où sa surprise :

« De quoi s'agit-il ? Que cherchez-vous ? »

Yves Doublet botte en touche, précisant simplement que ni lui ni ses employés ne sont soumis au régime de la garde à vue. Ils peuvent ainsi téléphoner à qui bon leur semble. Ce que Gérard Lhéritier va faire pour assembler les pièces du puzzle. D'autant plus facilement qu'il garde en mémoire une série d'incidents survenus durant l'année. Isolés, ceux-ci lui étaient apparus sans grande portée. Regroupés dans un tout, ils ne semblent plus anodins.

D'abord, en février 2014, il a appris que le parquet de Paris risquait de s'intéresser à Aristophil, ainsi qu'à Finestim et sa filiale Art Courtage, les sociétés qui vendent ses lettres et manuscrits. D'après les éléments en sa possession, Jean-Pierre Bonthoux, le procureur adjoint responsable, nourrirait des soupçons sur le modèle économique mis en place, lui reprochant de tromper les acquéreurs en leur assurant des « placements à haut rendement ». N'ayant pas proposé de placement, ayant été la cible de multiples contrôles depuis la création du groupe, d'abord par la Commission des opérations de bourse (COB), puis par l'Autorité des marchés financiers (AMF) qui lui a succédé, Gérard Lhéritier estime qu'il saura réfuter les accusations, si tant est qu'elles lui soient notifiées. Non qu'il prenne les menaces à la légère, mais il considère que c'est la conséquence du rapport de la Direction générale de la concurrence, de la consommation et de la répression des fraudes.

La DGCCRF a enquêté d'octobre 2013 à janvier 2014. Elle lui a adressé sa synthèse en février : un document de 26 pages qu'il juge truffées d'erreurs et de conclusions à l'emporte-pièce, la plus surprenante étant probablement celle-ci : « L'opacité du système mis en place par Aristophil explique l'absence actuelle de plaignants. » Les enquêteurs confirment un fait essentiel mais qu'à l'évidence ils déplorent. Les fuites en direction de la presse permettront de pallier le manque.

Gérard Lhéritier se rappelle qu'au terme de leur réunion à la DGCCRF, ses deux commissaires aux comptes lui ont indiqué qu'un cadre s'était montré menaçant : « Nous ferons tout pour fermer cette boîte, nous avons des ordres. » Inquiets, les CAC vont lancer une procédure d'alerte en mai 2014, qu'ils suspendront dès le mois de juin. Le patron d'Aristophil a entre-temps convaincu le juge Tessiot, en charge des entreprises en difficulté au tribunal de commerce. Accompagné de son expert-comptable, il a fourni des explications et des documents qui ont rassuré le magistrat. L'ex P-DG se souvient d'un entretien « détendu ».

Il s'agit pourtant du premier signal d'alarme.

En avril, Bruno Racine, alors président de la Bibliothèque nationale de France, lui a conseillé de se méfier. De qui ? Du ministère de la Culture, de l'Économie, du directeur des Archives de France, Hervé Lemoine ? Sans plus de précision, Gérard Lhéritier pense que cela relève d'ouï-dire qui le disent « fini » et n'y attache guère d'importance. Deuxième avertissement. En mai, les clignotants auraient dû passer à l'orange quand un commissaire-priseur lui rapporte trois mots captés au vol à l'assemblée générale de l'Observatoire du marché de l'art : « Objectif, destruction d'Aristophil. » Et le feu vire au rouge lorsque, le 15 octobre 2014, *Charlie Hebdo* consacre un article à son entreprise[1]. Si sa nature résolument optimiste n'avait pas altéré sa perception des faits, Gérard Lhéritier aurait senti le vent du boulet. Car en révélant qu'un procureur de Paris avait ouvert une enquête préliminaire, pour présomption « d'escroqueries », l'auteur disait vrai.

Ce 15 octobre, l'hebdomadaire décrit « l'arnaque » qu'il aurait montée, évoquant « plus de 15 000 clients » potentiellement victimes et la « fantastique baraka qui semble auréoler ce Lhéritier, qui parvient à transformer les vieux papiers en or ». Les dénégations de son avocat, Francis Triboulet, sont rapportées en dix mots. Il n'est pas fait mystère des sources : la vidéo en caméra cachée réalisée en 2013 par l'UFC-Que Choisir, montrant un courtier indépendant promettant à une cliente une plus-value annuelle de 8 % – faute imputable au seul conseiller en gestion, comme l'enquête l'a prouvé, mais présentée comme les méthodes habituelles de Finestim et d'Art Courtage –, le PV de la DGCCRF et Frédéric Castaing, l'ex-président du Syndicat de la librairie ancienne et moderne (SLAM).

---

1. Laurent Léger, « Ces niches fiscales qui transforment le papier en or ».

Héritier de la célèbre maison Charavay, fondée au XIXe siècle, ce dernier est parti en croisade contre Aristophil, jugeant ses pratiques nuisibles au marché et faisant de l'ombre aux « vrais spécialistes ». Il a le droit de le penser. Toutefois, derrière ses témoignages, on perçoit son dédain pour le dirigeant autodidacte qui détonne dans le microcosme des gens bien nés. Les méthodes de monsieur Castaing ne sont guère empreintes de courtoisie. À la bataille qu'il devrait livrer en salles de ventes, il paraît préférer le dénigrement par voie de presse. Depuis l'année 2008, il éreinte Gérard Lhéritier auprès de plusieurs publications[1]. Clin d'œil du calendrier : le jour de la perquisition au siège d'Aristophil, Frédéric Castaing est élu à la présidence de la Compagnie nationale des experts. Ce poste lui conférera le poids qui lui manquait pour convaincre d'autres journalistes.

Ainsi joints bout à bout, la somme de « détails » le persuade du péril à venir. Reste à en mesurer l'ampleur. Allant et venant tel un lion en cage en l'hôtel de La Salle, il entreprend des policiers, cherchant à en savoir plus ; en vain. Il en va ainsi, en France : tant qu'on n'est pas placé sous statut de témoin assisté ou mis en examen, on n'a pas accès au dossier. On peut être inquiété et dénigré durant des mois sans être en capacité de riposter et de se défendre à armes égales.

---

1. Dans *Libération* du 4 juin 2008 ; *Que Choisir ?* du 31 mars 2011 (évoquant les collections, F. Castaing parle de « papiers » et souligne la malhonnêteté de Gérard Lhéritier) ; *Libération* du 1er février 2013 ; *Le Parisien* du 6 mars 2015 ; *Témoignage chrétien* du 16 avril 2015 ; France Inter, *Secrets d'info* du 17 avril 2015 (« Il [Gérard Lhéritier] a su acheter toute une série de gens et utiliser deux experts près la cour d'appel de Paris ») ; *Challenges* du 4 juillet 2015 ; Canal+ le 25 avril 2016 ; RT.com du 4 décembre 2017 ; *Les Échos* du 14 décembre 2017 ; *Le Figaro* du 18 décembre 2017 ; France 2 le 20 décembre 2017. Liste non exhaustive.

C'est alors que sa fille Valérie, directrice des achats d'Aristophil, basée au bureau de Villeneuve-Loubet (Alpes-Maritimes), l'avise que la police a investi les lieux ainsi que les propriétés de famille. Et que des perquisitions sont en cours en divers endroits : au siège lyonnais de Finestim, société de gestion qui, avec sa filiale Art Courtage, vend les lettres et manuscrits ; chez quatre courtiers ; chez son expert-comptable Denis Potier et chez le libraire Jean-Claude Vrain, spécialiste de livres anciens établi à Paris. Quelque 150 policiers mènent ces opérations simultanées. La justice a déployé des moyens généralement destinés au grand banditisme. Une évidence s'impose : l'heure est grave.

Ès qualité de directeur de la publication du magazine littéraire *Plume* consacré au patrimoine écrit, racheté en 2006, il bénéficie du régime protecteur de la presse ; ses données personnelles ne peuvent être saisies sans l'aval d'un magistrat. Lequel valide la fouille de son ordinateur, de ses agendas, de sa sacoche et ordonne la confiscation des documents susceptibles d'aider à la manifestation de la vérité.

Puis un appel téléphonique de son banquier l'informe que ses comptes à la Société Générale viennent d'être bloqués. Pire, ceux de ses enfants le sont également ! Il est muet de stupeur : s'il conçoit le gel des avoirs d'Aristophil le temps nécessaire aux investigations, pourquoi faire main basse sur les économies de son fils qui n'a aucun lien professionnel avec la société, excepté ses 10 % d'actions ? Quant à sa fille, elle n'est que salariée, actionnaire au même titre que son frère mais n'a perçu que deux fois ses dividendes. Ce statut la rend-il automatiquement « suspecte » ?

« Là, j'ai assurément commencé à m'inquiéter, se remémore Gérard Lhéritier. Les perquisitions pouvaient ne pas signifier grand-chose. En revanche, le gel de notre argent, des actifs d'Aristophil, allait pénaliser nos activités. Si cette mesure n'était pas vite levée, je ne pourrais plus rémunérer les 61 employés, régler les factures, les éventuelles demandes de rachat par notre clientèle. Je croyais que la justice ne réservait de tels moyens coercitifs qu'aux gros bonnets de la drogue... »

Le voici donc sans ressources. Son compte affiche toujours un solde positif, mais il ne peut plus retirer un euro. Contrairement à ce que les médias laissent entendre, Gérard Lhéritier ne dispose pas d'épargne dissimulée dans des paradis fiscaux. Quant à sa fille, elle jouit d'un traitement de faveur : ses capitaux sont bloqués, excepté la somme de 1 000 euros qui lui permettra de subvenir à ses besoins immédiats. Mère de deux enfants, elle pourra à peine les nourrir. La réquisition stipule que leurs biens immobiliers sont sous séquestre. Il ne sera plus possible de les vendre pour vivre. S'agissant de son fils, l'enquête l'a finalement innocenté. Il n'a eu aucun rôle dans le fonctionnement d'Aristophil. Le 29 février 2016, soit quinze mois et demi après la saisie conservatoire, Me Triboulet a obtenu de la cour d'appel que lui soit restitué son argent...

Bras ballants, abasourdi, le président d'Aristophil regarde les cartons se remplir. Tous les dossiers et les ordinateurs sont saisis. Il a créé sa société en 1990 : les archives sont volumineuses. Hormis les échanges entre policiers, il règne un silence impressionnant traduisant la stupeur collective. Des salariés sont mis à contribution pour faciliter l'accès des fonctionnaires à la base de données ARIBA répertoriant les collections, les stocks, le fichier des adhérents. Autant de renseignements qui vont permettre de clarifier la situation, mais dans combien de temps ? Six mois ? Un an ? Plus ? Que va devenir Aristophil ?

Machinalement, il remet un peu d'ordre sur son bureau où sont éparpillés bristols, cartes de visite, messages de félicitations et de remerciements. D'une main lourde, il ramasse l'invitation que le président François Hollande lui a adressée deux mois plus tôt. Un beau souvenir, cette cérémonie du 30 septembre 2014 à l'Élysée pour la remise du Prix annuel de l'audace créatrice. Le président du jury, Marc Ladreit de Lacharrière, l'a remis au Groupe Gorgé, entreprise familiale spécialisée dans la robotique civile et militaire. Ce jour-là, au Palais de la rue du Faubourg Saint-Honoré, Gérard Lhéritier n'apparaissait pas par hasard auprès des plus prestigieux patrons du CAC 40. Cette consécration, il la devait à ses performances de l'année 2013 : en lice pour le prix de l'Entrepreneur organisé par Ernst & Young, il s'était hissé au 31e rang des 194 sociétés indépendantes les plus compétitives et les plus rentables, selon les tableaux établis par *L'Expansion* et *L'Express*, et à la 14e place au classement des 77 « plus belles sociétés d'Île-de-France ». Et le voici soudain dépossédé, tel un roi déchu.

Malgré lui, il sourit en repensant aux échanges avec François Hollande et à son entretien avec le ministre de l'Économie, Emmanuel Macron, futur chef de l'État. L'un comme l'autre avait salué sa réussite. C'était il y a quarante-neuf jours... Un siècle, lui semble-t-il ce soir, tandis qu'il remise le bristol frappé des armoiries de la République et éteint les lumières. Il est 23 heures, la police vient de lui signifier qu'elle a terminé son travail. En l'hôtel de La Salle, il ne subsiste qu'un immense désordre : papiers abandonnés à même le parquet, poubelles pleines d'emballages de sandwichs, de canettes de soda. Gérard Lhéritier en referme la grille, remonte la rue Gaston-Gallimard vers la rue du Bac, parcourt à pas pesants les 450 mètres qui le séparent du Musée des Lettres et Manuscrits. Il veut s'assurer que tout est en ordre, que les chambres fortes qui protègent les œuvres ont été convenablement refermées. Des scellés closent leurs portes. Sur une page du livre d'or, il découvre une dédicace du directeur de la police judiciaire, Bernard Petit : « Avec les amitiés de la DRPJ. » Il apprendra plus tard qu'un officier de police facétieux est l'auteur du canular.

En s'éloignant vers l'hôtel où il descend lorsqu'il est à Paris, il ne peut s'empêcher de penser que les historiens, bibliothécaires, chercheurs, écoliers et étudiants, ou simples passionnés, ne seront sans doute plus autorisés à consulter les collections, des pièces inestimables du patrimoine français et mondial. Il a beau se dire que le fonds ne pourra pas être affecté de façon durable, irrémédiable, Gérard Lhéritier a tout de même un terrible pressentiment.

À raison. À peine a-t-il gagné sa chambre que sa fille, complètement bouleversée, l'informe qu'un article très virulent a été posté sur Internet en milieu de journée, avant que les perquisitions ne soient achevées. Soucieuse de ménager son père, Valérie n'a pas voulu l'alerter trop tôt. Assis sur son lit, il clique sur le lien URL qu'elle lui a transmis et n'en croit pas ses yeux.

La machine à broyer médiatique a entrepris son œuvre.

2

La déferlante médiatique

À 12 h 47 ce mardi 18 novembre, lePoint.fr a effectivement lâché la bombe sous le titre « Descente de police au Musée des Lettres et Manuscrits ». Christophe Labbé, Mélanie Delattre et Laure Rougevin-Baville publient un article documenté, préparé avant les perquisitions. Le scoop ne relève pas de la fuite fortuite dont peut bénéficier un journaliste grâce à un voisin bavard ou à un bruit de couloir attrapé au vol dans un commissariat. Il s'agit d'une confidence résultant de la proximité entre les reporters et des enquêteurs de la BRDE, de la DGCCRF, ou des magistrats du parquet. Les sources éventuelles sont multiples.

S'il est normal que les rédacteurs aient tiré profit de l'indiscrétion, la manière dont ils l'exploitent pose question : ils ne s'en tiennent qu'à la version officielle, bien que concluant avoir « contacté ce mardi Gérard Lhéritier [qui] n'a pas répondu à nos sollicitations ». La chute ne manque pas de sel quand on sait que le président d'Aristophil, sexagénaire courtois et disponible, entretient des rapports privilégiés avec *Le Point*. À telle enseigne que le 19 novembre, lendemain de la « descente », il a prévu d'accueillir le directeur du magazine, ses cadres et quelques-uns de ses éditorialistes, dont Franz-Olivier Giesbert, qui vont remettre un prix littéraire dans les salons de l'hôtel de La Salle, mis gracieusement à leur disposition. Si les trois rédacteurs avaient appelé Gérard Lhéritier sur son portable ou sa ligne fixe, il aurait répondu, ne serait-ce que pour équilibrer le récit de ses malheurs. Comme l'aurait fait Me Triboulet, l'un de ses avocats que *Charlie Hebdo* n'avait eu aucun mal à joindre un mois auparavant.

Pour l'anecdote, précisons que, mercredi 19, l'état-major du *Point* se présentera comme si de rien n'était rue de l'Université, et s'étonnera que le « service justice » ait pu s'en prendre ainsi à « l'ami Gérard », promettant d'intervenir, et de le rappeler ensuite. Il n'aura plus de nouvelles. Mais la réception fut un succès.

Alors que nous apprend cet article ? Il débute par un artifice supposé protéger les sources : « La nouvelle s'est répandue comme une traînée de poudre dans le petit monde feutré des bibliophiles. » Il confirme que la BRDE a « investi l'hôtel de La Salle et sa dizaine de salons richement décorés », ainsi que « différentes adresses d'Aristophil ». Monsieur Lhéritier est présenté comme un « businessman avisé », à raison. La presse se montrera plus tard moins sympathique, raillant son physique de « petit monsieur rondouillard ».

Sur le fond, l'hebdomadaire est mieux renseigné que le mis en cause : « Le fisc et Tracfin, le service de Bercy chargé de traquer les mouvements d'argent suspects, ont repéré des irrégularités dans les finances du groupe. Redoutant qu'une partie des 500 millions confiés à Aristophil par ses clients se soit volatilisée, l'organisme anti-blanchiment a transmis au parquet une note alarmiste, le conduisant à ouvrir une enquête préliminaire pour pratiques commerciales trompeuses et escroquerie en bande organisée. » Ce dernier chef est l'un des délits les plus sévèrement punis par le Code pénal : dix ans d'emprisonnement et une amende pouvant atteindre le million d'euros. Il recouvre une notion abstraite qui renvoie à une incrimination jumelle : l'association de malfaiteurs. Opérer en « bande organisée » implique la préméditation, la concertation et une volonté partagée entre les membres de l'entente, en vue de commettre l'infraction. Il faut avoir connaissance du caractère frauduleux de l'escroquerie et s'y impliquer consciemment, de façon active (et non passive)[1]. Gérard Lhéritier est médusé. Il songe à une erreur. Quatre mois et demi plus tard, il apprendra que la justice a ouvert l'information au plus large, comme souvent, quitte à revoir l'accusation à la baisse si l'instruction n'a pas caractérisé la totalité des faits. Ce qui se produira.

Poursuivant sa lecture, il ressent un deuxième choc en s'arrêtant sur un sous-titre qui donne le *la* du tintamarre à venir : « Arnaque façon Madoff ? » Le sulfureux patronyme avait déjà été employé dans *Libération* du 1er février 2013, vingt-deux mois auparavant, Vincent Noce ayant le premier dressé un parallèle entre l'escroc américain et le fondateur du Musée des Lettres et Manuscrits. Un rapprochement offensant puisque le financier new-yorkais vendait du vent en promettant la lune, alors que les lettres et manuscrits de Gérard Lhéritier existent. La comparaison, reprise par *Le Point*, s'accompagne du point d'interrogation censé atténuer la sanction en cas de procès pour

1. La Cour de cassation estime que la pratique commerciale trompeuse peut se cumuler avec l'escroquerie dans certaines circonstances, notamment lorsque « l'objectif présenté comme garanti s'avère irréalisable ».

diffamation. Mais il disparaît au paragraphe suivant. L'arnaque est entérinée bien qu'aucun juge d'instruction n'ait été désigné. La démonstration qui suit est implacable.

« Une pyramide de Ponzi[1] nouvelle formule, est-il écrit, ne s'appuyant pas sur des traders âpres au gain mais sur des collectionneurs aveuglés par leur passion. » Des « spécialistes du marché » jugent le rythme « intenable ». L'un d'eux certifie que Aristophil est « un château de cartes qui menace de s'écrouler à tout moment », quand un autre, à l'identité pareillement secrète, tient pour acquis que « la bulle spéculative, entretenue grâce aux nouveaux investisseurs, permet de surenchérir dans les ventes publiques ». Tous les témoignages sont anonymes.

L'énumération d'œuvres est accompagnée du prix d'achat, faramineux : la valse des millions donne le tournis au lecteur non édifié de la valeur des autographes. Le but est de démontrer qu'il s'agit d'une truanderie. Interroger des connaisseurs aurait atténué l'effet désastreux. Mais, selon l'article, ces garants professionnels sont forcément « complices », « main dans la main » avec Aristophil : « La police s'intéresse particulièrement à Thierry Bodin, expert près la cour d'appel de Paris, un proche de Gérard Lhéritier qui a attesté l'authenticité du testament politique de Louis XVI acquis en 2009 par Aristophil [...] Il aurait vendu à la société 7 000 lettres pour plus de 2 millions d'euros, valorisées ensuite dans les comptes à plus de 10 millions. Une inflation pour le moins étonnante loin d'être la seule bizarrerie du système Lhéritier. »

---

1. Du nom de l'Italien Charles Ponzi qui, en 1919-1920 à Boston, Massachussetts, élabora un système frauduleux consistant à rémunérer ses anciens clients avec l'argent des nouveaux entrants. L'escroc berna 40 000 personnes.

Nul besoin de lire entre les lignes pour interpréter le rôle de Thierry Bodin : s'il a favorisé Gérard Lhéritier, il est son comparse ! Sa librairie Les Autographes est perquisitionnée en janvier 2015, sa comptabilité saisie, sa réputation souffrira de son placement sous statut de témoin assisté, désormais levé. En 2018, parce que le monde est petit, il est un expert officiel des ventes réalisées sous la houlette du commissaire-priseur chargé de la liquidation des collections d'Aristophil. Société dont Thierry Bodin a été un des fournisseurs pendant onze ans, réalisant de belles marges : 348 000 euros pour les correspondances Académie française, 200 000 euros dans le cas du manuscrit autographe de la déclaration de Louis XVI contre le manifeste de Brunswick, 130 000 euros pour la collection Napoléon-Suchet[1]. « Monsieur Lhéritier était un très bon client », admet-il devant la juge le 22 novembre 2016. Rien d'illégal dans ces transactions mais les prix de cession ont altéré l'idée que s'en faisait Gérard Lhéritier. Par exemple, quand Jean-Claude Vrain, coiffant sa casquette d'expert, valorise 120 lettres de Gustave Flaubert à 1,6 million, son client lui fait confiance. Plusieurs fois, il y a eu méprise à la base des ventes à Aristophil. Un pan de l'affaire capital. Pour l'instant, restons sur LePoint.fr. La mention de cet article à charge est importante car pour sonner la curée, les confrères des reporters s'appuient sur leurs révélations.

Elles font la part belle aux informations de la DGCCRF : « Le groupe est au cœur d'une nébuleuse de sociétés immatriculées en Grande-Bretagne, Suisse, Autriche, Belgique et au Luxembourg. À quoi servent ces filiales ?

1. Audition de Thierry Bodin du 19 novembre 2015 et étude de sa comptabilité par la BRDE.

Bercy soupçonne les dirigeants [du siège] d'utiliser des coquilles vides pour y loger des manuscrits acquis à l'étranger loin des yeux du fisc français, peut-être même pour y dissimuler une partie des bénéfices comme le laisse penser la découverte de comptes suisses non déclarés. »

Gérard Lhéritier a le souffle coupé : il ignore tout de « la nébuleuse de sociétés », des « coquilles vides », il n'a pas fraudé l'URSSAF et s'il fut titulaire d'un compte helvète, un seul et non plusieurs, il l'a déclaré dès l'ouverture, avant de le fermer en 2013. Pour parfaire ce tableau dont le but est d'affoler la clientèle, son parcours est exhumé pêle-mêle : la douane l'aurait accroché pour « non-déclaration de flux financiers avec le Luxembourg » ; une instruction pour « escroquerie » est ouverte en Belgique et, en France, « une enquête menée par la Brigade financière a tourné court ». Elle n'a pas « tourné court », soyons précis : les investigations, conduites à partir de 2008 et de 2010, ont chacune duré un an ! Et elles n'ont pas donné lieu à des poursuites.

Enfin, il est précisé que le ministère de la Culture « a intenté une action après que les Archives nationales se sont fait rafler par Aristophil des brouillons du général de Gaulle envoyés de Londres. Si le jugement du 20 novembre 2013 est confirmé en appel, Aristophil devra rendre les 313 documents gratuitement ! Avant-goût de ce qui attend les investisseurs alors que d'autres manuscrits sont revendiqués par le ministère… ». Les points de suspension renforcent l'avertissement : bientôt, les acquisitions ne vaudront plus tripette.

L'article compte environ sept feuillets. S'il était le fruit d'investigations nourries par l'étude approfondie du dossier, par les réponses aux interrogations soulevées auxquelles les avocats d'Aristophil auraient volontiers répondu, Gérard Lhéritier aurait pu, sinon accepter la démarche, du moins la concevoir. Il respecte la presse, en connaît par expérience les contraintes, parfois les limites. Mais en l'espèce, au-delà du malaise qu'il ressent à cause de la concomitance entre les perquisitions et leur divulgation, il est estomaqué par la violence de l'uppercut. Sauf miracle, il ne sortira pas indemne de ces attaques et ceux qui ont armé la main des médias ne le lâcheront pas. La presse va faire ses choux gras des détails que recèle l'affaire : des « people » gravitent dans l'entourage du suspect et cela nécessite de fouiller pour déterminer leur éventuelle « implication ».

Sa relation amicale avec Patrick Poivre d'Arvor devient ainsi douteuse : parrain du musée, cette figure médiatique est une cible de choix. Sous la plume de Jérôme Dupuis, critique littéraire à *L'Express*, PPDA est croqué comme un « inamovible "parrain"[1] », avec des guillemets renforçant l'idée que son rôle est une farce. Les « chics invités » présents à la soirée du 24 avril 2013 relatée par le journaliste, convié, sont scrutés par le menu, jusqu'aux « interminables talons bleus » de Rachida Dati, « hilare ». « La silhouette hitchcockienne de Gérard Lhéritier va de l'un à l'autre, aux anges [...] Tout ce que Paris compte de "vedettes" est venu faire allégeance à "l'empereur du manuscrit" [...] Un sacre, vous dit-on. » Tant de beau monde pour « le fils de plombier titulaire du BEPC », « petit autodidacte venu de Lorraine » ! S'ensuit une description de sa villa niçoise, où Jérôme Dupuis n'est jamais allé, imaginant un potager, une presse à huile d'olive aux abords d'un

1. « Vente de manuscrits : l'étrange système Aristophil », édition du 7 mai 2013.

étang et une piscine intérieure. Il révèle « qu'un dossier Aristophil est ouvert à la Brigade financière depuis deux ans » (il est depuis longtemps refermé), que le président « va comparaître devant la chambre correctionnelle de Luxembourg » (le procès n'a jamais eu lieu).

L'article est tant à charge que Jean-Pierre Guéno, le directeur culturel du groupe, publie une lettre ouverte le 13 mai, fustigeant « la posture agressive » du reporter, son « animosité permanente », son « mépris social constant », son « procès contre l'apparence physique de [ses] victimes », le « règlement de compte contre Gérard Lhéritier et son entreprise », ses « vieilles inimitiés envers certaines célébrités de l'audiovisuel et de la politique ». Faute d'avoir été entendu lors de son interview, l'écrivain normalien, énarque, longtemps directeur des éditions de Radio France, insiste sur l'essentiel : « Aristophil n'a jamais fait miroiter de substantiels intérêts à quiconque, elle n'en a pas le droit et fait la chasse aux courtiers qui violeraient cette règle […] Si la société n'avait pas existé depuis dix ans, 30 % des trésors les plus prestigieux vendus chez Christie's et Sotheby's auraient quitté l'Europe. » Et s'agissant des prix de vente fixés par Aristophil, il brandit cet argument : « Chez tout éditeur, le coefficient multiplicateur entre l'achat d'un livre (droits et coût de fabrication) et sa vente relève du multiple de 5, le [taux] le plus courant dans tout acte commercial. Et que dire lorsque vous commandez un café au comptoir ? »

Cette réponse cinglante n'empêchera pas Jérôme Dupuis de poursuivre l'enquête, notamment sur les liens qui unissent Gérard Lhéritier et Patrick Poivre d'Arvor, jusqu'à exhumer un prêt personnel, déclaré, que l'ex-présentateur du 20 heures a contracté auprès du collectionneur et qui a été remboursé. Il est stipulé qu'il a reçu en cadeau des lettres et manuscrits, lesquelles ont été restituées aux liquidateurs, ce qui ne sera nulle part précisé. Des journalistes signaleront toutefois que PPDA ne fut pas mis en examen. Dans ce deuxième article[1], la charge contre Aristophil est encore plus véhémente et le demeurera trois ans plus tard. Le 3 novembre 2018, *L'Express* titre à la une « La folle histoire du "Madoff" français ». « Un scandale à 1 milliard d'euros », lit-on en ouverture de l'article s'étalant des pages 79 à 87.

Avec Laurent Léger qui a quitté *Charlie Hebdo*, Jérôme Dupuis livre sa vision du dossier. La même depuis 2013, à ceci près que les prestations tarifées des vedettes pimentent le reportage, jusqu'à la révélation illégale du montant des avoirs en banque de PPDA, « "tête de gondole qui fait merveille auprès des épargnants de province ». L'article a été salué par le commissaire-priseur Claude Aguttes, qui en a fait la publicité sur son compte Twitter.

Cette fois, c'en est trop : ces imputations font l'objet de poursuites en diffamation engagées devant le tribunal de Paris. Et le droit de réponse, ignoré, a été suivi d'un référé à Nice. La publication par ce même magazine, en 2013, du palmarès des sociétés « les plus compétitives » et « les plus rentables » n'est plus qu'une archive poussiéreuse.

La proximité de Gérard Lhéritier avec le Tout-Paris politico-intellectuel fait jaser. Par quel tour de magie les initiatives de cet inconnu ont-elles attiré Hélène Carrère d'Encausse, Jean d'Ormesson, Jean-Louis Debré, parmi tant de personnalités, les ex-chefs d'État Valéry Giscard d'Estaing, Nicolas Sarkozy, François Hollande ? Qu'a-t-il

1. « Aristophil, chute d'un empire de papiers », édition du 10 mars 2015.

offert contre leur présence à ses cocktails ou les invitations que certains lui ont adressées ? Leur fascination pour ses collections ne suffit-elle pas ? « Non », répond en substance Jérôme Dupuis. Il soutient qu'il a payé la plupart des convives, en remettant parfois des prix bidons[1]. « Ça fait partie d'une stratégie de notabilité savamment pensée », écrivait-il en mai 2013.

Le Point du 18 novembre 2014 le dit aussi « généreux contributeur de l'UMP », sous-entendu protégé par la droite, « qui ne manque pas une occasion de rappeler les dons de plusieurs millions d'euros faits à la Bibliothèque nationale de France (BNF) et à la Ville de Nice ». Soudain, sa politique de mécénat, soumise à l'aval des ministères de la Culture et du Budget, se retourne contre lui. Autre élément, cent fois recopié : « Le magnat n'a pas seulement décroché la martingale avec ses juteux placements. Il a touché le jackpot au sens propre, empochant en novembre 2012 un gain faramineux de 169[2] millions à l'EuroMillions ! [...] Surprenant ? Pas quand on a le don de transformer le papier en or. » Par la suite, la rumeur ira jusqu'à lui prêter l'achat du ticket gagnant auprès d'un inconnu assez fou pour le lui céder !

Comment tant de chance peut-elle sourire à cet homme « d'extraction modeste, ancien soldat puis assureur » ? Ses origines et son absence de diplômes, rappelées dans la plupart des articles depuis huit ans, auraient dû être invoquées comme une manifestation d'intelligence et de savoir-faire (aux USA, on parlerait de success-story). En l'espèce, ce passé fait l'objet d'une ironie dépréciative : il n'appartient pas au sérail. S'il lui est concédé une passion sincère pour le patrimoine culturel, c'est pour ajouter que

1. Interview audio sur le site de *L'Express*, diffusée le 2 novembre 2018.
2. En fait, il a gagné 170 millions.

sa ferveur ne repose sur aucune connaissance approfondie de l'histoire et de la littérature. Qui le connaît sait que c'est faux. La caricature en fait un personnage uniquement attiré par le profit. Un raisonnement captieux qui repose sur la volonté de nuire.

Gérard Lhéritier va passer une mauvaise nuit. La première d'une longue série qui, à petit feu, altérera son état de santé. Cherchant le sommeil jusqu'à l'aube du 19 novembre, il devine que la déferlante médiatique risque de provoquer des dégâts irréparables à la société, que son nom sera durablement souillé. Il voit juste. Pas un reporter ne souhaite rester à la traîne du *Point*, aussi les papiers s'enchaînent-ils. *Le Parisien*[1] tricote une trentaine de lignes durant les perquisitions, reprenant les soupçons d'escroquerie par celui que le journal encensait en octobre 2013 : il relatait alors « l'insolente réussite » de Gérard Lhéritier, son « idée ingénieuse », « les avantages qu'offraient les investissements dans sa collection ». Il était alors de bon ton d'applaudir ses initiatives. Fin 2014, à de rares exceptions près, il n'est même plus question de l'interviewer.

Vincent Noce, de *Libération*, l'a mauvaise d'avoir été grillé puisqu'il « savait » depuis plus d'un an, aussi republie-t-il *in extenso* son enquête de février 2013 sous le titre « Aristophil gavé en lettres d'or », accompagnée d'une mise à jour impartiale[2] : il donne la parole à Gérard Lhéritier et à son avocat Francis Triboulet. Ce dernier

1. « Soupçons d'escroquerie au Musée des Lettres et Manuscrits », LeParisien.fr du 18 novembre 2014.
2. « La justice écorne Aristophil, le roi du manuscrit », édition du 20 novembre 2014.

s'étonne de n'avoir « même pas eu communication de l'ordonnance dont il est fait mention » dans le quotidien, soit une note que le juge des libertés et de la détention a rendue quatre jours avant la perquisition. Vincent Noce dit l'avoir « consultée », « elle résume les reproches de la justice ». Preuve de l'étroitesse des liens entre la presse et des magistrats, au détriment des suspects. Me Triboulet exprime son irritation : « On met la main au collet d'une société au nom d'un raisonnement extravagant : on nous assure qu'un système qui fonctionne ne peut pas fonctionner. Et donc, il faudrait le bloquer. » Son analyse est alors d'une étonnante justesse. Quatre ans plus tard, il confirme son sentiment « d'immense gâchis ». « L'entreprise a été décapitée sans que lui soit accordée la moindre chance comme par exemple une procédure de sauvegarde. Je ne parviens toujours pas à expliquer ce traitement judiciaire inapproprié, cet emballement qui pourrait se résumer ainsi : on massacre et on verra ensuite ce qu'il en ressort. »

L'UFC-Que Choisir rappelle sa collaboration active[1] : « *Que Choisir* a transmis des éléments très concrets à la DGCCRF voilà deux ans. Des hauts fonctionnaires de la Direction du patrimoine sont passés outre leur devoir de réserve en 2013 et nous ont fait part de leurs inquiétudes. Ils avaient les plus grands doutes quant au sérieux d'Aristophil et craignaient pour les manuscrits achetés par Lhéritier. » Le rédacteur déplore la lenteur de l'enquête : « Il n'en reste pas moins dommage, pour employer un euphémisme, que la justice ne se soit pas penchée plus tôt sur ce cas singulier. »

La meute se forme ainsi, guidée par une poignée de reporters qui égratignait sans convaincre « le système

---

1. « Aristophil : le temps des perquisitions », édition du 20 novembre 2014.

Lhéritier ». À l'époque, la majorité de la presse demeurait dithyrambique. Dorénavant, ceux qui couvraient d'éloges Aristophil s'adossent à la publicité négative répertoriée sur Google. Des articles se comptant sur les doigts d'une main[1] servent de base au pilonnage par l'ensemble des journalistes.

Leur lecture attentive aurait pourtant dû conduire chacun à appliquer un principe de précaution : les renseignements recueillis sur l'entreprise et son fondateur sont identiques, à quelques détails près, jusque dans leur formulation. Les sources sont les mêmes, Frédéric Castaing notamment. D'aucuns diront que c'est une preuve d'exactitude. Qui connaît les travers du métier est en droit de douter : le premier article a nourri le deuxième, qui a alimenté le troisième, etc. « C'est la théorie du banc de poissons », décrypte un connaisseur.

Le temps n'arrange rien à l'affaire : en 2018, la presse continue de se référer aux archives. Pour réaliser un film sur les grandes escroqueries, une documentariste a sollicité Gérard Lhéritier afin de l'intégrer à son palmarès, oubliant qu'il n'est pas jugé. Ses recherches sur la Toile l'ont induite en erreur. Normal, les entourloupes présumées apparaissent sanctionnées. Plus personne ou presque ne s'encombre de la présomption d'innocence. Le 31 mai 2018, *Le Nouvel Obs* annonce la mise en examen de Jean-Jacques Daigre, un avocat d'Aristophil, et résume ainsi l'affaire : « Une vaste escroquerie [édifiée] sur le modèle du schéma de Ponzi [...] Gérard Lhéritier aurait détourné 800 millions d'euros[2]. » Détourné ? L'emploi

---

1. *Que Choisir* en mars 2011, *Libération* en février 2013, *L'Express* en mai suivant, *Charlie Hebdo* en octobre 2014 et LePoint.fr en novembre.
2. Vincent Monnier, « Un juriste impliqué dans l'arnaque Aristophil ».

du conditionnel n'atténue pas l'accusation. Le lecteur ne s'attarde pas sur la forme, il ne s'intéresse qu'au fond. Il retient que le fondateur d'Aristophil ne s'est pas satisfait d'arnaquer les clients, il a mis au vert le fruit de ses entourloupes. Or, les investigations n'ont pas révélé de détournement de fonds. Ainsi, les erreurs réapparaissent-elles régulièrement. La presse tourne en boucle.

Elle serait bien avisée de redoubler de prudence, car l'accusation n'est plus aussi solide qu'elle paraissait l'être en 2014. Cela n'empêche pas *Le Figaro* du 15 juin 2018 de toujours évoquer « le Madoff des manuscrits », comme dans ses éditions précédentes, et *L'Est républicain*, revenant sur « une autre réalité moins brillante, celle de l'ampleur de l'escroquerie mise au jour par la police », d'avancer 35 000 « épargnants » victimes[1] ! Leur nombre a doublé dans le journal mais pas dans la procédure qui recense alors 1 546 parties civiles et 18 750 clients. Dont « des Suisses très discrets, ajoute le reporter, tant il est vrai qu'il ne fait pas bon, au pays de la finance, avouer s'être fait escroquer par un aigrefin français ». Si le vent tourne à l'avantage de Gérard Lhéritier, le quotidien de sa jeunesse l'aura prématurément condamné pour de graves délits qu'il jure n'avoir pas commis.

D'autres que lui ont connu les affres du transport médiatique, particulièrement les hommes politiques, cibles privilégiées parfois relaxées après des années d'enfer, une longue instruction, des « manchettes » en série, le lynchage de l'opinion. Les peines qu'inflige le tribunal populaire avant l'ouverture d'un procès sont légion, il arrive qu'elles anéantissent des vies en province. Quand

1. Pascal Salciarini, « Aristophil : 17 m€ d'enchères et une goutte d'eau dans le scandale », édition du 22 juin 2018.

des notables sont jetés en pâture par la presse locale, ils perdent leur travail, leurs amis, leur famille dans certains cas. S'ils sont réhabilités, l'information fait l'objet d'un entrefilet, il passe inaperçu ou laisse son lecteur dubitatif : « Pas de fumée sans feu », dit-on au café du Commerce.

Cette dérive dangereuse s'est amplifiée avec l'apparition des sites d'info qu'il faut enrichir non-stop, en créant « du buzz » pour devancer la concurrence. Autrefois, la presse écrite disposait d'un jour pour vérifier les faits et les relater le lendemain. Désormais, il faut publier en ligne, « griller » si possible Twitter, au moins l'égaler en rapidité, tant pis si la course « au clic » engendre des erreurs. Avec Valérie de Senneville, grand reporter aux *Échos*, nous avons étudié et analysé ce phénomène en 2016[1]. Rien n'a changé. Il s'est même amplifié, comme on le constate chaque jour en ces temps troublés par de multiples crises.

Dès lors, comment s'étonner que l'on sonne l'hallali contre Gérard Lhéritier ? Un homme à la richesse insolente qui côtoie des vedettes, l'élite politique, culturelle, industrielle, lui qui n'a que son BEPC ! Sa réussite a incontestablement perturbé le microcosme de la bibliophilie, qui n'est pas près de lui pardonner son intrusion. Durant quatre ans, les articles calamiteux se succèdent au rythme de la liquidation des œuvres, des confidences de ceux qui s'enrichissent et des rebondissements judiciaires. Au mépris de la vérité qui a conduit la juge Bilger à revoir l'accusation originaire.

---

1. *Les Grands Fauves du barreau*, Calmann-Lévy, 2016.

3

Cinquante mois plus tard...

À CE stade du récit, il apparaît utile d'effectuer un saut dans le temps pour faire le point sur les années écoulées. La juge a-t-elle clos l'instruction au terme des quarante-huit mois d'investigations précédés d'une enquête préliminaire, ouverte le 27 mars 2014, elle-même justifiée par les interrogatoires de la DGCCRF à l'automne 2013 ? Non. L'affaire semble s'enliser, les suspects demeurent suspects aux yeux de la justice, et coupables dans la presse. Quant aux clients pour qui tout allait bien avant les saisies de 2014, ils sont toujours victimes de l'effondrement d'Aristophil.

Gérard Lhéritier ne se rend à Paris que lorsqu'il est convoqué par la juge, ou pour s'entretenir avec ses conseils. Lui qui aimait tant l'atmosphère de la capitale, où il séjournait une semaine sur deux, ne la supporte plus. Il la trouve oppressante. Il préfère le calme de sa propriété située sur les hauteurs de Nice. Comme ses trois autres demeures, fruit de cinquante ans de travail et d'une partie de ses gains à l'EuroMillions, elle a été placée sous séquestre par la justice, qui lui en concède la jouissance jusqu'à l'issue de la procédure. Le propriétaire qu'il reste au regard de la loi s'acquitte des taxes auprès du fisc et des charges d'entretien. L'épée de Damoclès suspendue au-dessus de sa tête rend la pilule amère : il a le sentiment de gaspiller de l'argent à fonds perdu, tel un locataire susceptible d'être expulsé du jour au lendemain.

Pour régler les dépenses, il vend régulièrement ses manuscrits et œuvres d'art non saisis.

Gérard Lhéritier a conscience de sa chance dans son malheur. Les propriétaires et indivisaires qui espèrent récupérer leur argent n'ont pas forcément un conjoint, des enfants ou des parents pour subvenir à leurs besoins. Ni des tableaux à céder. Quel que soit leur statut, clients et mis en cause font face à un problème similaire : plus l'instruction s'éternise, plus les économies s'amenuisent. Gérard Lhéritier a déjà réglé 600 000 euros à ses défenseurs parisiens et bruxellois. Quant à sa fille, qui partageait jusqu'à l'été 2018 le même conseil que son père, sa facture s'est élevée à 60 000 euros. Désormais, elle est représentée par Me Hervé Lehman, un ancien juge d'instruction qui a participé à la réforme de la procédure pénale au sein de la Commission Léger. De prime abord, ces précisions semblent indécentes au regard de la situation des parties civiles. Elles n'ont pas vocation à susciter l'empathie pour les Lhéritier mais à démontrer que le chaos judiciaire accentue la ruine de tous.

S'il avait été l'escroc que l'on décrit, le fondateur d'Aristophil aurait planqué son magot versé par la Française des Jeux dans ce qu'il reste de paradis fiscaux. Tout fraudeur madré aurait organisé son insolvabilité dès les premières enquêtes, même si elles ont abouti à des relaxes ou à des classements sans suite. Il aurait légué ses biens à ses petits-enfants. Il n'y a pas songé. Ce qui fait de lui un homme persuadé qu'il prouvera son innocence ou un arnaqueur de peu d'envergure. « J'ai été élevé dans le respect de l'institution judiciaire et de tous ceux qui symbolisent l'autorité, du maire à l'instituteur, explique-t-il. J'ai commis des erreurs mais cela ne fut pas intentionnel. Je ne suis pas un escroc. Si tel était le cas, je ferais profil bas, je ne me battrais pas. »

Il a fait valoir ses droits à la retraite et sa pension est virée d'une banque à l'autre, au gré des fermetures de comptes : le personnage à qui l'on faisait des courbettes est désormais sulfureux. Dès que Tracfin (Traitement du renseignement et action contre les circuits financiers clandestins), qui dépend du ministère de l'Action et des Comptes publics, vérifie ses flux bancaires pour s'assurer qu'il ne bénéficie pas de revenus occultes, les gestionnaires en panique le congédient. Ce fut le cas d'ING Direct en mars 2018, après que Tracfin a sollicité ses relevés. Bien qu'ils n'aient révélé que des virements de sociétés de ventes aux enchères ou de son fils, l'organisme a chassé Gérard Lhéritier. Seule la Société Générale le tolère, et pour cause : elle y est contrainte par la justice.

Ne supportant pas l'inactivité, Gérard Lhéritier compulse frénétiquement les PV de son dossier, qui se comptent par milliers, il les recoupe, annote, surligne, rédige des mémoires pour ses avocats, pour les magistrats. Il peut réciter par cœur chaque déclaration des co-accusés et les réponses de témoins sollicités par les enquêteurs, dont celles de Frédéric Castaing auprès de la DGCCRF et de la BRDE.

Le 17 septembre 2013, plus d'un an avant les perquisitions, le galeriste parisien a dénoncé ses activités à la répression des fraudes, les qualifiant « d'éthiquement condamnables », reposant sur « une bulle spéculative » qui a « faussé toutes les valeurs » : « La stratégie d'Aristophil est celle du financier », a-t-il estimé lors de ses interrogatoires[1]. « Jusqu'à son arrivée, le domaine des autographes était le seul secteur des biens culturels qui restait à l'écart de la spéculation. » Les termes de son audition démontrent qu'il a mal vécu l'entrée de Gérard Lhéritier sur la scène française « où nous étions six marchands spécialisés » à se partager une clientèle de « collectionneurs cultivés et aisés, éclairés et patients ». En creux, cela signifie que le fondateur du MLM a attiré des gens qui ne connaissaient rien aux œuvres, « n'investissant que dans le but de réaliser une plus-value. Ce rapport à l'argent me paraît tout à fait contraire à ce que nous tentons de mettre en avant auprès des clients, à savoir le plaisir de posséder un objet unique ». Il déplore « la mainmise » de Gérard Lhéritier sur le marché, « le boycott qu'il a orchestré » pour saborder ses ventes : « J'ai mesuré [sa] captation lors d'une vente de manuscrits de Marcel Aymé que j'ai organisée. Aucun professionnel n'était présent, conformément aux consignes d'Aristophil. Ils [les dirigeants] m'ont de cette manière signifié leur poids, ils souhaitaient m'impressionner pour m'imposer le silence. » La fourberie prêtée au patron d'Aristophil n'a pas fonctionné, Frédéric Castaing admettant être « intervenu plusieurs fois dans la presse pour témoigner de ses méthodes ». Selon lui, des experts l'ont aidé à percer : « Alain Nicolas, alors président du SLAM [Syndicat de la librairie ancienne et moderne, *NdA*] a, ès qualité, vanté les produits Aristophil. » Cinq ans et demi après sa première déposition, Frédéric Castaing

1. Les déclarations rapportées dans ce paragraphe sont extraites des procès-verbaux du 17 septembre 2013, du 28 avril 2014 et du 4 décembre 2014.

est débarrassé de son adversaire. Il se défend d'avoir vu en lui un concurrent : « Il y avait une frontière étanche entre les collectionneurs qui fréquentent ma galerie et les personnes qui investissent dans les produits Aristophil. Nous ne travaillions pas dans le même monde. »

Quand Gérard Lhéritier est dans un bon jour, le mépris du microcosme ne l'atteint pas ; il le refoule comme on chasse une mouche. Parfois, la blessure est plus vive. Quand son moral faiblit, il s'en va marcher avec ses deux chiens, se cale dans un fauteuil parmi ses variétés de poules, d'oies, de canards, et regarde ses carpes koïs européennes et japonaises qui se reproduisent dans leur bassin. Il téléphone à ses amis pêcheurs et les emmène en virée sur le bateau de son fils. Sa famille l'entoure au mieux. Lui s'inquiète pour sa fille Valérie que l'épreuve a affectée. Elle fait bonne figure mais, quand on ressasse les souvenirs de sa garde à vue, elle fond en larmes.

En ce mois de juin 2018, Gérard Lhéritier est contraint de « monter » à Paris, porté par l'espoir que l'affaire prenne un tournant radical, en sa faveur. C'est de l'ordre du possible, partiellement. Quarante-trois mois après les perquisitions, le spectre d'un procès pour escroqueries en bande organisée paraît s'éloigner. Le 4 octobre 2017, dans un « soit transmis » au parquet, la juge Charlotte Bilger a signifié son intention de proposer aux mis en examen une procédure de comparution sur reconnaissance préalable de culpabilité (CRPC) communément nommée « plaider coupable ». Instituée le 9 mars 2004 (loi Perben II), cette disposition du Code pénal a été élargie en 2011 aux infractions de corruption, d'escroquerie, abus de confiance. Le magistrat peut ainsi clôturer son dossier sous réserve que toutes les parties approuvent, y compris le procureur. Cela désengorge les tribunaux et offre, dans certains cas, un second avantage : la CRPC garantit une condamnation assortie de dommages et intérêts à qui n'est pas sûr de l'obtenir au tribunal correctionnel. En l'espèce, le procès de Gérard Lhéritier et consorts n'est pas gagné. Pour comprendre les méandres de l'affaire, il faudrait entendre les conseillers en gestion de patrimoine (CGP), 800 à 1 200 personnes suivant l'époque, qui ont distribué les lettres et manuscrits. Ils étaient en première ligne, certains d'entre eux ont tenu des discours ambigus, fait des promesses qui outrepassaient le cadre légal. La police n'en a interrogé que quelques-uns. Leurs dépositions éclairent les faits sous un jour différent. Dans un souci d'équité, ils devraient être cités à comparaître. C'est impossible, sauf à programmer une audience fleuve et complexe, sans garantie de victoire. Or, une relaxe générale, partielle ou des peines de principe sont impensables : après des années d'investigation, cela laisserait une impression de naufrage. Aussi est-il avisé de se ménager une porte de sortie, via une transaction. Le procureur en est conscient : le 9 novembre 2017, il a donné son aval, estimant la requête de la juge Bilger « conforme à la bonne administration de la justice ».

Avant même de recevoir sa convocation, Gérard Lhéritier a posé ses conditions. Sous réserve de connaître les chefs d'accusation finalement retenus, il n'acceptera une CRPC, impliquant une reconnaissance des faits reprochés, donc une sanction, que si sa fille Valérie bénéficie d'un non-lieu. Depuis mars 2015, elle est mise en examen pour escroquerie en bande organisée, placée sous statut de témoin assisté pour complicité de pratiques commerciales trompeuses et complicité d'abus de confiance. Ses comptes sont gelés, ses biens saisis. L'information n'a pas prouvé qu'elle a pris part aux faits imputés. Les témoignages recueillis auprès des personnes interrogées, insoupçonnables de sympathie, indiquent qu'elle était « une simple exécutante », « non-décisionnaire ». Le commissaire Czernik, qui l'a questionnée durant sa garde à vue, conclut le 12 mai 2015 que Valérie Lhéritier « ne maîtrise en aucun cas le modèle économique d'Aristophil. Elle ne comprend pas grand-chose au fonctionnement ni aux différents rouages de la société ». Il lui a paru « difficile d'envisager qu'elle reprenne le flambeau » si son père venait à mourir. Ses fonctions de directrice d'achats se limitaient à la recherche et à l'acquisition d'œuvres. Elle n'a eu aucun lien avec les tromperies supposées, n'a pas participé aux études de marché, aux réunions avec les courtiers, encore moins à la gestion du groupe.

Mais « sortir » Valérie Lhéritier du dossier obligerait la juge à lui restituer sa part de gain à l'EuroMillions, soit 15 millions. Une somme destinée aux parties civiles. Il en va de même pour son père, alors poursuivi pour escroqueries en bande organisée, pratiques commerciales trompeuses, présentation de comptes infidèles, abus de confiance, abus de biens sociaux, blanchiment d'argent. Si certaines charges sont abandonnées, il est fondamental de « l'accrocher » au moins pour des tromperies afin de saisir tout ou partie de ses biens.

Pour le reste des poursuites, il y a un hic : les escroqueries en bande organisée ne tiennent qu'à un fil, faute « d'indices graves et concordants » pour les caractériser. S'il y a eu abus de biens sociaux, ils sont probablement prescrits. S'agissant du blanchiment, la Direction générale des finances l'a absous. Le 7 septembre 2017, elle a notifié le désistement des poursuites, les justificatifs fournis par monsieur Lhéritier ayant prouvé l'absence d'infraction. Le compte suisse était déclaré, il a été fermé, l'origine des sommes qui y ont transité a été contrôlée, les impôts ont été réglés. L'enquête a démontré qu'il ne possédait pas de « coquilles vides », ces sociétés-écrans servant à berner les administrations françaises. Seule la filiale londonienne, la SARL Calwam Ltd « qui n'a pas donné satisfaction » selon Gérard Lhéritier, a fait l'objet d'un redressement négocié. Aucun article mentionnant le blanchiment via la Suisse n'a été amendé. En 2019, il passe toujours pour un Madoff mâtiné de Cahuzac.

Quant au contrôle de la SAS Aristophil, portant notamment sur le règlement de la TVA et de l'impôt sur les sociétés, il a été suivi en mars 2017 d'un redressement de 156 729 euros, sans pénalités ni amende. Si des fautes ont été commises, elles ne sont pas assimilées à des dissimulations volontaires.

Restent donc les pratiques commerciales trompeuses, la présentation de comptes infidèle et l'abus de confiance, délits qui justifieraient la confiscation des maisons et du solde des comptes. Là encore, il subsiste un écueil. Pour établir que Gérard Lhéritier a trompé la clientèle, il faudrait qu'il l'ait démarchée personnellement, ce qu'il n'a pas fait, à tout le moins qu'il l'ait assurée par écrit de rendements aux termes des contrats. Globalement, cela ne s'est pas produit. Toutefois, sur demande des dirigeants de Finestim, d'Art Courtage ou de courtiers, il a admis avoir signé « une quarantaine » de lettres de garantie, attestant de la valeur des œuvres détenues lorsqu'un acheteur souhaitait justifier de son patrimoine pour l'obtention d'un prêt. Une bêtise marginale au regard du nombre de contrats.

Les clients étaient en relation avec les CGP, qui rendaient compte à Finestim et à Art Courtage. Plus les courtiers vendaient, mieux ils gagnaient leur vie. Ce n'est pas condamnable, sous réserve de ne pas contraindre l'achat avec des arguments fallacieux. S'il en est qui ont pris des libertés pour décrocher la timbale, ne serait-il pas logique qu'ils soient poursuivis ? C'est ici que le bât blesse. Quid des responsabilités ?

La juge a mis en examen la société Aristophil, personne morale, bien qu'elle n'ait pas vendu directement les œuvres. Elle les achetait, sous-traitait leur cession. S'il lui est reproché l'édition d'une brochure à la formulation ambiguë, cela suffit-il pour obliger son ex P-DG à indemniser les clients ? La logique voudrait que ceux-ci le soient par les CGP et les entreprises qui les mandaient. C'est un aspect bancal du dossier qui ne doit pas échapper à la juge. Il n'empêche, responsable de la brochure litigieuse, ès qualité de président, Gérard Lhéritier est susceptible d'en répondre. La sanction doit-elle être assortie de l'obligation d'assumer l'intégralité des pertes ? Retour à la quadrature du cercle : sa participation minorée, il serait difficile de justifier la saisie intégrale de ses avoirs.

Conscient de ces éléments, le fondateur d'Aristophil est plutôt serein lorsqu'il est convoqué par la juge, les 8 et 11 juin 2018. Me Francis Triboulet l'a assuré que les autres parties adhèrent au « plaider coupable » : procureur, victimes déclarées après la liquidation d'Aristophil, mis en examen. Selon l'avocat, ces derniers sont propices à la sortie rapide de la procédure qui n'a que trop duré. Outre les Lhéritier père et fille, les sept autres personnes poursuivies sont :

– Jean-Jacques Daigre, avocat, professeur agrégé de droit retraité depuis peu, témoin assisté de 2015 à 2018, jusqu'à ce que la cour d'appel décide de le mettre en examen pour complicité de pratiques commerciales trompeuses ;

– Jérôme Gautry, notaire à Nice, mis en examen pour complicité de pratiques commerciales trompeuses ;

– Michel Perronnet, président d'Art Courtage, directeur général de Finestim, Philippe Samson, président de Finestim, Jean-Jacques Itard, directeur d'Art Courtage, pour escroqueries en bande organisée et pratiques commerciales trompeuses ;

– Denis Potier, l'expert-comptable d'Aristophil, pour escroqueries en bande organisée, complicité d'abus de confiance et de biens sociaux, complicité de publication de comptes annuels inexacts ;

– Le libraire Jean-Claude Vrain, pour escroqueries en bande organisée.

Par ailleurs, trois personnes sont placées sous le statut de témoin assisté : l'expert en documents autographes Alain Nicolas ; les commissaires aux comptes Laurent Courquin et Benoît Violier.

Gérard Lhéritier va pourtant déchanter. Outre le fait d'avoir effectué le trajet Nice-Paris et retour pour trois heures d'entretien, montre en main, lequel ne portera que sur des broutilles et la lecture d'une déclaration de « repentance », par laquelle il regrette la rédaction d'une « quarantaine de lettres » où il s'engage à racheter les collections, il apprend que quatre des mis en examen s'opposent à la CRPC. Les dirigeants de Finestim, d'Art Courtage et le notaire, Me Jérôme Gautry, refusent le « plaider coupable », s'estimant innocents. Une association de plaignants refuse aussi le compromis.

Cela réduit à néant le processus et anéantit l'espoir de ceux qui auraient aimé en finir, obtenir des compensations. Il faudra donc patienter, une comparution devant le tribunal correctionnel n'étant pas envisageable avant 2020, dans la meilleure des hypothèses.

En mars 2019, il se confirme que l'instruction s'achève après deux contretemps. D'abord, la juge Bilger ayant omis de mettre en examen les sociétés Finestim et Art Courtage, personnes morales, elle a dû réparer cet oubli en janvier 2019. Ensuite, elle a été forcée, par un arrêt de la chambre de l'instruction, de convoquer l'ancien président d'Aristophil à un interrogatoire de première comparution, celui du 18 mai 2016, relatif à la mise en examen du groupe, étant entaché de nullité. Le 12 février, Gérard Lhéritier s'est ainsi soumis à cette « formalité », mais sa connaissance du dossier l'a conduit à faire une déclaration liminaire et à remettre 1 300 contrats représentatifs, incluant le « dossier connaissance client » qui spécifie, en termes clairs, les obligations du souscripteur et les risques. En mai 2016, il n'avait pas la vue d'ensemble pour réfuter les charges. Désormais édifié, il a émis des objections : jusqu'à l'arrêt des activités, il gérait une entreprise saine qui n'était pas en cessation de paiements, les salaires et les fournisseurs étaient réglés, les actifs se chiffraient en millions, les souscripteurs n'étaient pas lésés. La baisse du chiffre d'affaires était un aléa que peut rencontrer tout patron un jour ou l'autre. Il ne justifiait pas la liquidation. Dans la plupart des cas, l'argument d'un bilan insatisfaisant n'est pas recevable, devant le tribunal de commerce, pour obtenir un démantèlement. Et la mise en examen du président d'un groupe n'a jamais justifié sa dissolution. Une restructuration appropriée, étalée dans le temps, ou la cession-redressement avec de nouveaux actionnaires, aurait pu sauver Aristophil et, par voie de conséquence, sa clientèle.

4

Le démarchage des avocats

MAIS revenons à cette fin d'année 2014 et à la suivante, désastreuse. Le choc à peine encaissé, Gérard Lhéritier tente de rassurer les clients qui ont découvert les articles. Il leur adresse un courrier garantissant que les œuvres dont ils sont propriétaires sont en lieu sûr, que le placement sous scellés ne peut être que provisoire. Quoi qu'il arrive, elles leur seront restituées. Il promet de se bagarrer pour récupérer les lettres et manuscrits inclus dans les 56 indivisions. À ce stade des événements, il pense qu'il y a méprise, qu'il sortira vite de ce mauvais pas. Il espère également éviter la dispersion de ces pièces rares qu'il a eu tant de mal à retrouver et à acquérir. Il compte sur sa bonne étoile qui, dans le passé, l'a aidé à encaisser des épreuves. Hélas, elle a disparu. La presse se déchaîne, suscitant une série de réactions négatives.

L'absence de plaignants, qu'a paru déplorer la DGCCRF dans sa synthèse, va être rapidement résorbée. Des acquéreurs, effarés par ce qu'ils lisent, décident de saisir la justice. Des avocats, pressentant la possibilité d'intenter une « *class action*[1] », vont à la rencontre des clients d'Aristophil, les persuadant de se constituer parties civiles. Ils sont aujourd'hui 101 ! Leur expliquent-ils que pour être jugée recevable en France, cette procédure doit être initiée par une association à but non lucratif, agréée depuis plus de cinq ans, et dont la défense d'intérêts entre dans son objet social ? Élément passé sous silence ? « Ils sont en train de les regrouper », confirme Erwan Seznec de *Que Choisir*[2]. Il recommande les cabinets Lecoq-Vallon, Lysias et PDGB. Il ne semble pas être indiqué aux éventuels requérants que l'UFC ne les représentera pas. Elle a pourtant dénoncé Aristophil à la DGCCRF dès l'année 2011. Pourquoi n'engage-t-elle pas une *class action* comme ce fut le cas contre le groupe immobilier Foncia ? Par peur de l'échec ? Mystère.

Les avocats devraient donc encaisser de substantielles rémunérations, ce qui ne saurait leur être reproché, tout en expliquant à longueur d'interviews que leurs clients sont « ruinés ». Pour figurer parmi les demandeurs, il faut régler de 300 à 3 600 euros, participer aux frais, s'engager à verser de 1,5 % à 18 % (hors taxes) des sommes qui pourront être recouvrées. À condition de gagner le procès. Ce « détail » est-il mentionné ?

Le cabinet Lecoq-Vallon & Feron-Poloni lance la charge la plus offensive, à grand renfort de publicité. Ses interminables réunions d'information publiques, filmées, ont lieu à la Maison du Barreau, rue de Harlay. Si le vaste hôtel particulier, situé sur l'Île de la Cité dans le

1. Action de groupe ou recours collectif, permettant de poursuivre à plusieurs une entreprise ou un individu pour obtenir une indemnisation financière. Venue des États-Unis, elle a été autorisée en France le 1er octobre 2014.

2. « Quel collectif de victimes choisir ? », édition du 27 mars 2015.

1er arrondissement et doté d'un auditorium, est propice à de telles prestations, le choix de l'endroit est surtout astucieux : « Tout le monde a cru que le Barreau de Paris organisait la manifestation », se souvient un pénaliste qui, comme de nombreux confrères, a été choqué par la diffusion, notamment sur YouTube, des conférences de Nicolas Lecoq-Vallon et d'Hélène Feron-Poloni. « Depuis la loi Hamon de mars 2014, suivie du décret d'octobre sur nos modes de communication, notre profession a le droit de faire de la pub pour attirer le client. Toutefois, il nous est interdit de dénigrer un adversaire ou de mentir pour tromper ceux que nous sollicitons », précise-t-il. Or, les propos tenus par Nicolas Lecoq-Vallon lors des assemblées (sa consœur, qui prend moins la parole, est plus mesurée) sont parfois excessifs, la critique de Gérard Lhéritier et des banques étant par ailleurs constante. Ils ont fait l'objet d'une saisine du conseil de l'Ordre, lequel n'a pas estimé devoir engager des poursuites.

La première réunion se déroule en mars 2015[1], juste après les mises en examen de Gérard Lhéritier et de ses complices présumés, cinq mois avant la liquidation d'Aristophil et sept mois avant l'assignation de la Société Générale et du Crédit industriel et commercial (CIC). D'autres suivront jusqu'en 2018. Le temps presse car l'action contre les banques sera prescrite en 2019. Mes Lecoq-Vallon et Feron-Poloni ont choisi de les attaquer pour « récupérer de l'argent là où il y en a », ainsi qu'ils l'annoncent à l'auditoire plein d'espoir. Nicolas Lecoq-Vallon légitime ces actions en responsabilité par

1. La première vidéo est mise en ligne les 24 et 25 mars 2015, les dernières les 8 et 12 février 2018. Sauf mention particulière de l'auteure, les citations en sont extraites.

une prétendue connaissance « du passé sulfureux de Gérard Lhéritier. Les banques ne pouvaient pas ignorer que ce monsieur était un petit Madoff et qu'elles étaient face à une pyramide de Ponzi. La bulle spéculative a allègrement gonflé entre leurs mains, croissant, embellissant, en pleine conscience du CIC et de la Société Générale qui vous ont sacrifiés à leur intérêt commercial et financier. Ces organismes ne se souciaient pas de protéger les investisseurs. Ils doivent donc assumer votre préjudice ». Il leur assure la victoire, insistant sur « la responsabilité très caractérisée des établissements bancaires », ce qui en l'état est doublement spéculatif.

Pour étayer sa démonstration, Nicolas Lecoq-Vallon ne se contente pas d'oublier la présomption d'innocence – rappelons que l'instruction pénale débute et que, par voie de conséquence, les mis en cause n'ont pas été renvoyés devant le tribunal. Le juriste, qui répète à l'envi le surnom de « petit Madoff », va jusqu'à invoquer une sanction imaginaire : « Il a mis en place un système illégal, alors que la cour d'appel d'Aix-en-Provence l'a condamné pour escroquerie dans l'affaire des timbres de Monaco. Il avait commis les mêmes infractions. » Ce qui est faux comme l'attestent le jugement et l'arrêt de relaxe définitifs. Ce dossier, initié par la plainte biaisée d'une veuve, fera l'objet d'un chapitre tant il est, à tous égards, ahurissant. Précisons cependant à ce stade du récit que l'avocat procède à un amalgame en prétendant qu'elle a réprimé une escroquerie. Le 28 février 2007, la cour d'appel a infligé huit mois de prison avec sursis et 3 000 euros d'amende à Gérard Lhéritier pour une infraction au Code de la consommation : le comptable de sa société, dont il était légalement responsable, a déposé un chèque en banque avant l'expiration du délai de rétractation, alors fixé à sept jours. Nicolas Lecoq-Vallon réitérera ses allégations dans *Le Monde* du 8 février 2016, *Le Parisien* du 26 janvier 2018 ou *L'Express* du 3 novembre 2018. Invitée aux réunions, la presse s'appuie sur ses affirmations. La parole d'un avocat est d'or. Gérard Lhéritier, s'estimant diffamé, a souhaité déposer plainte, son conseil l'en a dissuadé.

Au fil des rencontres qu'il organise, ses attaques vont crescendo. Nicolas Lecoq-Vallon continue, en 2018, de stigmatiser « le navrant parcours de Gérard Lhéritier et ses escroqueries précédentes », il parle de « sommes détournées », dénonce « la très mauvaise foi » et « les manœuvres dilatoires » des conseils de la Société Générale et du CIC, la « commercialisation frauduleuse que les banques ont couverte », arguant « d'un préjudice de 1,2 milliard » – qu'importe si ce montant ne correspond pas à la réalité du dossier. « Une banque doit rejeter une collecte de fonds illicite qui va causer un préjudice, elle doit s'assurer à chaque instant de la légalité de la société qui les collecte », affirme-t-il encore dans un raccourci juridique. Il ira jusqu'à soutenir que « les produits Aristophil relevaient de la réglementation des intermédiaires en biens divers nécessitant l'agrément de l'Autorité des marchés financiers », alors que l'AMF a elle-même admis qu'ils « n'entraient pas dans son champ de compétence ». « Les banques sont à l'origine du désastre », soutient Me Lecoq-Vallon, pointant la Société Générale « qui a été la première remboursée par les liquidateurs. CQFD ». Il omet volontairement un point : ayant financé par un prêt l'achat de l'hôtel de La Salle, le siège d'Aristophil, l'hypothèque la classait parmi les créanciers privilégiés, obligeant le liquidateur à solder l'emprunt dès la vente de l'édifice. Ce n'est pas un passe-droit, c'est la loi.

L'avocat déprécie l'initiative de ses confrères agissant contre les courtiers, les sociétés Finestim et Art Courtage, le notaire qui enregistrait les contrats, au motif que « ceux-ci n'ont pas la solvabilité pour régler les centaines de millions que l'on vous doit ». Autrement dit, l'action qu'ils ont choisie serait un coup d'épée dans l'eau. Est-ce pour cette raison qu'il ira démarcher des plaignants ayant fait appel à des cabinets concurrents ? « Il a proposé de reprendre ma clientèle en faisant un prix de gros », témoigne l'un de ses collègues.

Le contexte ainsi posé, Nicolas Lecoq-Vallon justifie ses prétentions financières : « Cette affaire demande un travail extrêmement important sur le plan juridique et administratif et représente un coût extrêmement important. Notre démarche ne se limite pas à écrire à la juge et à attendre les condamnations, particulièrement celle de Gérard Lhéritier, qui interviendront dans au moins cinq ans. » Il ne précise pas qu'une sanction pénale n'est acquise que lorsqu'elle a été prononcée à titre définitif. En mars 2015, son cabinet demandait 1 000 euros par dossier. Le montant a triplé fin avril, pour se stabiliser à 3 600 euros TTC. En 2018, Me Lecoq-Vallon et sa consœur revendiquent 1 718 clients (à ne pas confondre avec les plaignants qui poursuivent Gérard Lhéritier). Soit une moyenne, calculée *a minima*, de 5 millions d'honoraires perçus. La convention prévoit aussi la rétribution de 15 % (HT) des dommages et intérêts qu'ils obtiendront en première instance. En cas d'appel, qui interviendra inévitablement, il faudra de nouveau débourser 3 600 euros. Les frais et déplacements devant les juridictions restent à la charge des clients.

Ceux-ci adhèrent pour la plupart à la stratégie. L'un d'eux résume l'état d'esprit : « Attaquer les CGP qui ont vendu les lettres et manuscrits, premiers responsables, est vain : ils sont insolvables. Idem pour Finestim et Art Courtage, liquidées. Nous préférons nous retourner contre les banques car elles sont riches et craignent pour leur réputation. Il est donc possible qu'elles s'arrangent à l'amiable. » Les avocats calquent leurs objectifs sur la recette américaine : menacer pour obtenir un accord hors tribunal. Après la révélation du scandale Madoff, le liquidateur Irving Picard avait attaqué la banque J.-P. Morgan qui hébergeait des comptes de l'escroc depuis près de vingt ans, justifiant l'action civile par le caractère frauduleux des activités du financier new-yorkais. Sous la pression des autorités fédérales et pour stopper les poursuites, J.-P. Morgan a versé 2 milliards aux victimes. C'est oublier que nous ne sommes pas aux USA, qu'aucun pouvoir fédéral ne pourra influencer les banquiers et que Gérard Lhéritier n'est pas Madoff.

Sur le forum qui les réunit, un indivisaire continue pourtant d'y croire : « Ils nous ont indiqué espérer un deal qui comblera nos pertes. Me Lecoq-Vallon dit : "La solution, pour vous, c'est de trouver une poche profonde dans laquelle on va taper suffisamment fort pour recouvrer votre préjudice". » Certains sont plus dubitatifs, car le 13 septembre 2015, l'avocat avait promis « que le litige au civil serait réglé en douze à dix-huit mois maximum ».

Plus de trois ans se sont écoulés. La confiance est érodée.

Le 9 janvier 2019, lors de notre entretien pour faire le point, l'avocat campe sur ses positions : « Lhéritier est un escroc, ma conviction est faite et elle est très, très forte. J'ai eu accès au dossier pénal, je me suis entretenu avec l'échelon supérieur (*sic*) du parquet de Paris, la volonté des magistrats est indiscutable. Ils considèrent que Lhéritier est un nuisible. » L'échange vire à l'aigre-doux lorsque j'évoque la présomption d'innocence : « Ma vérité est celle des victimes, de mes clients. Mon intime conviction est qu'il sera condamné ! Il ment comme un arracheur de dents et les banquiers lui ont mis le pied à l'étrier, d'abord le CIC puis la Société Générale. Ils étaient parfaitement au courant qu'il entretenait une pyramide de Ponzi, qu'il y avait des transactions suspectes à l'étranger. Ils ont collecté 800 millions et sont donc responsables. Je gagnerai devant les tribunaux. »

Le cabinet Lecoq-Vallon & Feron-Poloni ne semble pas avoir dit à ses clients que l'adversaire est puissamment armé, qu'il est au fait de la jurisprudence civile et de chaque livre du Code monétaire et financier. Pour le défier, il faut de solides arguments. La Société Générale et le CIC disposent d'un bataillon d'avocats rompus aux revendications de cette nature. Ces établissements, plus encore le premier qui a essuyé la « tempête Kerviel », ont assimilé une nouvelle donne dès 2008, avec la crise des subprimes et le krach planétaire qui l'a suivie : ils sont par nature honnis. D'où leur double stratégie. Un, opposer le silence aux assauts dans la presse – on ne verra jamais Mes Jean Veil, Jean Reinhart, François Martineau, Patrick Ouart, quatre des principaux conseils de la Société Générale, s'exprimer largement sur YouTube ou sur les réseaux sociaux. Deux, s'appuyer sur le droit, rien que le droit.

Pour justifier l'allongement des délais, Me Lecoq-Vallon invoque « les dizaines de milliers de demandes [sous lesquelles ses] contradicteurs [le] noient » et « leurs manœuvres dilatoires pour gagner du temps[1] ». La lecture de son assignation, en date du 27 octobre 2015, peut expliquer les observations et requêtes de ses adversaires. Ils ne pouvaient pas laisser passer les accusations proférées. Au passage, notons que dans son adresse au tribunal, le cabinet n'évoque plus « les escroqueries » de monsieur Lhéritier, convenant qu'il a été relaxé. Les médias n'ont pas été destinataires du « rectificatif ». Il justifie la relaxe par « la volonté de Gérard Lhéritier de mettre fin au scandale, qui entachait gravement sa réputation, en indemnisant les parties civiles du dossier des timbres de Monaco ». L'avocat connaît pourtant la loi : il ne suffit pas de dédommager des victimes pour convaincre les juges de fermer les yeux sur un délit. Si une plainte est abandonnée, le parquet peut mener les poursuites à terme et le tribunal condamner.

Pour asseoir son raisonnement, Me Lecoq-Vallon consacre neuf pages aux sociétés de monsieur Lhéritier, remontant jusqu'aux années 1990, lui prêtant des malversations jamais réprimées. Et si elles étaient fondées, elles seraient prescrites. L'ensemble est censé prouver que « Gérard Lhéritier était conscient du caractère illégal de ses activités ». La responsabilité des banques se précise page 107 : le CIC et la Société Générale « ont accompagné Aristophil dans les différentes étapes de sa création et de son développement ». Au-delà du fait que cela relève d'une relation commerciale classique entre la banque et le client, précisons que les statuts de la SAS Aristophil sont déposés en mars 2003 à Paris et qu'elle ouvre ses comptes à la Société Générale fin 2011. Compliqué de l'associer à la réussite du dirigeant.

1. Extrait d'un courrier du 6 juillet 2017.

Page 108, on entre dans le vif du sujet sous le titre : « Le rôle décisif des banques dans le succès de l'entreprise frauduleuse de Gérard Lhéritier. » La fraude est acquise, au mépris de l'instruction pénale. Il est reproché au CIC de ne pas avoir vérifié « l'historique particulièrement lourd, tant au plan civil que pénal, de monsieur Lhéritier, qui aurait dû susciter la plus grande vigilance [...] Le CIC aurait dû refuser les chèques collectés par Aristophil » dès l'ouverture du compte en 2003, soit pendant plus de dix ans. Or, pour refuser de les encaisser, il aurait fallu que l'achat qu'ils règlaient fût illégal, à tout le moins suspect. Ni l'AMF, ni Tracfin, ni la Brigade financière (BF) n'ont signalé comme illicites les ventes d'œuvres effectuées par Finestim, Art Courtage et les encaissements par Aristophil.

Quant à la Banque de France, elle avait accordé la cotation B3+ en 2012 et 2013 au groupe de Gérard Lhéritier, B3 en 2014 : « B » signifie que le chiffre d'affaires est supérieur à 150 millions, « 3+ » correspond à l'appréciation de la cote de crédit ici jugée « très forte ». Elle se fonde sur la situation financière de l'entreprise, son évolution, l'environnement économique, l'absence d'incidents de paiement et de procédures judiciaires. L'institution ne distribue pas de bons points au jugé, elle s'entoure de garanties.

C'est également ne pas tenir compte du Code monétaire et financier que d'affirmer que la Société Générale, « par le truchement des mêmes négligences graves, a ouvert plusieurs comptes à Aristophil et a accepté d'encaisser le produit de ses collectes [...] Elle a financé la fuite en avant » de sa cliente. « La Société Générale était parfaitement informée du passé de monsieur Lhéritier, elle devait refuser les flux financiers atypiques correspondants, notamment, à des transferts internationaux. » En l'état, nul ne sait à quoi il est ici fait référence. La banque est accusée d'avoir « financé l'acquisition de l'hôtel de La Salle à hauteur de 28 millions », tout en sachant que « l'édifice serait utilisé par Aristophil comme une vitrine d'activités extrêmement florissantes, consolidant la croyance de ses clients en un placement sérieux, solide et performant ».

S'ensuivent les assertions de « montage pyramidal », des « turpitudes » de Gérard Lhéritier « qui a trompé la clientèle pendant une quinzaine d'années, alors qu'une simple analyse aurait permis de déceler la fraude liée au fonctionnement de ce qui s'est avéré être "une chaîne de Ponzi" ». Si l'on accepte le développement – « une simple analyse » suffisait –, qu'ont fait la COB, l'AMF, Tracfin, la DGCCRF, la BF, la BRDE et la justice durant deux décennies ? Les enquêteurs n'auraient pas repéré « l'escroquerie » en dépit de tous les contrôles ? Et les juges qui ont prononcé des relaxes, pas seulement dans l'affaire des timbres de Monaco, se seraient-ils à ce point fourvoyés ? Le CIC et la Société Générale auraient ainsi dû détecter ce que les spécialistes n'ont pas vu et dénoncer à Tracfin « les opérations » pouvant « provenir d'infractions ou participant au financement du terrorisme », selon les termes de la loi. Les avocats s'appuient sur la jurisprudence relative aux sociétés sans agrément immatriculées dans les îles anglo-normandes ou aux Bahamas, que gèrent des Suisses, des Irlandais, des Italiens. Quel rapport avec Gérard Lhéritier, un Français qui dirige une entreprise française, dont la réussite est alors saluée par tous ? Et, jusqu'à plus ample informé, il n'est ni terroriste, ni trafiquant de drogue, ni l'escroc du siècle que la presse dépeint.

Mes Lecoq-Vallon et Feron-Poloni martèlent que « les établissements bancaires n'ont pas décelé l'illicéité des activités de leur client, pourtant manifeste dès son origine ». À l'appui de leur démonstration, ils joignent un article de *Libération* de 2008 et deux de *Que Choisir* parus en 2011 et 2012. « Dès leur publication, il est devenu patent que Aristophil se livrait à une gigantesque fraude. » Autrement dit, sur la base de trois articles, sans qu'une suite judiciaire n'y ait été apportée, les banques devaient balancer Aristophil aux autorités et clôturer ses comptes. « Elles auraient empêché quinze ans de détournements », conclut l'assignation. Détournement de fonds que la justice n'évoque pas.

5

La riposte des banquiers

LORSQUE, le 27 octobre 2015, ils reçoivent les prétentions des demandeurs, d'abord au nombre de 1 631 puis de 1 718 fin mars 2017, les avocats des banques tombent à la renverse. L'argumentaire leur paraît aussi fantaisiste que les montants exigés. Ceux-ci font l'objet de 3 170 requêtes afin de réparer le préjudice qu'ils affirment subir par la faute d'organismes dont ils n'étaient pas les clients. Mes Lecoq-Vallon et Feron-Poloni enjoignent la Société Générale et le CIC de rembourser les capitaux que les clients ont investis chez Aristophil, les intérêts conventionnels que le groupe « a promis », définis par « rendements annoncés », et les intérêts au taux légal qui courent de l'ouverture à la clôture de la procédure engagée. S'y ajoutent 8 000 euros pour chaque demandeur afin de compenser son préjudice moral, 5 000 euros par personne au titre de l'article 700 du Code de procédure civile[1] et les dépens au profit de la SCP Lecoq-Vallon & Feron-Poloni. Soit quelque 130 millions, somme augmentée de 8,5 % d'intérêts calculés sur le « pourcentage assuré », en

1. Disposition permettant au juge d'allouer une somme, versée par le perdant, à la partie qui gagne un procès. On parle de « frais non compris dans les dépens ».

moyenne, par les vendeurs aux acheteurs, et 4,06 % d'intérêts légaux par an. Un calcul *a minima* aboutit à 320 millions, dont 65 que se partageraient les deux avocats.

Codes monétaire et financier, civil et de procédure civile en mains, les conseils des banques ripostent sévèrement à l'audience du 22 février 2018.

Premier point, imparable : à aucun moment, d'aucune manière, les établissements ne sont intervenus dans la commercialisation des « produits Aristophil ». Du reste, ni le CIC ni la Société Générale, pas plus que les autres organismes teneurs de comptes, n'ont été mis en cause dans la procédure pénale. Au passage, il est rappelé que Gérard Lhéritier et Aristophil jouissaient des fonds suffisants pour poursuivre les activités (plus de 70 millions au total) mais que ladite procédure a entraîné la liquidation. Les banques n'ont pas provoqué la déroute d'Aristophil et des clients. Il est aussi signalé que les actions pénale et collective, à l'origine de la cessation d'activités, ne sont toujours pas clôturées, que « quelque 300 ventes d'œuvres se tiendront au cours des six à sept prochaines années » au profit des indivisaires et propriétaires. En l'état, il est impossible de chiffrer le préjudice qui pourrait être le leur. Il sera déterminable lorsque les lettres et manuscrits auront été vendus.

Même si cette notion de bon sens venait à être écartée par le tribunal saisi, il existe un sérieux problème. Outre que des pièces manquantes ont été communiquées après un an de procédure, et seulement après injonction, il n'a pas été rapporté la preuve du droit de certains propriétaires ou indivisaires à ester en justice. Exemples : 124 plaignants ne produisent pas de document justifiant la réalité de leur investissement ; 354 exigent des intérêts conventionnels sur « les pourcentages promis », alors que leur contrat ne les mentionne nulle part ou qu'il est illisible ; 39 formulent des demandes en doublon ; 194 ne prouvent pas que le contrat signé a été prorogé au terme de l'engagement de cinq ans avec Aristophil ; 49 fournissent des documents épars sans valeur, des contrats non signés ou sans rapport avec les poursuites ; 117 co-investisseurs ont signé un contrat unique mais sollicitent chacun réparation, revenant à réclamer deux fois la même somme ; 11 personnes allèguent d'un préjudice erroné.

Enfin, « contrairement à ce qu'indiquent les requérants, les rendements présentés par Aristophil n'étaient aucunement obligatoires », ajoutent les défenseurs des banques. « Les conventions rédigées par le professeur Daigre ne mentionnent que la promesse de vente par le souscripteur, en aucun cas la garantie de rachat de la part d'Aristophil. »

Parmi les autres points pertinents brandis par la Société Générale, il y a le problème des chèques rédigés par les plaignants, encaissés par le Crédit Mutuel et la Banque Palatine qui ne sont pas poursuivis. Pour quelles raisons ces organismes sont-ils épargnés ? Il est demandé à la Société Générale des sommes versées antérieurement à novembre 2011 datant l'ouverture des comptes d'Aristophil. Enfin, 639 requêtes seraient prescrites : les manquements stigmatisés s'échelonnent entre 2006 et 2010, plus de cinq ans avant que ne soit délivrée l'assignation du 27 octobre 2015. « Les demandeurs ne démontrent pas les faits d'escroquerie, pointent les conseils des banques. L'ouverture d'une procédure pénale dont l'issue est inconnue ne suffit pas à prouver l'existence d'une prétendue escroquerie. » Ils rappellent « à toutes fins utiles que quatre ans après, aucun renvoi devant le tribunal n'a été ordonné, démontrant *a minima* les difficultés à [la] caractériser. Pas plus que la mention d'une infraction au Code de la consommation dans "l'affaire des timbres de Monaco" ne prouve que Aristophil a mis en place une escroquerie de type pyramidale ». Il est rappelé que Gérard Lhéritier n'a pas été condamné pour escroquerie ou abus de confiance.

Quant aux « révélations par la presse » qu'évoque Me Lecoq-Vallon, qui auraient dû alerter les banquiers, leur sont opposés les innombrables articles en faveur d'Aristophil, « une des plus belles sociétés françaises » (*L'Express* en 2013, pour n'en citer qu'un). « Le non-respect de la réglementation faite aux intermédiaires en biens divers » est balayé d'un revers de manche : « Cette analyse est erronée, elle s'apparente à la réinterprétation de mauvaise foi des pièces produites. L'AMF a plusieurs fois confirmé par écrit que l'activité d'Aristophil ne relevait pas d'une profession réglementée[1]. »

Dernière riposte importante : l'inobservation, par les établissements bancaires, de leur devoir de vigilance. Selon leurs conseils, c'est méconnaître la loi relative aux obligations de lutte contre le blanchiment de capitaux, le financement des activités terroristes, les jeux et les loteries ou les paris prohibés[2]. Pour eux, les textes, renforcés par les arrêts de la Cour de cassation, sont clairs : les banques se doivent de détecter les flux provenant de la criminalité organisée ou du trafic de stupéfiants, pas de se mêler d'opérations relevant des intérêts privés, sous

1. La loi a évolué : depuis le 9 décembre 2016, l'article 79 a élargi la mission de l'AMF au contrôle préalable des propositions d'investissement dans les biens divers. L'AMF a publié de nouvelles instructions en mai 2017.
2. Titre VI du livre V du Code monétaire et financier.

peine de violer leur devoir de non-ingérence. *A fortiori* de s'immiscer dans les transactions commerciales de clients non titulaires de comptes chez elles. Sauf « anomalies ou fraudes manifestes », elles n'ont pas la possibilité de procéder à des investigations sur l'importance des fonds versés. « Les investissements effectués dans les produits Aristophil avaient, et ont encore, toutes les apparences de régularité. Aucune opération n'était susceptible de faire naître des soupçons, les montants investis étaient cohérents avec l'activité de la société qui n'avait jamais été condamnée, dont le dirigeant n'était l'objet d'aucune interdiction d'exercer », insistent les avocats de la Société Générale, joignant une abondante jurisprudence. Ils rappellent aussi la déposition[1] devant la police de Charles B., directeur de la conformité à la banque, chargé de la surveillance des opérations anti-blanchiment, ancien agent de la COB : « Les œuvres sont aujourd'hui considérées comme des valeurs sûres de placement. Le système d'Aristophil était relativement peu risqué [...] Il n'y avait pas matière à suspicion. » Ils soulignent enfin que, « antérieurement à l'ouverture de l'enquête préliminaire en 2014 par le procureur, aucune plainte n'avait été déposée contre Aristophil ». Ni même contre Finestim et Art Courtage ou les CGP.

« Tenant compte de tout ce qui précède, il ne peut être reproché aux banques de n'avoir pas décelé, dès 2012, ce qu'aucune autorité (régulation, tutelle, judiciaire) n'était parvenue à faire. En tout état de cause, seule l'issue de la procédure pénale permettra de déterminer ou non l'escroquerie », concluent-ils. La *class action* est retoquée, n'ayant pas été engagée pour une association agréée. La réponse à l'assignation s'achève en ces termes : « En

1. Procès-verbal du 28 avril 2014.

considération de la situation des demandeurs démarchés en plein désarroi en vue de s'associer à une action présentée comme la panacée, la Société Générale a renoncé à demander des dommages et intérêts auxquels elle aurait pu prétendre au titre de procédure abusive. »

Il n'y aura donc pas « d'arrangement amiable ». Au-delà de la réponse juridique se dressait un obstacle interpellant le sens commun. Si l'on achète un véhicule à un garagiste, qu'il se révèle avoir été volé, poursuit-on la banque ou le vendeur ? Si on souscrit un prêt pour monter un business qui, ensuite, s'avère malhonnête, le prêteur est-il blâmable ? Les victimes de la fraude aux émissions polluantes des moteurs diesel par des constructeurs automobiles ont-elles poursuivi la banque qui avait financé leur achat ? Non. Dans le scandale Madoff, des structures ont été inquiétées parce qu'elles ont incité les clients à investir dans ce qui, à l'époque, était vu comme un placement mirobolant, sans les avertir des risques. Exemple fourni par Me Emmanuel Asmar qui représente des victimes de Madoff : « À 11 heures, vous confiez 100 euros à votre chargé de compte en France, qui promet de servir au mieux vos intérêts. À midi, il transfère l'argent chez HSBC à Dublin pour acheter "du Madoff", sans vous informer. Deux heures plus tard, vos fonds sont à Wall Street et vous recevez des titres qui ne valent rien. » Cela semble à mille lieues de ce qui pourrait être reproché au CIC et à la Société Générale.

Si une jurisprudence engageait leur responsabilité dans l'affaire Aristophil, cela conduirait à ouvrir la boîte de Pandore, à conférer à chaque banque la régulation d'un secteur d'investissement que la puissance publique, le législateur, n'a même pas organisé, à contrôler toutes les transactions pour s'assurer de leur licéité et par conséquent, à restreindre considérablement les services envers les entreprises et les particuliers. Sans compter la multitude de procès qui seraient intentés. Pour la Société Générale, il ne s'agit là que d'une « procédure périphérique opportuniste bénéficiant du soutien des médias ».

Autre écueil. Si, par les lois du 10 juillet 2000 et du 5 mars 2007, le législateur a fait évoluer l'adage selon lequel « le pénal tient le civil en l'état », sa portée n'a pas disparu. Il est encore observé si l'action civile a pour seul objet la réparation du préjudice causé par l'infraction pénale. Cela signifie que celle-ci doit être jugée pour que le dommage soit admis au civil. Compliqué, d'autant que l'interprétation varie d'une juridiction à l'autre, mais essentiel ici. Les banquiers ne sont pas près de payer, si tant est qu'ils l'aient envisagé. Pour rassurer les plaignants, Me Lecoq-Vallon assure que « Société Générale a provisionné 450 millions d'indemnités », ce que dément la banque.

La majorité des investisseurs se sont abstenus d'engager le reste de leurs économies dans une procédure aléatoire. Certains d'entre eux ont néanmoins intenté des actions judiciaires pour recouvrer leurs biens, se tournant vers des conseils moins médiatiques, loin de YouTube, ou des associations de « victimes d'Aristophil ». L'adhésion n'est évidemment pas gratuite, pas plus que les avocats qu'elles mandatent, et les résultats, modestes. Ils ne sont pas plus chanceux.

La constitution de ces groupes épars fait toutefois le bonheur des détracteurs de Gérard Lhéritier : « Les plaintes établissent que nous avions raison », disent-ils en substance. Son portrait est si diabolique qu'il n'y a plus de doute : il est un escroc de haut vol qui a vendu des bouts de papier aux gogos. Autrefois décrit comme un personnage « volubile, charmant, loin de la réputation sulfureuse que lui prête le milieu de la bibliophilie », dirigeant une « société qui ne souffre pas de la crise » au chiffre d'affaires de 175 millions d'euros en 2012, appliquant « avec succès ses recettes au marché de l'autographe[1] », le fondateur d'Aristophil est dorénavant un roublard régnant sur un empire en carton-pâte, « un entrepreneur sulfureux[2] », « médiocre acheteur[3] », « autodidacte culotté[4] », et même un « paranoïaque totalitaire[5] » !

Rhabillé pour moult hivers, l'ancien président des musées est passé sans procès « d'acheteur de la plus belle bibliothèque de lettres et manuscrits du monde » (une expression prêtée aux spécialistes par tous les journaux qui l'encensaient), au rang de promoteur « d'une des plus grosses escroqueries potentielles jamais vues en France », d'après Me Philippe Julien, avocat au cabinet PDGB qui, avec Me Cyril Gosset pour le volet pénal, représente l'association d'investisseurs Adilema.

Dès lors, autour de Gérard Lhéritier, c'est l'envolée de moineaux. S'il sait pouvoir compter sur des amis fidèles, guère nombreux mais solides, les trois-quarts de ses relations vont vite figurer aux abonnés absents. Des personnalités qui ont profité de ses largesses donneraient cher pour voir leur nom effacé des archives en ligne. C'est le cas d'Alain Nicolas, patron de la libraire Les Neuf Muses, expert près la cour d'appel de Paris. Il

---

1. *Libération*, édition du 1er février 2013.
2. *Challenges*, édition du 27 novembre 2014.
3. *Que Choisir ?*, édition du 20 décembre 2017.
4. LePoint.fr le 18 novembre 2014.
5. DéontoFi.com le 20 mars 2015.

bat froid son ancien client, l'accablant de tous les maux dans ses procès-verbaux, oublieux des confidences du passé. Il a difficilement supporté la perquisition menée dans sa boutique le 27 janvier 2015, encore moins l'examen, par la BRDE, de ses « estimations » pour Gérard Lhéritier, des marges « exorbitantes », selon la police, réalisées lors de ses ventes à Aristophil et de sa comptabilité « manipulée[1] ». Monsieur Nicolas n'a pas plus apprécié sa garde à vue des 15 et 16 février 2016. Elle a notamment révélé que des lots acquis 149 000 euros furent rétrocédés 671 471 euros à Gérard Lhéritier. Le souci n'est pas que le marchand ait réalisé une marge conséquente mais que les prix aient pu « flamber » en cascade.

Réentendu le 18 avril par la BRDE, il est confronté à ce que les policiers qualifient de « maquillage comptable » qui aurait visé à masquer des opérations entre Les Neuf Muses et la librairie de Jean-Claude Vrain. Convoqué le 15 juin 2016 par la juge Bilger à un interrogatoire de première comparution, il risque une mise en examen. Il atténue la portée des accusations : « En décembre 2015, après l'arrêt d'Aristophil, on a constaté, lors de la vente Bergé, qu'un dessin de Victor Hugo estimé de 50 000 à 80 000 euros a été adjugé 400 000 euros (hors frais). Il existe donc un marché en dehors d'Aristophil. » « Tout ça me cause un préjudice considérable », déplore l'expert, qui échappe au pire : il n'est placé que sous statut de témoin assisté.

1. L'ensemble des appréciations portées sont extraites du procès-verbal de synthèse de la BRDE.

6

Les prémices de la disgrâce

Qu'il semble loin le temps où Alain Nicolas tutoyait le fondateur des musées et réalisait, comme en 2014, 56 % de son chiffre d'affaires grâce à lui… Il appréciait alors de dîner à la table de Gérard Lhéritier, de déjeuner sur son bateau où, ainsi que le montrent les photos, il levait sa coupe de champagne à la santé de son hôte, riant à gorge déployée. Lointaine également, cette époque où le couple Nicolas, lui en costume, elle en blouson de jean, posait fièrement aux côtés de Frédéric Mitterrand, ministre de la Culture, et du créateur d'Aristophil, devant le train du « Littératour », l'Orient-Express transformé en musée parti sillonner la France durant deux semaines. Côtoyer Jean d'Ormesson, Anouk Aimée, Eva Darlan plaisait au libraire. Au cours de ces années, Alain Nicolas bombardait Gérard Lhéritier de renseignements sur ses adversaires, dénonçant leur « cynisme inouï », qualifiant certains de « connards », de « trotskystes », de « manipulateurs », et se répandant sur « Castaing qu'il faut épingler, lui qui joue les Don Quichotte et les chevaliers blancs ». Ses propos, que Gérard Lhéritier a curieusement enregistrés, sont révélateurs du peu de considération que l'expert avait pour « son milieu ».

Si l'ancien président d'Aristophil n'est pas étonné du revirement de ses amis (les mis en cause par la justice passent tous par-là), de telles attitudes n'en demeurent pas moins douloureuses. Cependant, elles permettent d'éloigner les fâcheux et de renforcer les liens avec les gens loyaux. Parmi eux, Pascal Fulacher, qui fut durant douze ans conservateur du MLM, rédacteur en chef du magazine *Plume*. Il lui écrira une « lettre ouverte » : « J'ai eu du mal à accepter ce qui est arrivé. À vrai dire, je ne croyais pas que nous puissions parvenir à cet ultime stade. Il est certain que nous ne méritions pas cela. Vous ne méritiez pas cela. Au lieu de reconnaître le bien-fondé de vos actions en faveur du patrimoine écrit, un patrimoine qui, rappelons-le, n'était guère florissant avant l'arrivée d'Aristophil, de ses musées, des forces obscures ont saccagé (le mot n'est pas trop fort) les bases et le contenu d'une remarquable maison que vous avez patiemment édifiée depuis vingt-cinq ans. En procédant ainsi, ces forces obscures n'avaient qu'une idée : mettre fin au supposé monopole que nous étions censés exercer sur le marché des lettres et manuscrits [...] J'ai peur que nous assistions, dans les années à venir, à une véritable fuite des principaux manuscrits littéraires, historiques, vers des contrées lointaines [...] J'ai eu beaucoup de plaisir à travailler à vos côtés et ne vous remercierai jamais assez de la confiance que vous m'avez témoignée. »

Un autre fidèle, qui le côtoie depuis trente ans, résume son caractère : « C'est un homme sincère qui croit spontanément en la valeur morale d'autrui. Non qu'il soit candide mais, ne décelant pas d'entrée la malfaisance, il est manipulable. Il s'est fait balader par des types qui se sont tirés quand il a chuté ou l'ont enfoncé pour éviter de tomber avec lui. » Ce compagnon des bons et mauvais jours évoque Alain B., ex-policier devenu « directeur de la sûreté » d'Aristophil. Un exemple qui illustre les déconvenues qu'a connues Gérard Lhéritier.

Alain B. est arrivé dans le groupe en 2008, après une carrière au sein des brigades financière et criminelle de Nice. Partageant son temps entre Villeneuve-Loubet, Paris et Bruxelles, il perçoit un salaire mensuel de 10 104 euros sur treize mois et jouit d'avantages. En 2011, il soumet à Gérard Lhéritier un avenant à son contrat lui garantissant un parachute en cas de démission ou de licenciement, sauf si la rupture est consécutive à une faute lourde. Satisfait de ses services, ne voulant pas risquer de le perdre, son patron accède à la requête. Parallèlement, le 9 février, et sans en référer à son généreux président, Alain B. fait établir une facture pour la vente, moyennant 32 200 euros, du coupé BMW 630i dont il dispose mais qui appartient à Aristophil. Le 11 avril, Gérard Lhéritier signe l'avenant stipulant qu'en cas de départ, son employé percevra une indemnité équivalente à 24 mois de salaire, soit 242 506 euros. Il ignore que, dans sa tête, le cadre a déjà quitté la société. En septembre, monsieur B. aurait fait apposer par on ne sait qui la mention « facture acquittée », puis il part avec la BMW et ses indemnités. Durant l'instruction, il deviendra l'un des accusateurs de son ex-P-DG.

Et que dire de l'attitude de sa directrice du développement, Liliane Rabault ? Elle émargeait à 12 000 euros nets mensuels sur treize mois, et sa qualité d'ancienne cadre de la Société Générale et du groupe AXA en faisait une employée hautement qualifiée pour détecter une fraude, *a fortiori* une pyramide de Ponzi. Deux semaines avant les perquisitions, elle fut la première interrogée par la

BRDE, comme si la police subodorait qu'elle serait d'une aide précieuse. Officiellement, elle fut ciblée parce qu'elle percevait le salaire le plus élevé dans l'entreprise, au-delà de celui que s'accordait son patron – 9 000 euros. Elle figurait au sommet du « système » critiqué.

Lors de sa première audition, début novembre 2014, elle se montre bienveillante envers son P-DG, reconnaissant « son savoir-faire », « sa grande connaissance du marché », et dit avoir confiance en son modèle économique. Lorsque se profilent les mises en examen, madame Rabault ouvre son parapluie : Gérard Lhéritier devient un incapable à qui elle s'est opposée à moult reprises et, oui, il « remboursait les clients sortants avec les nouveaux arrivants mais je n'en savais rien ». Certes, elle a eu des différends avec son patron, lui a parfois exprimé ses désaccords, comme en témoignent des échanges de mails plutôt vifs. Et il faut reconnaître qu'elle lui a prodigué quelques conseils avisés qu'il n'a pas suivis. Le 31 juillet 2014, par exemple, elle lui recommande de s'éloigner de Finestim, une société à laquelle « vous êtes aliéné. Ils dictent votre politique commerciale sans prendre les risques. Moi, je défends vos intérêts, j'essaie de trouver des moyens de sécuriser le modèle économique d'Aristophil et vous, vous protégez un réseau qui vous a sans doute fait grandir, mais à quel prix ! ». Cependant, si un schéma de Ponzi avait assuré la pérennité de la société, Liliane Rabault l'aurait-elle ignoré ? Elle était le plus haut cadre dirigeant, en charge du développement et faisant fonction de directrice générale.

Du reste, avant la chute d'Aristophil, elle avait été missionnée pour créer un Fonds d'investissement alternatif dont la Société Générale serait partenaire (l'accord avait été signé), lequel serait soumis à l'agrément de l'AMF. Elle collaborait aussi à l'ouverture d'une maison de ventes aux enchères qui aurait garanti son autonomie à Aristophil et un allégement de 25 % des frais. Pour mener à bien ces projets, la directrice avait exigé une augmentation de 5 000 euros par mois. *A priori*, ce n'est pas l'attitude d'une salariée inquiète... Liliane Rabault n'est pas poursuivie. Aujourd'hui, elle réclame 100 000 euros de dommages et intérêts à Gérard Lhéritier pour « licenciement sans cause réelle et sérieuse » alors qu'elle a quitté l'entreprise le 7 mai 2015, durant la période de redressement judiciaire, pour « motif économique ».

En début d'année 2015, « l'affaire Aristophil » bat son plein, chaque aspect en est abordé et souvent tourné en dérision, plus aucune des activités du groupe n'a grâce aux yeux des journalistes. Les Rencontres internationales des lettres et manuscrits, dont la première édition s'est déroulée en octobre 2012 en présence de Jean-Louis Debré, le président du Conseil constitutionnel, sont le fait d'un « ovni [qui] entend désormais occuper le champ culturel ». Les événements sont invoqués non pour ce qu'ils ont représenté mais en raison des « vedettes » attirées, les « journalistes-animateurs et comédiens rétribués ». L'allusion à une rémunération a un double objectif : éreinter Gérard Lhéritier (on ne se déplace pas pour lui) et dénoncer des « stars » du petit écran qui font « des ménages », pratique décriée par nombre de titulaires de la carte de presse. « PPDA tient une place à part, il joue le Monsieur Loyal dans la promotion de ses produits financiers, au côté du professeur de droit Jean-Jacques Daigre, d'un expert près la cour d'appel de Paris, Thierry Bodin, et d'un dynamique libraire, Jean-Claude Vrain[1]. » L'effet « mélange des genres » est immédiat bien que

1. Citations extraites de *Libération*, *op. cit.*

Patrick Poivre d'Arvor ne fasse pas payer ses apparitions, seulement ses chroniques dans le magazine *Plume*. Quant aux personnalités ayant été dédommagées par la société prestataire des festivités, elles le furent au même titre que tout érudit participant à un « think tank » ou tout invité d'une entreprise qui souhaite promouvoir sa marque. Il s'agit là d'une pratique courante dans le monde de la joaillerie, de la mode, du champagne. On peut la désapprouver sans se livrer à la délation.

Autre démarche désormais dénigrée, les dons de Gérard Lhéritier aux institutions ou aux associations, tel le présent à la Ville de Nice, ou les millions alloués à la BNF. *Libération* fait état de la « fierté » du fondateur d'Aristophil d'être « invité au dîner des mécènes qu'organise chaque année la Bibliothèque nationale. C'était bien le moins après avoir accepté 2,5 millions pour l'acquisition d'un manuscrit enluminé, la *Vie de sainte Catherine d'Alexandrie,* et alors que la BNF sollicite une contribution d'1,85 million pour l'achat des archives de Michel Foucault ».

Il convient d'apporter des précisions afin que ces gestes ne soient pas dévalorisés. Leur valeur est incontestable. Le don aux Niçois, datant du 9 novembre 2012, n'a pas modifié ses relations avec Christian Estrosi. Gérard Lhéritier n'a pas acheté sa respectabilité. Il a estimé que le discours tapuscrit, annoté à la main et prononcé par le général de Gaulle le 9 avril 1945 dans la ville libérée, devait revenir à ses habitants.

Quand le chef du gouvernement provisoire de la République française s'exprime, perché sur le balcon du casino municipal, une foule compacte s'est réunie place Masséna – 60 000 à 100 000 personnes. Il y a des gens sur les toits, aux fenêtres, au faîte de poteaux ; c'est une journée capitale pour la région. « Nice libérée, Nice fière, Nice glorieuse... » déclame le Général, en écho à son allocution du 25 août 1944 à Paris. « Nice n'a jamais renoncé à elle-même ni renoncé à la France ! » Tandis que les uns pleurent, que d'autres applaudissent en dépit de la piètre qualité de la retransmission, il a cette phrase annonciatrice d'une des ultimes offensives : « Le vent de la Victoire souffle sur les Alpes... et va les dépasser. » La foule hurle et entonne la Marseillaise. Le lendemain, les troupes lancent l'assaut contre les positions allemandes sur l'Authion.

Le texte original, qu'a retrouvé Gérard Lhéritier, aurait pu être vendu. Il en aurait reçu un bon prix. Niçois de cœur, il a choisi de l'offrir. Seul avantage tiré de cette initiative : la reconnaissance de ses compatriotes du Sud-Est. La défiscalisation à 90 %, qu'invoque *L'Express* pour justifier cette opération de mécénat, ne s'est pas appliquée car le don relevait de la restitution d'un document à caractère public. Même s'il est vrai que, comme tout philanthrope, y compris les milliardaires, il a profité d'avantages réservés aux donateurs participant à l'acquisition d'un trésor national, autorisés par la loi Aillagon de 2003. Les dispositions du Code général des impôts sont les mêmes pour tous.

La donation à la BNF n'a pas eu, non plus, de conséquences sur ses rapports avec Bruno Racine, son président de 2007 à 2016. Les deux hommes ne sont pas amis, ils partagent juste la passion des Lettres. Durant son mandat, le haut fonctionnaire, par ailleurs écrivain, a eu pour seul souci d'administrer au mieux cette institution prestigieuse avec les moyens alloués par l'État. Il s'est trouvé que la générosité de celui-ci avait ses limites : le budget que le ministère consacre aux acquisitions patrimoniales se limite généralement à un million par an. Récupérer le manuscrit enluminé *Vie de sainte Catherine d'Alexandrie*, classé « trésor national » en 2008, n'entrait pas dans les priorités de sa tutelle. Bruno Racine redoutait qu'il tombât entre les mains d'un amateur assez riche pour s'offrir ce remarquable ensemble à 3,6 millions (Gérard Lhéritier contribue à hauteur de 2,5). De quoi est-il question ?

D'un manuscrit réalisé à la fin du Moyen Âge pour Marguerite d'York, sœur du roi d'Angleterre Édouard IV. Il est composé de 54 feuillets traduits en français par Jean Miélot, chanoine de Lille, à la demande de Philippe Le Bon, duc de Bourgogne, et de 14 miniatures aux bordures richement décorées illustrant l'existence de Catherine d'Alexandrie. Elles ont été peintes en 1474 par le Picard Simon Marmion, enlumineur d'exception dont des œuvres sont exposées jusqu'au Getty Museum à Los Angeles. Les collections nationales ne possédaient aucune pièce majeure. Les héritiers du volume ayant décidé de s'en séparer, c'était, pour la BNF, la dernière occasion de s'en doter. Bruno Racine a sollicité des mécènes, Gérard Lhéritier a répondu favorablement, avec d'autres[1].

Il a également contribué à l'achat des archives du philosophe Michel Foucault, un auteur parmi les plus cités au monde. Le fonds de 37 000 feuillets, lui aussi classé « trésor national » (2012), est composé de manuscrits et de textes couvrant quarante ans de travail, depuis ses études à l'École normale supérieure, à partir de 1946, jusqu'à son

---

1. Le laboratoire pharmaceutique Septodont, le Cercle de la BNF, la Fondation B.H. Breslauer, l'Association du Mécénat de l'Institut et des particuliers.

décès, en 1984. Considérés comme indispensables à la compréhension de la pensée de Foucault, la BNF a décidé de les acquérir. Ne disposant que de 800 000 euros sur les 3,8 millions exigés, elle a appelé des mécènes, dont Gérard Lhéritier. C'est en procédant ainsi qu'en 2009 elle avait récupéré, moyennant 2,7 millions, les archives de l'écrivain et théoricien révolutionnaire Guy Debord que sa veuve s'apprêtait à vendre à Yale, l'université du Connecticut. L'institution fonctionne de la sorte, elle s'appuie sur des bienfaiteurs. Leurs patronymes sont rarement dévoilés, leur participation jamais raillée. Le traitement réservé au président d'Aristophil est inique.

Quant à sa présence au dîner des mécènes, elle s'explique : ils y sont tous conviés chaque année. Et que l'on s'appelle Pinault, Dassault ou Lhéritier, on apprécie le geste et les échanges feutrés qu'il permet. C'est ainsi que le président d'Aristophil a eu le plaisir, lors de la soirée en juin 2014, de croiser Manuel Valls, Premier ministre, et Aurélie Filippetti, encore en charge de la Culture pour soixante jours. Gérard Lhéritier faisait déjà l'objet d'une enquête préliminaire, la tempête menaçait de s'abattre sur son musée. L'hôtesse de la rue de Valois ne l'a pas évité. Quoi qu'il en soit, il est normal d'être « fier » de figurer parmi les protecteurs de l'art. *A fortiori* quand grâce à Aristophil, qui a confié la plupart de ses œuvres à la BNF à des fins de numérisation, on sait que les historiens pourront les consulter. Sachant qu'elles sont aujourd'hui dispersées, que certaines quitteront la France, on devrait plutôt se féliciter qu'il en demeure une trace.

Avant la débâcle, seule une poignée de jaloux glosaient sur sa proximité avec les membres de la BNF. Les collectionneurs, chercheurs, applaudissaient le maintien de chefs-d'œuvre en France. Le fonds Aristophil, « le plus grand du monde » (sur ce point tout le monde s'accorde), méritait considération. Désormais, l'énumération des lettres et manuscrits qu'il a acquis ne sert plus à promouvoir les « remarquables investissements de monsieur Lhéritier », comme ils étaient régulièrement présentés, mais à en souligner le coût. Comprendre : il a gonflé les prix pour piéger les acheteurs.

Quel contraste avec les années fastes, les titres dithyrambiques ! Exemples, pour mesurer la fracture entre passé et présent : « Le Palais des manuscrits » (*Valeurs Actuelles*) ; « Chasseur de textes » (*Le Point*) ; « Aristophil investit dans le patrimoine historique » (*L'Entreprise*) ; « Gérard Lhéritier : 80 000 voyages dans l'intimité des génies » (*Nice-Matin*) ; « Le roi du manuscrit » (*Figaro Économie*) ; « Un petit musée dans la cour des grands » (*Le Journal du Dimanche*) ; « Sade ou les infortunes d'un manuscrit » (une du *Figaro*) ; « Plongée dans les coulisses de l'Histoire au MLM » (*Nice-Matin*) ; « *An Investment In Words* » (*The Wall Street Journal*) ; « Le chevalier des lettres » (*L'Est républicain*) ; « *Il cacciatore di manoscritti*[1] » (*La Domenica*) ; « Chasseur d'autographes » (*Le Magazine littéraire*) ; « L'homme aux lettres d'or » (*Point de Vue*) ; « Le pouvoir des mots écrits à la main » (*Winner*) ; « L'art d'investir dans les lettres et manuscrits » (*Patrimoine privé*) ; « De Gaulle : les messages secrets des années de guerre refont surface » (*Le Figaro*) ; « Dis-moi comment tu écris, je te dirai qui tu es » (*Le Figaro Magazine*) ; « La folie des manuscrits » (*Le Figaro et vous*) ; « La flambée des manuscrits » (*Le Magazine littéraire*) « Disparu depuis deux siècles, le "testament politique" de Louis XVI revient en France »

1. Le chasseur de manuscrits.

(Agence France Presse). Dix pages ne suffiraient pas à répertorier les articles élogieux.

En 2015, le roi des belles lettres n'est plus qu'un « Madoff français ».

7

La responsabilité des marchands

CERTES, les lettres et manuscrits sont chers, mais qui fixe les prix ? Si Gérard Lhéritier s'honore d'avoir appris « sur le tas » à apprécier la valeur d'un document autographe, il admet ne pas être expert. Raison pour laquelle il a rétribué des spécialistes, en particulier Alain Nicolas et Jean-Claude Vrain. Mais il sait déterminer la qualité d'une proposition. Lorsque, par l'intermédiaire de monsieur Vrain, qui requiert une commission de 200 000 euros, le fils de Romain Gary demande 3 millions en échange des archives de son père et de l'alias Émile Ajar, peut-il refuser[1] ? Est-il déraisonnable de se battre, en 2012 chez Christie's, pour remporter le manuscrit de la marquise Émilie du Châtelet, intitulé *Exposition abrégée du système du monde selon les principes de Monsieur Newton* ? Lorsque l'on se souvient de l'engouement dans la salle des ventes en ce jour d'octobre pour les travaux de la mathématicienne et physicienne, renommée pour sa traduction des *Principia mathematica*, œuvre majeure d'Isaac Newton, on comprend que Gérard Lhéritier ait renchéri.

---

1. La somme initiale était de 900 000 euros mais elle a atteint 3 millions après que la dernière compagne de l'écrivain s'est manifestée.

Ce jour-là, il n'acquiert pourtant pas tous les lots à prix d'or. Les souvenirs de la maîtresse de Voltaire enthousiasment la foule : un ensemble de décorations militaires est adjugé 301 000 euros ; son portrait par Marianne Loir, estimé 4 000 euros, part à 91 000 euros. Plus de 3 millions dépensés ! Aristophil décroche le clou de la vacation, la fameuse « *Exposition abrégée* », contre 961 000 euros. Elle comprend 35 cahiers, 357 feuillets recto-verso, 57 feuillets de brouillon rédigés entre 1745 et 1749. Son prix ne choque pas. Les scientifiques se félicitent que cet ensemble reste à leur disposition (il fut exposé au MLM dès janvier 2013), et la BNF en demande aussitôt le prêt aux fins de numérisation.

Le paiement d'1,3 million à un collectionneur américain, qui détenait aux États-Unis le testament politique du dernier roi de l'Ancien Régime, 16 pages d'adieu à la nation connues sous le nom de *Déclaration de Louis XVI à tous les Français à sa sortie de Paris*, n'a pas plus stupéfié les initiés. Enfin, quand Gérard Lhéritier a déboursé 2,6 millions pour remporter le lot de manuscrits d'André Breton, dont l'unique exemplaire annoté du *Manifeste du surréalisme* (900 000 euros) et *Poisson soluble* accompagné de sept cahiers préparatoires, nul n'a tiqué. Surtout pas ceux qui, connaissant leur valeur, ont renchéri à tout-va chez Sotheby's au mois de mai 2008. Peu après, Gérard Lhéritier achètera à un libraire le *Second manifeste du surréalisme* : il lui sera facturé 1 million. Est-ce le marchand ou le client qui en a déterminé le montant ? Réponse évidente. S'il a fait « exploser le marché » et « faussé les valeurs », il fut indubitablement conseillé, précédé, entouré, suivi. « La chasse aux autographes » existait avant lui, elle s'est poursuivie sans lui. Dans les années 2000 déjà, les textes de Marcel Proust surpassaient les estimations : 120 000 euros pour un petit carnet offert à son amie Antoinette Faure ; une lettre à sa mère, 8 000 euros ; un courrier non signé se rapportant à son roman *À l'ombre des jeunes filles en fleurs*, 15 000 euros, l'ensemble ayant été mis à prix entre 3 000 et 5 000 euros. Le 14 décembre 2018, une édition originale de son œuvre *Du côté de chez Swann*, premier volume d'*À la recherche du temps perdu*, a été adjugée 1,51 million par Sotheby's. Cet exemplaire, portant le numéro 1 et datant de 1913, avait été offert par Proust à son ancien amant Lucien Daudet.

D'autres spécialistes partagent depuis des lustres l'intérêt pour les autographes et, parmi eux, Michel Castaing, qui a présidé la maison Charavay de 1945 à sa mort, en 2004. Il a pris la succession de cette grande famille de libraires, férus d'histoire depuis le XIXe siècle, qui s'est intéressée au commerce d'autographes après la seconde révolution française de 1830. Ses premiers catalogues de vente datent de 1892 et son livre de référence, consacré aux lettres et manuscrits, de 1899.

Le 5 mai 1994, Michel Castaing, père du principal détracteur d'Aristophil, atteste dans *L'Express*, que « ces dix dernières années, le prix de l'autographe intéressant a doublé ». L'article évoque une lettre de Charles Baudelaire à l'artiste Apollonie Sabatier, muse du poète : vendue 14 500 francs en 1968, elle est achetée 450 000 francs[1] six ans plus tard. Le commissaire-priseur Éric Buffetaud note que les « partitions autographes des grandes œuvres de la musique comptent parmi les trésors les plus précieux de l'humanité ». L'auteur, Sabine Delanglade, mentionne le *Boléro* de Ravel adjugé 1,8 million de francs[2]

1. Soit 93 963 euros selon le mode de calcul de l'Insee.
2. 375 853 euros.

et 12 lignes de Chopin cédées 140 000 francs. « Chères donc, mais valeurs sûres », conclut-elle. Gérard Lhéritier n'est pas responsable de l'envol des prix en 1994. Les lettres et manuscrits étaient déjà prisés. En témoigne l'acquisition en 2000, par la BNF, du célèbre manuscrit des *Mémoires de Casanova*, autobiographie de 3 700 pages cachée dans le coffre de la famille d'éditeurs Brockhaus, à Leipzig, en Allemagne. Grâce à un mécène, l'État se l'est approprié pour 7,25 millions.

On pourrait citer d'autres exemples d'enchères exceptionnelles auxquelles Gérard Lhéritier ne fut pas associé :

– L'édition originale des *Histoires ou contes du temps passé* (1697) de Charles Perrault : 770 000 euros ;

– le plan d'une carte de la bataille de Gloucester, sous le commandement du major-général La Fayette : 373 500 euros ;

– le manuscrit autographe de *La Marseillaise* : 192 000 euros ;

– *Sagesse* de Paul Verlaine, estimé 2 000 euros, vendu 350 000 ;

– l'édition originale de *Microcosme*, poème de Maurice Scève rédigé entre 1559 et 1562 : 322 400 euros ;

– le manuscrit autographe *Le Mythe de Sisyphe* d'Albert Camus : 404 000 euros ;

– une lettre du biologiste britannique Francis Crick, dans laquelle il raconte à son fils, âgé de 12 ans, sa découverte de la structure de l'ADN : estimée 880 000 euros, elle est adjugée 6,2 millions de dollars chez Christie's ;

– L'Évangile selon saint Jean, écrit en latin à la fin du VIIe siècle par l'évêque anglo-saxon saint Cuthbert, acquis 11 millions par la British Library ;

– *Mémoires d'un fou*, première œuvre de Gustave Flaubert, écrite pendant sa jeunesse, est cédée 2,6 millions de gré à gré ;

– le texte de la chanson « Like A Rolling Stone » de Bob Dylan, 1,5 million, ou le texte « Amsterdam », de Jacques Brel, 90 000 euros ;

– un rouleau impérial, long de 24 mètres sur 69 centimètres de large, datant du XVIIIe siècle et représentant 9 000 cavaliers et fantassins, quatrième d'une série intitulée *La Grande Revue* : 22 millions à Toulouse en 2011 ;

– un album impérial sur soie, intitulé *Zhigongtu*, littéralement « porteurs de tribut », daté de la période Qianlong (1735-1796), composé de 38 pages doubles insérées entre deux couvertures en bois, estimé 150 000 à 200 000 euros, atteint 7,8 millions. Il est rapatrié en Chine. Pour la petite histoire, il avait été abandonné durant vingt ans dans un garage, par le fils d'un antiquaire, et endommagé par un champignon…

Ces montants faramineux ne choquent pas si l'on s'instruit des tarifs pratiqués en ce domaine. Les catalogues internationaux constituent une source édifiante. Tel l'*American Book Prices Current*, qui publie tous les deux ans l'argus des autographes vendus dans le monde. Dans l'édition 2004 du catalogue Sanders, qui fait référence, est mentionnée une lettre de George Washington, premier président des États-Unis, proposée par Christie's à 35 000 dollars[1], adjugée 137 500. Estimé 8 000 dollars par Sotheby's, le premier livre de « Winnie l'ourson »

1. En 2004, un euro vaut entre 1,23 et 1,30 dollars selon la période de l'année.

s'arrache à 52 000. Un document d'Abraham Lincoln, ne semblant valoir que 10 000 dollars, part à un million. Quinze ans plus tard, il est réaliste de penser que les écrits de Washington et Lincoln valent nettement plus. Le collectionneur Malcolm Forbes, qui fonda la revue financière éponyme, avait coutume de dire que « les autographes ont été longtemps abordables car ils étaient sous-évalués »[1]. Daniel Brams, membre de la Manuscript Society et de l'Universal Autograph Collector's Club, déclare que « la demande de matériel de qualité croît à un niveau sans précédent, l'insuffisance de l'offre et la hausse constante de la demande ayant un impact spectaculaire sur les prix[2] ».

L'*American Book Prices* confirme que la valeur des autographes peut augmenter de 500 % en quelques années. Et pas seulement les souvenirs d'Eisenhower : le livre *Le Magicien d'Oz*, sur lequel Judy Garland et les acteurs du film de Victor Fleming (1939) ont gribouillé leur paraphe, est parti à 49 306 dollars en 2000. Le vendeur l'avait acheté un millier de billets verts…

Dans le livre *L'Entreprise et sa mémoire*[3], le collectionneur François Labadens, un des plus grands « chasseurs d'autographes » d'Europe, évoque sa passion pour les lettres et les manuscrits : « À Paris, il suffit des doigts d'une main pour compter les marchands honnêtes et compétents », déplore-t-il au passage. Si les documents furent

---

1. Malcolm Forbes possédait 4 000 autographes et manuscrits à sa mort en 1990. La vente aux enchères d'une part de sa collection a rapporté 41 millions de dollars à ses héritiers. L'Américain disait que « rien ne [lui] procure plus de joie que les documents autographes car ils [lui] donnent l'impression de détenir un fragment de l'Histoire ».
2. Les citations de Malcolm Forbes et de Daniel Brams sont extraites du catalogue Sanders.
3. Didier Bondue, Roger Nougaret et Bruno Delmas, *L'Entreprise et sa mémoire*, Presse de l'université Paris-Sorbonne (PUPS), 2012.

« longtemps considérés comme un bien culturel mineur » comparés à des tableaux, ils intéressent « aujourd'hui une clientèle riche et cultivée. Du haut de leur fortune, 200 000 ou 300 000 euros ne paraissent pas une dépense démesurée aux investisseurs dès lors que l'intérêt du document, donc la pérennité de sa valeur à long terme, est avéré ». Il juge « le climat à la hausse » et écrit : « Si l'irruption de Gérard Lhéritier dans le paysage cristallise aujourd'hui le malaise du marché, son impact doit être démystifié. » Il évoque l'ouverture des musées à Bruxelles et Paris, aux « richesses incroyables » qui expliquent « que l'entreprise soit devenue un puissant instrument culturel. Par la qualité des pièces exposées, la permanence de son ouverture au public, l'intérêt des expositions temporaires, ses animations, sa revue trimestrielle *Plume*, l'accès facile des fonds aux chercheurs, elle marche sur les brisées de grandes institutions françaises comme la Bibliothèque de France et les Archives nationales [...] Il n'est pas objectif d'accuser Gérard Lhéritier d'être responsable d'une hausse soudaine des prix. Cela fait vingt ans qu'il opère sur le marché. Certains de ses achats prestigieux sont anciens. Par les volumes qu'il brasse, il ne peut faire peur qu'aux autres marchands ». François Labadens observe que « la force du système Lhéritier est dans la variété et la souplesse des contrats qu'il propose ».

Me Claude Aguttes, le commissaire-priseur à qui fut confiée la tâche de disperser les collections, ne s'y est pas trompé : le 20 décembre 2017, dans le catalogue de la première vente à Drouot, le *Manifeste du surréalisme* était mis à prix 800 000 euros et le *Second manifeste du surréalisme* à 1,2 million. *Poisson soluble* I et II, rédigés dans sept cahiers d'écolier comportant 114 essais d'écriture : entre 2 et 2,5 millions. Soit le lot à 4,5 millions, en espérant le voir s'envoler à 5,5 ! Il aurait trouvé acquéreur(s) à ce tarif si l'État ne l'avait pas classé « trésor national » juste avant la vente. En janvier 2018, le ministère de la Culture et Claude Aguttes sont entrés en négociation de gré à gré. Les propriétaires redoutent d'être « les dindons de la farce ».

Le seront aussi les indivisaires qui se partageaient le manuscrit *Les 120 Journées de Sodome*[1] ou *L'École du libertinage* que le marquis de Sade acheva en 1785 lors de son emprisonnement à la Bastille. Le document se compose de 33 feuillets bout à bout, formant un long rouleau de 12,10 mètres d'une largeur de 11,3 centimètres. Noirci recto-verso d'une écriture difficile à lire mais sans rature, il fut protégé par un étui en veau gris, glissé entre des pierres du cachot, miraculeusement épargné lors de la prise de la Bastille en 1789. À l'issue d'une âpre bataille avec la Suisse pour le rapporter en France (il avait franchi la frontière en contrebande après avoir été volé aux Noailles), Gérard Lhéritier l'a acquis 7 millions (dont 500 000 euros de frais de douane et d'assurance) en 2014. Trois ans plus tard, les experts de Me Aguttes l'ont estimé valoir de 4 à 6 millions. Las, six jours avant les enchères, l'État a fondu sur le Rouleau. L'arrêté du 14 décembre 2017 pris par Françoise Nyssen, alors ministre, ne leur a été notifié que le 23 octobre 2018. La direction des patrimoines cherche toujours des mécènes pour payer « Le Rouleau de la Bastille », ainsi qu'elle le désigne. La France doit l'acquitter au plus tard en juin 2020.

Le ministère de la Culture, qui aujourd'hui se pince le nez quand on parle de monsieur Lhéritier, serait bien inspiré de se souvenir que ses services ont participé à

---

1. Sur le manuscrit, le titre est écrit en chiffres. La Bibliothèque de la Pléiade l'a transcrit en lettres.

l'envol du prix de certaines œuvres. Que penser du montant déboursé pour s'approprier les archives de Turgot, le contrôleur des Finances et secrétaire d'État à la Marine de Louis XVI ? En 2015, après une négociation de gré à gré chez Sotheby's, Fleur Pellerin, alors ministre, se félicite de l'acquisition des 14 000 manuscrits au prix de 8,5 millions. « Témoignage capital de l'histoire politique et économique de la fin de l'Ancien Régime », dit-elle, se déclarant « enchantée de voir ces écrits, conservés depuis deux siècles et demi par la famille, intégrer les Archives nationales ». Son montant laisse perplexe si l'on connaît la genèse de l'histoire et le rôle de monsieur Castaing.

En 2002, Alain Nicolas, l'expert près la cour d'appel de Paris, a estimé les 14 000 documents à 168 420 euros ! Dans *Le Figaro* du 3 mars 2015[1], il révèle avoir écrit à Didier Migaud, président de la Cour des comptes, pour s'étonner de l'inflation. « Commis expert par le tribunal de Caen afin d'inventorier et d'estimer ce fonds, j'avais rédigé un rapport circonstancié dans lequel je parvenais à cette estimation globale [de 168 420 euros] », explique-t-il. Il justifie son évaluation : « La majeure partie est de nature purement familiale, sans valeur vénale substantielle. Pour le reste (plutôt mince), les documents présentant une réelle valeur historique seraient essentiellement des pièces revendicables. En outre, les documents ayant trait à l'activité d'Anne Robert Jacques Turgot correspondent à environ 10 % du fonds seulement, et cette part est loin d'être entièrement de sa main. » L'expert précise que « ce qui est revendicable ne peut être chiffré et la maison de vente est complice du chiffrage au détriment du contribuable français ».

1. Article de Valérie Sasportas, mis à jour le 9 mars 2015 sur le site Internet.

Cette appréciation suscite la colère de Guillaume Cerutti, P-DG de Sotheby's : « Les archives Turgot ont été examinées de manière approfondie [...] Leur importance historique a conduit à les classer "trésor national" en 2010, afin de les empêcher de sortir de France et de permettre à l'État de faire une offre d'achat pendant trente mois. » Mais par qui furent-elles expertisées ? « Nous avons assuré le pilotage et le suivi du dossier », répond au *Figaro* Hervé Lemoine, directeur des Archives de France. Trois conservateurs, spécialistes de documents privés et de l'époque moderne, ont analysé « sur place et sur pièces », les écrits de Turgot « au regard des questions posées : leur domanialité publique et leur intérêt historique ».

L'expertise de Frédéric Castaing, souhaitée par les propriétaires dix ans après le « verdict » d'Alain Nicolas, a été déterminante. Monsieur Castaing aurait passé « trois semaines » à étudier les 14 000 archives et aurait conclu qu'elles valaient cinquante fois plus cher. Mais s'il les a évaluées à 8,5 millions pour l'État, il aurait tenté d'en tirer quatre fois plus : « Sur ses conseils, les propriétaires m'en ont demandé 35 millions », affirme Gérard Lhéritier. Croisant peu après Alain Nicolas, il lui parle de l'offre que lui ont faite les sœurs héritières de Turgot. « Il m'a raconté que, parmi les 35 cartons, il n'y avait que 100 lettres du secrétaire d'État de Louis XVI. "Cela ne vaut rien ou presque", a-t-il précisé. J'ai décliné l'offre par e-mail, indiquant que j'avais eu connaissance de l'expertise d'Alain Nicolas... »

Frédéric Castaing se tourne donc vers Sotheby's en 2012, avant qu'expire le délai des trente mois (il courait depuis le classement en 2010). La maison de ventes n'a rien à se reprocher : l'expertise d'Alain Nicolas lui était inconnue, elle n'avait pas à mettre en doute celle réalisée par son successeur. Sotheby's a recherché un mécène. Le fonds Turgot pouvant bénéficier du statut d'œuvre d'intérêt patrimonial majeur, ouvrant droit à un crédit d'impôt de 90 %, la Banque de France s'est positionnée, déboursant 8,5 millions. « Ce montant a fait l'objet d'un agrément de la commission des trésors nationaux, d'un accord de la ministre de la Culture, d'un agrément de Bercy, d'une publication au J.O. Difficile de faire plus consensuel et transparent », détaille monsieur Cerutti dans *Le Figaro*.

Consensuel et transparent ? Incontestablement. Nul n'a jamais parlé d'absence de consentement ou de transaction nébuleuse. Mais cela signifie-t-il que l'évaluation était juste ? La question reste définitivement posée. « Quand, en 2015, j'ai découvert les articles sur cet achat par l'État, les bras m'en sont tombés, raconte Gérard Lhéritier. Monsieur Castaing m'a attaqué devant le tribunal, estimant que je l'avais diffamé dans *Le Figaro* et sur un site Web. Il a été débouté. » Le marchand a fait appel : c'est Alain Nicolas qui aurait commis une erreur. La justice a tranché en décembre 2018 par une condamnation symbolique à 1 euro, sans publication de l'arrêt. Excepté ses commentaires, Gérard Lhéritier n'est pour rien dans l'histoire. Mais il demeure seul « le flambeur qui a spéculé » sur le marché des lettres et manuscrits.

8

Le « vrai-faux » redressement judiciaire

La richesse des œuvres que détenaient Aristophil et ses clients, leur valeur, unique, vont être promptement décelées. Dès leur placement sous scellés, en novembre 2014, il est tacitement convenu, dans un entre-soi juridico-culturel, que si elles sont confisquées, cela créera des opportunités. Il sera possible d'en retirer des bénéfices, d'en faire profiter les Archives de France alors dirigées par Hervé Lemoine qui n'a pas l'air de porter Gérard Lhéritier dans son cœur. En 2012, une de ses collaboratrices, la conservatrice Isabelle Rouge-Ducos, avait mis en garde les directeurs départementaux contre « le modèle économique [d'Aristophil] [...] qui a entraîné une hausse généralisée des prix. Les services publics ne peuvent plus s'aligner lors des achats, les marchands traditionnels sont très touchés par la situation[1] ». Son comportement sera jugé « agressif » par les salariés d'Aristophil maintenus dans leur fonction après la fermeture du MLM pour aider les experts à faire le tri. Ses passages au musée ont durablement marqué le personnel[2].

---

1. Courriel interne des Archives de France en date du 7 décembre 2012.
2. Témoignage écrit des employés en date du 6 janvier 2015.

La débâcle d'Aristophil crée un moyen de puiser dans la manne providentielle et de s'approprier des documents à moindre coût, comme le démontre le nombre des revendications. « Tout le monde a compris qu'il y avait un gâteau à se partager. Il y a eu une volonté culturelle de mettre un terme aux activités de la société et la machine judiciaire en a été le bras armé », confie un avocat au fait du dossier. Un de ses confrères, également partie à la procédure, regrette que « la justice ait tué l'animal avant de savoir s'il était mourant. La responsabilité de l'État est immense. La clientèle est spoliée. Cette affaire, dont on n'est pas près de voir l'issue, est un engrenage de difficultés et de cynisme ».

Sans compter un détail souvent oublié : les Archives de France reçoivent tous les catalogues d'opérateurs de ventes aux enchères et des libraires. Il leur était loisible de préempter des œuvres, d'empêcher Gérard Lhéritier de les acheter. Comme il était possible d'échanger courtoisement avec lui, de le convaincre que telle pièce devrait être restituée à l'État, ce que fit la directrice Martine de Boisdeffre[1]. Par exemple, le 15 juillet 2009, elle le remercie d'avoir donné une minute portant la signature du père et de la tante de Molière, datée du 10 novembre 1649. Elle avait été soustraite au minutier du notaire Pierre Parque et avait mystérieusement quitté la France. Le président d'Aristophil l'avait retrouvée à Los Angeles, puis acquise avec deux autres documents de la famille Poquelin, moyennant 334 565 euros. Il a rendu cette pièce rare aux Archives.

Fin 2014, les services de l'État savent qu'ils n'auront plus à quémander auprès de Gérard Lhéritier si l'entreprise est rayée du paysage. Première étape, Finestim

1. Directrice des Archives de France de 2001 à 2010.

Art Courtage sont liquidées le 29 janvier 2015. Le jugement a été prononcé avec une célérité déconcertante, que Me François Saint-Pierre, avocat des deux entreprises et de leurs trois dirigeants, explique ainsi : « En novembre 2014, tous les fonds des sociétés ont fait l'objet de saisies pénales sur réquisitions du parquet de Paris. L'accès aux sites Internet du groupe a été bloqué. Par conséquent, mes clients ne pouvaient plus poursuivre leurs activités. La liquidation deux mois et demi plus tard était inévitable. Elle a entraîné le licenciement sec de 27 salariés, précipitant autant de familles dans la détresse. » Auxquelles s'ajoutent, à des degrés divers, les 61 familles des employés de Gérard Lhéritier et des 18 750 clients...

Toujours est-il que si pareille issue est réservée à Aristophil, cela permettra de s'emparer du pactole et de prospérer sur le dossier – les profits se chiffrent en millions. Pour accélérer la chute, il suffit d'indiscrétions. Des chiffres circulent, jamais les mêmes. Dans *Lyon Capitale*[1], il est évoqué un « krach à 850 millions », « un préjudice de 800 millions » sur le site de l'UFC ou du quotidien *Le Parisien*, une escroquerie de « 700 millions » dans *Le Nouvel Obs*[2], qui est ramenée à « 500 millions » dans *L'Express*[3]. Ces montants fluctuants, quels qu'ils soient, se rapportent aux ventes par Finestim et Art Courtage des œuvres que possédaient les propriétaires et indivisaires. Pour être précis, voici ce que révèle l'examen des comptes : Gérard Lhéritier a investi 407 223 000 euros dans les lettres et manuscrits, ensuite

1. Didier Maisto, « Gérard Lhéritier, itinéraire d'un aigrefin », édition du 26 novembre 2015.
2. Vincent Monnier, « Gérard Lhéritier, le Madoff des lettres ? », édition du 7 décembre 2014.
3. « Aristophil, chute d'un empire de papier », édition du 10 mars 2015, *op. cit.*

cédés 858 330 000 euros. Aristophil a appliqué une marge de 2,1 qui n'est pas outrancière au regard de celles des marchands de livres ou de voitures.

Moins d'un mois après les perquisitions, tout est entrepris pour couler Aristophil, au détriment de ses clients. Un homme va pourtant résister : Me Gérard Philippot, réputé honnête et rigoureux. Le 9 décembre 2014, l'administration provisoire de la société lui est confiée et il va tenter de la sauver. Le 27 janvier, sur les conseils du tribunal de commerce, il charge quatre commissaires-priseurs d'inventorier et d'établir la valeur des 130 000 œuvres. Mes Ghislaine Kapandji, Elie Morhange, Ludovic et Richard Morand désignent deux experts en livres anciens, Christian Galantaris et Jérôme Cortade.

Si monsieur Cortade a des connaissances en documents autographes, ce n'est pas la spécialité de son collègue Galantaris. Ce dernier est le père d'Anne Lamort, la présidente du SLAM qui fut dirigé par Frédéric Castaing. Le monde est petit. Ces relations étroites ne signifient pas que Christian Galantaris sera juge et partie ; toutefois, cela pose la question de son objectivité. *A fortiori* quand on lit le jugement que porte sa fille sur Aristophil. Ainsi s'interroge-t-elle dans *L'Express* du 10 mars 2015, alors que débute l'étude des collections par son père : « Et si, au lieu des 500 millions annoncés, on parvenait après inventaire à une valeur très inférieure ? »

Anne Lamort accorde aussi une interview au *Magazine du bibliophile*[1] : « Gérard Lhéritier a faussé le fonctionnement d'un marché équilibré et stable qui comptait six ou huit professionnels en France et quelques milliers

1. *Le Magazine du bibliophile* n° 116, janvier-février 2015.

d'acheteurs, institutions, collectionneurs. Il a créé une bulle spéculative qui a interdit aux anciens amateurs de continuer à agir et a fait entrer des dizaines de milliers d'acheteurs totalement ignorants du sujet : des petits investisseurs séduits par la rentabilité, incapables de décrypter des contrats qui ne leur laissent pas de liberté de sortie. L'ancien marché atomisé, un nouveau marché a été créé en un temps record, avec un incontestable brio. »

Si elle réfute toute comparaison avec « Madoff qui vendait du vent », la patronne du syndicat de la librairie ancienne et moderne a la dent dure : « Les fils de cette affaire sont difficiles à démêler puisque les biens constituant les fonds sont pour certains très précieux, pour d'autres assez médiocres. Quant à l'évolution des prix, elle est inconnue. » Parlant d'un « modèle condamné dans son ADN », convenant que « monsieur Lhéritier a créé quelque chose d'unique, nouveau, très intelligemment pensé », elle estime que « l'intervention de la justice aggrave le cas ».

Une conclusion frappée au coin du bon sens. Si, durant la période d'observation, la SAS Aristophil avait pu rectifier son modèle économique comme le souhaitait son président, selon les dispositions qu'il avait déjà prises en 2014, ses clients ne seraient pas dans la panade.

Le 16 février 2015, le tribunal ouvre une procédure de redressement judiciaire. Il désigne le président de chambre Guy Elmalek ès qualité de juge-commissaire et confirme Me Gérard Philippot au poste d'administrateur. Ce dernier va poursuivre sa mission au mieux de ses possibilités pour éviter l'issue fatale et 61 licenciements. Il se fait assister par le cabinet Mazars, qui procède à un audit, et dont les experts jugent le groupe viable, à la condition de « faire évoluer les modalités de gestion ». Trois mois plus tard, Gérard Philippot soumet un plan de redressement par cession avec « une société repreneur dans laquelle seraient impliqués un nombre important de souscripteurs indivisaires ». Afin de financer les charges courantes et la poursuite des activités sous forme qui fait consensus, l'administrateur sollicite la mainlevée partielle des sommes bloquées, à hauteur de 750 000 euros. La juge d'instruction Charlotte Bilger est favorable à la requête, couramment consentie pour préserver la survie d'entreprises. Le 12 juin, elle rend une ordonnance en ce sens. Le vice-procureur Guillaume Maigret s'y oppose en interjetant appel. Inenvisageable de donner une bouffée d'air à Aristophil, qui ferait capoter la dissolution souhaitée. « On a créé les conditions d'une liquidation. Je n'avais jamais vu cela », témoigne Me Laurent Cotret, associé au cabinet August & Debouzy qui représente Gérard Lhéritier et Aristophil.

À ce stade du récit, un point de droit s'impose afin de mesurer le rôle qu'a joué le ministère public dans la catastrophe pour l'entreprise et ses 18 750 clients. Quand ils refusent que soit débloquée une partie de l'argent « gelé », imposant une saisie-conservatoire jusqu'au règlement du litige, Guillaume Maigret et son patron Jean-Pierre Bonthoux savent que la juge Bilger va être pieds et poings liés. Comme Me Philippot et le tribunal, elle demeure convaincue des potentialités du redressement mais ne peut rien faire. En ne « relâchant » pas l'appel, autrement dit en campant sur ses positions, le parquet coule Aristophil. Avec une pointe d'hypocrisie.

En effet, à l'audience du 22 juillet 2015 devant le tribunal de commerce, alors que Me Philippot, les avocats d'August & Debouzy et les représentants des indivisaires se battent pour obtenir un sursis, que le juge-commissaire Guy Elmalek est lui-même enclin à la poursuite de l'activité, le vice-procureur Guillaume Maigret émet un avis favorable, précisant que le financement devra être assuré par une nouvelle demande de mainlevée de 750 000 euros. Il sait pourtant que c'est impossible car, n'ayant pas été « levé », l'appel du parquet empêche toute nouvelle initiative. Cette hypocrisie sera subtilement relevée par le tribunal dans ses attendus : il a refusé de porter la responsabilité de la liquidation judiciaire d'Aristophil, soulignant celle, pleine et entière, du parquet de Paris. Ce « vrai-faux » redressement aura permis d'accaparer les collections, les biens propres d'Aristophil et de garder sous cloche la totalité de la fortune du plus riche des suspects. Les dirigeants de Finestim et d'Art Courtage ont eux aussi vu « s'envoler » la totalité de ce qu'ils possédaient, jusqu'à leurs économies : « Lorsqu'il y a soupçon de blanchiment ou d'escroquerie en bande organisée, indique Me Saint-Pierre, les magistrats ont tendance à pratiquer des saisies sur l'intégralité des biens, sans proportionnalité. Ce n'est plus de l'ordre du conservatoire, c'est de l'aliénation. La responsabilité pénale devient alors collective et familiale. C'est sidérant ! » Il a intenté des recours afin que les conjoints et les enfants de ses trois clients ne soient pas complètement privés de ressources : « Nous avons exercé des appels contre les saisies pénales, ordonnées sans débat contradictoire. Nous sommes allés jusque devant la Cour de cassation ; en vain. Dans une autre affaire que j'ai gagnée, elle a pourtant estimé que les juges doivent justifier le maintien des saisies au-delà d'un délai raisonnable. » Le « délai raisonnable » est hélas diversement apprécié...

Par voie de conséquence, jugeant Aristophil privée de « ressources financières », donc « en cessation de paiement et dans l'incapacité de poursuivre son activité » – ce qui n'était pas le cas avant le mois de novembre 2014 –, le tribunal ordonne la liquidation le 5 août 2015. Il est mis fin à la mission de Gérard Philippot. Les « clés » du groupe sont définitivement confiées à deux liquidateurs, Mes Bernard Corre et Valérie Leloup-Thomas, parties à la procédure depuis le 16 février. Les voici dotés des pleins pouvoirs. Estimant que la mise en examen de monsieur Lhéritier, « les termes de son contrôle judiciaire et le risque de conflit d'intérêts » peuvent nuire à la bonne exécution de leur tâche, ils sollicitent qu'un mandataire ad hoc exerce à la place du P-DG la gestion des biens propres d'Aristophil. Une mesure rare, doublée d'une humiliation, vainement contestée. Ses droits sont abandonnés à Me Florent Hunsinger. L'avocat Laurent Cotret avoue une fois encore « n'avoir jamais vu cela ».

Pendant ce temps, les offices Kapandji-Morhange et Morand & Morand procèdent à l'inventaire et à l'évaluation des documents détenus par Aristophil, ainsi que du mobilier du musée et de l'hôtel de La Salle. Si les bâtiments du boulevard Saint-Germain et de la rue de l'Université abritent évidemment du matériel de bureau, ils sont par ailleurs richement aménagés et dotés d'œuvres d'art. Du reste, dans la déclaration de cessation de paiements (DCP) que Me Philippot a établie au début du mois de février, l'actif s'élève à 139,2 millions, dont des biens propres évalués à 75,7 millions. Deux mois plus tard, ces montants ont été à ce point réduits qu'il y a forcément un problème. Où se situe-t-il ?

Les commissaires-priseurs, assistés des experts Galantaris et Cortade, sont passés par là. Les salariés d'Aristophil épargnés par le licenciement assistent, médusés, aux « estimations ». « Le plus souvent, seules les factures étaient consultées et les prix divisés par dix », se rappelle l'un d'entre eux. Les appréciations des œuvres apparaissent insolites, jamais justifiées, les décotes parfois vertigineuses – jusqu'à 99 % pour le masque mortuaire de Victor Hugo, sculpté par Aimé-Jules Dalou, que Gérard Lhéritier avait exposé au MLM. Ainsi peut-on s'offrir un texte de François Rabelais contre 2 euros, un lot de documents de Louis Philippe à 100 euros, une lettre de Charles X pour 10 euros, des dépêches télégraphiques du siège de Paris durant la guerre de 1870 moyennant 6 euros, 59 documents écrits par des hommes d'État sous l'Ancien Régime à 1 000 euros… Il arrive que les prix soient plus élevés, mais ils restent en deçà de la valeur d'acquisition des œuvres.

Quelques exemples :

– Une pièce signée par Pierre Corneille et huit autres académiciens, datée du 12 février 1663, achetée 70 000 euros par Gérard Lhéritier, est estimée à 14 000 euros ;

– la *Jeune fille devant le bassin de Marquayrol*, huile sur toile du peintre symboliste Henri Martin, adjugée 929 400 euros lors d'enchères rennaises en 2012, ne vaut plus que 120 000 euros ;

– le *Manifeste du surréalisme* (édition originale) et *Poisson Soluble* d'André Breton, acquis 2,6 millions par Aristophil, sont estimés à 200 000 euros par les experts Cortade et Galantaris (nous avons vu que Claude Aguttes, le commissaire-priseur, en espérait plus de 3 millions avant que la vente ne soit annulée par l'État) ;

– un ensemble de deux ballons montés (1870) et de deux boules de Moulins (1871), pourtant jugé « exceptionnel » par des spécialistes : 600 euros.

– des documents autographes de l'Autrichien Erwin Schrödinger, prix Nobel de physique (1933), sont évalués à 200 euros. Aux enchères, ils partiront à 12 000 euros...

La lecture des 334 pages de l'inventaire, rédigées le 9 avril 2015, ne laisse pas de surprendre. On comprend pourquoi l'équipe tardera tant à le transmettre à Gérard Lhéritier. Bien que le Code de commerce[1] les contraigne à les envoyer au débiteur, les valeurs de prisée des experts Galantaris et Cortade ne lui sont adressées qu'en février 2016, juste avant l'organisation des premières enchères. Et, s'agissant des œuvres en propre d'Aristophil, ils concluent que « sur 2 300 références, il n'en existe qu'une vingtaine jugées majeures. Les autres sont de moindre importance, voire sans intérêt ». Le mandataire ad hoc, Florent Hunsinger, garant des possessions de Gérard Lhéritier, n'y trouve rien à redire. Tout aussi incompréhensible : la juge a refusé la contre-expertise demandée par la défense...

Le mobilier du MLM et de l'hôtel de La Salle est « soldé » au quart ou au tiers du tarif d'acquisition, au mieux à la moitié. Un des bureaux, dont l'ensemble a été acheté en vente publique 25 980 euros au mois de décembre 2012, est dévalué à 9 000 euros. Un salon du XIXe siècle, acquis 137 500 euros à la même époque : 25 000 euros. Les pendules et candélabres Louis XVI, lustres, bibelots et statues subissent un abattement similaire. Pour 400 euros, on peut trouver un « salon style Louis XV » avec fauteuils, bergères, guéridons et banquette. Un lot de 24 vitrines d'exposition : 2 000 euros. L'équipement informatique est bradé. Exemple : sept

1. Article R 622-4.

ordinateurs, trois imprimantes, un scanner et un broyeur, 800 euros. À ce prix-là, il aurait été préférable de l'offrir à Emmaüs.

Ainsi parvient-on à dévaloriser l'actif… et à amplifier le montant du passif ! Des 139,2 millions de la DCP fournie par Me Philippot, il ne reste que 30,7 millions. Autrement dit, 108,5 millions se sont comme évaporés. Les biens propres, estimés à 75,7 millions, n'en valent plus que 5,3. Comment justifier pareil écart ? Ceux à qui Gérard Lhéritier achetait ses collections, ses meubles, l'ont-ils escroqué ? Les « pièces rares » qu'on lui proposait ne l'étaient-elles pas ? Les liquidateurs Corre et Leloup-Thomas ont une explication : « Cette décote illustre la bulle spéculative créée par monsieur Lhéritier et constitue l'une de ses fautes de gestion. » La dépréciation de 93 % en moyenne par les commissaires-priseurs et leurs experts n'y serait pour rien. Il sera mis un terme à leur mission en août 2016.

La guerre autour de la collection Aristophil a bel et bien commencé.

9

Liquidation

À CETTE équipe de choc en succède une autre qui s'apparente à une armée mexicaine. Sous la conduite du tribunal de commerce et des liquidateurs, elle poursuit le dépeçage. La liquidation « revêt une dimension sans précédent connu et une complexité d'une intensité particulière », avertissent Mes Leloup-Thomas et Corre, allusion au nombre d'œuvres et de propriétaires ou indivisaires. Comme s'ils justifiaient préventivement la débauche de moyens et les rémunérations qui seront partagées par les auxiliaires de justice. Mi-2015, dans la torpeur estivale, le démantèlement des biens propres d'Aristophil a débuté avec la vente de l'hôtel de La Salle, acquis 34 millions en 2013. L'évaluation a été confiée à l'expert près la cour d'appel, François Robine. S'il le juge « bien placé », il relève néanmoins « de nombreuses imperfections et contraintes juridiques ou architecturales », d'où la décote vertigineuse. La bâtisse du XVIIe siècle, située dans le 7e arrondissement, considéré comme le plus luxueux de la capitale, ne vaut « que » 19 à 21 millions ; elle a perdu 15 millions en vingt-quatre mois ! Les mandataires trouvent preneur à 25 millions, amputés d'honoraires de négociation s'élevant à 1,25 million.

Le mobilier est dispersé aussi vite que si l'on débarrassait son grenier des babioles d'une aïeule. Un rapport daté du 22 janvier 2016 pointe « l'absorption par les frais de transport et de débarras » de 25 965 euros sur les 86 491 euros que restituent les ventes de meubles. Même le contenu du bureau de Gérard Lhéritier, qui aurait fait des envieux, ne rapporte que 2 236 euros. La cession d'objets d'art, sous-évalués à 267 600 euros, semble être passée par pertes et profits : la case « solde pour LJ » (liquidation judiciaire) mentionne « non connue ». Et ainsi de suite. Les possessions de l'hôtel de La Salle auraient pourtant pu apurer des créances.

Six experts sont requis. À chacun sa spécialité : tableaux anciens, photographies, tableaux et sculptures modernes, dessins, objets archéologiques et philatélie. Les gérants de 56 indivisions sont remerciés au profit de l'administratrice Catherine Poli. Le 28 août, elle écrit aux indivisaires afin de leur exposer ses dispositions : recherches juridiques sur son rôle et ses pouvoirs (elle n'est pas spécialiste de ce type de missions), réunions avec les parties à la procédure, création d'une Dropbox, publication de sa nomination dans des journaux et autres revendications. À ces démarches onéreuses, Me Poli ajoute une demande particulière soumise au tribunal de commerce : elle souhaite la nomination de douze administrateurs qui l'aideront dans sa tâche. Ils vont se partager chacun « un lot ». Me Poli choisit les œuvres de Zola, Baudelaire, Gary, Flaubert. Finalement, elle est remerciée.

Le 12 novembre 2015, elle est remplacée par sa consœur Monique Legrand, qui n'aura pas plus de chance, mais pour d'autres raisons. Me Legrand va être la cible d'un dénigrement incessant, parfois jusqu'à la caricature. La convergence de ses contempteurs, les liquidateurs associés à trois associations de victimes, ruinera la possibilité de valoriser les collections pour les revendre au mieux. C'est le premier épisode notable de la violente bataille menée autour des œuvres d'Aristophil, qui se poursuit en 2019.

Lorsqu'elle est désignée, Monique Legrand mesure l'urgence de la situation. « La liquidation judiciaire précipitée », selon son appréciation des faits, a créé un impératif : la conservation des œuvres, dont elle est la gardienne, doit être assurée à court terme afin de préserver les intérêts des indivisaires. Comme le tribunal de commerce ne se satisfait pas des offres de reprise, les rejetant l'une après l'autre, le tribunal de grande instance, saisi pour équilibrer les forces en présence, décide de retenir la proposition de Me Legrand. Celle-ci s'appuie sur l'action que mènent les dirigeants de l'AICLM (Association des investisseurs dans des collections de lettres et de manuscrits) depuis plusieurs mois. Quand l'administrateur Philippot tentait de sauver Aristophil, et qu'il avait fallu trouver de l'argent pour poursuivre le redressement, ils avaient rassemblé des fonds. Parmi les donateurs, se trouvait le fils de Gérard Lhéritier, qui avait établi un chèque de 200 000 euros. Un geste interprété comme la volonté de ramener son père dans le circuit, de lui permettre, en quelque sorte, de garder la main bien que ses droits aient été cédés à Me Hunsinger.

Une fois la liquidation prononcée, des membres de l'AICLM fondent une société, la SAS Patrimoine Écrit, et répondent à l'appel d'offres. Monique Legrand étudie leur contrat de prestation de services et, trouvant qu'il s'agit alors de la solution la plus viable et la plus appropriée, obtient du vice-président du TGI Patrice Kurz que soient confiées à Patrimoine Écrit, une fois l'inventaire achevé, « la garde, la conservation, l'assurance et la vente sur autorisations judiciaires des collections appartenant aux indivisaires d'Aristophil », selon les termes de l'ordonnance en date du 1er février 2016. Celle-ci suscite le tollé des liquidateurs et des associations rivales d'AICLM. Ils n'ont pas confiance en Patrimoine Écrit, fondé par Frédéric Vieillard, un ancien courtier du réseau Finestim. Ils pensent que les 3 000 actionnaires, clients d'Aristophil, qui se sont fixé l'objectif de revendre les collections à leur valeur réelle avec l'aide d'une banque, de Sotheby's, Artcurial, Ader-Nordmann et d'un comité chargé de fixer des prix de réserve, sont animés par le profit et que Gérard Lhéritier est derrière leur projet. Le doute est semé et, le 22 février suivant, le vice-président Kurz doit rectifier son ordonnance. Plus question de confier les collections à Patrimoine Écrit avant que le tribunal n'ait statué sur l'appel d'offres. Tout le monde est satisfait – y compris Me Legrand dont le seul but est l'intérêt commun.

Pour sélectionner un prestataire, et ainsi donner sa chance à chacun, elle reçoit les candidats ayant déposé un dossier auprès du juge-commissaire Guy Elmalek. Selon elle, les offres ne valent pas celle de Patrimoine Écrit, qui propose au surplus de reprendre des salariés d'Aristophil édifiés de la richesse des collections. Les conditions faites aux souscripteurs du contrat sont de 2,40 % TTC du montant investi, dont moitié prélevée après la vente de leurs documents. Soit, pour une œuvre de 30 000 euros, un investissement forfaitaire de 760 euros. En échange, la défense de leurs intérêts et la garde de leurs biens sont définitivement acquis, sans mauvaise surprise. Les bénéfices éventuellement réalisés par Patrimoine Écrit seront reversés aux actionnaires. Ce concept « mutualiste » réduira les coûts et, *in fine*, pourrait permettre le remboursement de la somme forfaitaire engagée par les contractants. Dans ce contexte de mise en concurrence loyale, Me Legrand choisit de nouveau Patrimoine Écrit le 31 mai 2016. « Les propositions des autres opérateurs que j'ai auditionnés sont loin, c'est un euphémisme, d'offrir les mêmes perspectives aux investisseurs », indique-t-elle à l'appui de sa requête.

Le 2 juin, elle reçoit une lettre incendiaire de Mes Julien Turczynski et Romain-John Pascal, du cabinet DTA, représentant le collectif OPDIA (Organisation pour la défense des investisseurs Aristophil). Créée au début de l'année 2015, l'association promet « simplicité et efficacité » aux adhérents, invités à « agir collectivement » pour récupérer « rapidement » leurs œuvres. Dans les vidéos postées sur le site, Julien Turczynski recommande de s'en remettre à « des professionnels du droit ». Les avocats, qui avaient déjà dénoncé, le 24 avril 2015, l'attitude de l'administratrice Catherine Poli, « l'opacité » de ses actions et émis des doutes quant à sa « légitimité », reprochent désormais la même chose à Me Legrand. Ils fustigent ses accords « avec la société embryonnaire Patrimoine Écrit » et, « outre [son] comportement inconvenant, une curieuse manière d'exercer [son] mandat ». Ils jugent sa solution « malhonnête » et « parfaitement illicite, contraire à l'intérêt des indivisaires [qu'elle] représente », en ce qu'elle favorise les anciens dirigeants d'Aristophil « qui tentent de s'introduire de façon illégale dans ce dossier ». Suivent un cours de droit civil et la menace d'une « requête aux fins de remplacement ». Le 3 juin, par voie de communiqué, Me Turczynski s'en prend aux « nouveaux profiteurs qui tentent de vous [les indivisaires, *NdA*] faire payer une seconde fois, pensant que votre désespoir vous poussera à accepter n'importe quelle condition de sortie de ce dossier ». Sur le site Internet d'OPDIA, la charge est encore plus rude. Le contrat avec Patrimoine Écrit serait « une tentative de fraude », la société serait « constituée de prête-noms agissant pour le compte de personnes dont la loi interdit l'intervention, anciens dirigeants d'Aristophil, contrôleurs de la procédure de liquidation, indices précis et concordants laissant penser que vous êtes victimes d'une solution onéreuse et sans doute frauduleuse ».

OPDIA promet que sera trouvée « une solution équitable pour empêcher que l'on gagne à nouveau de l'argent sur votre dos ». Les souscripteurs l'attendent encore.

Jugée « à l'origine des manœuvres », l'AICLM est aussi attaquée. Son avocat, Me Guillaume Julia, se souvient de cette période comme d'une « épreuve » : « Il était évident que nous gênions. Tout a été entrepris pour se débarrasser de Monique Legrand. Elle a été victime d'une grande injustice. »

Dans la foulée d'OPDIA, CPARTI (Association notre culture, notre patrimoine) et Adilema (association de défense des investisseurs en lettres et manuscrits) font savoir aux adhérents, les 6 et 9 juin, qu'ils garantissent des formules « gratuites » et des accords avec les opérateurs de vente « qui accepteront de travailler sans commission-vendeur et prendront en charge les frais de garde, de conservation, d'assurance, d'expertise, de valorisation et de revente des œuvres ». Le président de CPARTI, Alain Poncet, ancien conseiller en gestion du réseau Finestim, écrit à Me Legrand. Il « condamne [sa] façon d'agir [...] incompréhensible et intolérable ».

Enfin, Mes Philippe Julien et Éléonore Marcilhac, du cabinet PDGB, agissant au nom d'Adilema, portent l'estocade par lettre recommandée. L'administratrice des indivisions agit « prétendument dans l'intérêt commun », sa décision ne « relève pas d'un choix éclairé ». Me Legrand, incessamment calomniée, jette l'éponge. Son ancien collaborateur, Pascal Hotte, lui succède le 27 juillet 2016. La guerre de tranchées ne cesse pas : le 28, les associations assignent Monique Legrand devant le tribunal de grande instance, lui reprochant sa collusion avec Patrimoine Écrit.

Le 16 mars 2017, l'administratrice sera définitivement mise hors de cause. Le jugement autorise Me Hotte à suspendre les accords avec la société décriée. Elle sera liquidée en début d'année 2018. Un an après, des actionnaires attendent toujours le remboursement des sommes qu'ils ont investies. Selon Matthieu Sellies, l'avocat de CPARTI, les caisses seraient vides. Il a exigé en référé les comptes de l'entreprise, imitant la démarche de Me Hotte qui la poursuit pour connaître l'affectation des montants versés par les souscripteurs, non restitués. Encore un imbroglio, source de détresse.

Entre-temps, l'examen des appels d'offres aux commissaires-priseurs, soumis au juge-commissaire Elmalek et aux liquidateurs Corre et Leloup-Thomas, a abouti.

Quatre prestataires ont été écartés, et la société de Pierre Bergé & Associés s'est désistée. Reste en lice Claude Aguttes, établi à Neuilly-sur-Seine. Sa désignation pose question : il n'est pas spécialiste des lettres et manuscrits. En 2012, il a été suspendu pendant deux mois par le Conseil des ventes volontaires (CVV) pour manquement aux dispositions sur le blanchiment – sanction réduite à quinze jours par un arrêt de la cour d'appel le 27 novembre 2013. L'autorité de régulation a souhaité envoyer un message aux experts-marchands, un microcosme sur lequel elle n'a pas de prise. Certains sont peu regardants sur l'origine des œuvres et sur l'identité du vendeur qui peut s'abriter derrière des sociétés-écrans. Depuis le scandale à Drouot en 2010, qui a révélé un trafic d'objets volés commis en bande organisée par des manutentionnaires et quatre commissaires-priseurs, le Conseil redouble de vigilance. Claude Aguttes n'est pas seul à avoir été temporairement interdit d'exercice, loin de là.

Le choix de lui confier l'intégralité des collections Aristophil est surprenant, d'autres que lui ayant démontré leur connaissance de ce marché, telles Christie's et Sotheby's, au savoir-faire mondialement reconnu. Leurs connexions au Royaume-Uni et aux États-Unis ouvriraient de plus vastes perspectives. Il est objecté « qu'aucune maison ne voulait s'investir dans des enchères vouées à un possible échec compte tenu du risque de saturation ». Explication insolite puisque, aujourd'hui, Drouot Estimations, Ader-Nordmann, Artcurial et Osenat y ont pris part. Ces opérateurs ont même facilité les ventes de 2018. La première, opérée par Me Aguttes en décembre 2017, s'est soldée par 31 % de lots invendus, sur 185. Les pertes ont été estimées à 11 millions.

Cette intervention va contribuer à augmenter le préjudice des clients d'Aristophil. Dès sa désignation, Me Aguttes ordonne que soient transférés les 130 000 documents des bâtiments sécurisés de la société Chenue vers un espace qu'il loue, dont l'adresse doit rester secrète. L'opération coûte une fortune. La location est évaluée à 512 287 euros pour une occupation durant six ans, période automatiquement retenue pour l'intégralité de la facture. Les œuvres devant être entreposées dans une pièce forte résistant au feu, où température et hygrométrie sont surveillées, des travaux sont réalisés pour un montant de 281 230 euros – la remise en état de sortie est chiffrée à 83 700 euros. Outre 8 551 euros réglés à Chenue, le transport s'élève à 28 950 euros. L'opération de tri pendant les six premiers mois (elle n'est pas achevée) se monte à 95 400 euros. Auxquels s'ajoutent 53 710 euros pour les experts et deux salariés, ainsi que 7 444 euros pour le « comité scientifique » composé de Frédéric Mitterrand, ancien ministre de la Culture de Nicolas Sarkozy, de Didier Griffe, un ancien commissaire-priseur, et d'un expert en objets d'art, Michel Maket. Leur taux horaire est fixé à 420 euros (HT) et, en sus, 200 euros pour leur déplacement. Le programme informatique et le matériel sont facturés 237 785 euros ; les honoraires des avocats pour trois mois, 30 000 euros.

Pour la période de six ans, les charges téléphoniques sont évaluées à 13 824 euros, l'emploi d'agents de sécurité à 757 648 euros, le concours des huissiers à 134 957 euros (dont 82 689 euros de janvier à mars 2017), la gestion du stock à 277 200 euros, les assurances à 625 449 euros, la direction du projet menée par Me Aguttes et Chabannes Conseil, à 730 500 euros. Enfin, les « frais divers » (ménage, restauration, etc.) se chiffrent à 46 755 euros et les frais financiers, représentant un découvert en banque, à 50 000 euros. Cette facture globale, d'un montant de 3 975 393 euros, est entièrement supportée par les propriétaires, les indivisaires et l'État en cas de revendications.

Lors de notre entretien, Me Claude Aguttes insiste sur plusieurs points qu'il juge « essentiels » : « J'ai investi 2 millions sur mes fonds propres pour m'assurer qu'il n'y aurait pas d'affaire dans l'affaire. Ma responsabilité est engagée devant le tribunal, il fallait donc que tout soit carré, sécurisé. D'où l'importance des coûts, les camions scellés accompagnés de policiers, les huissiers présents à chaque fois que l'on ouvrait un carton, que l'on manipulait des œuvres, les travaux, etc. » Il fait aussi remarquer que « les propriétaires, dont les ventes sont décalées pour des raisons d'optimisation du marché, ne seront pas doublement pénalisés, qu'aucune partie concernée ne paiera pour un tiers. Seuls les coûts de restitution font l'objet d'un calcul à part ». Chaque client doit néanmoins verser 0,43 % des sommes investies chez Aristophil. Ce qui, dans certains cas, est lourd à assumer.

Depuis trois ans, les liquidateurs martèlent que le désastre est imputable à Gérard Lhéritier, bien que forcément conscients d'un fait : c'est la justice qui est à l'origine de la cessation d'activité. Ils l'ont assigné afin qu'il supporte l'insuffisance d'actif et soit déclaré en faillite personnelle durant quinze ans. Les imputations qui figurent dans leur mémoire du 13 février 2018 révèlent un curieux détail : elles sont extraites *in extenso* du procès-verbal de la DGCCRF de février 2014 ou de la synthèse des policiers du 18 mai 2017, sans se préoccuper de savoir si l'instruction a modifié les conclusions des enquêteurs.

Les montants avancés pour exiger la faillite de Gérard Lhéritier sont vertigineux. Les calculs de Mes Valérie Leloup-Thomas et Bernard Corre aboutissent à 26,6 millions de créances privilégiées (hypothèques, impôts, dettes sociales, charges salariales, fournisseurs). Le passif chirographaire (créanciers sans garanties), lui, atteint 1,783 milliard ! Les actifs de la société ne peuvent pas couvrir l'intégralité de l'étrange facture. D'où les poursuites engagées contre monsieur Lhéritier. À l'appui de leur requête, ils stigmatisent « ses fautes de gestion caractérisées [qui] sont la cause si ce n'est unique, du moins principale » de l'insuffisance de fonds, et ils le jugent « coupable de faits devant conduire à sa faillite [...] Il a commercialisé des offres délibérément trompeuses et mis en place un modèle économique non-viable qui repose sur la spéculation, il a violé des règles fiscales et comptables ». Sauf qu'il n'a pas été jugé. La présomption d'innocence est à nouveau reléguée au second plan. Ils demandent au juge-commissaire de le condamner à combler le passif qu'ils ont « d'ores et déjà caractérisé » et à verser une provision de 7,8 millions avec astreinte de 1 000 euros par jour une fois le jugement prononcé et à 20 000 euros au titre de l'article 700, en sus des dépens.

Puis, le 29 juin 2018, Mes Valérie Leloup-Thomas et Bernard Corre présentent au tribunal de commerce une demande d'acompte à valoir sur leur rémunération. Il s'élève à 1,69 million. Après examen, le juge-commissaire constate que 27 811 euros leur ont déjà été versés et revoit la somme exigée à la baisse : 1,46 million. Le 23 juillet, Me Laurent Cotret, du cabinet August & Debouzy, forme un recours, objectant que le magistrat n'a pas respecté les règles du Code de commerce[1]. Le plafonnement des honoraires à titre provisionnel ne peut dépasser 50 000 euros par semestre. Enfin, l'avocat rappelle que les diligences accomplies par les liquidateurs doivent être dûment justifiées, ce qui ne lui semble pas être le cas. Leur libellé est vague : « Vérification de créances », « frais et débours », « décisions du juge ». Finalement, en échange du versement de leur acompte de 1,4 million, les

1. Article R 663-38.

liquidateurs ont accepté de ne plus exiger, pour l'instant, la faillite personnelle de Gérard Lhéritier.

Le dossier du comblement de passif par l'ancien président d'Aristophil, soit 1,783 milliard avec une provision requise de 7,8 millions, a donc été réglé le 18 décembre 2018. À l'audience, deux semaines plus tôt, Me Cotret avait principalement fait valoir que seules l'instruction en cours et l'évaluation définitive des actifs détermineront la responsabilité de Gérard Lhéritier et ce qu'il pourrait devoir verser.

En effet, les calculs des liquidateurs sont singuliers : d'un côté, ils revendiquent près de deux milliards ; de l'autre, ils admettent ignorer ce que rapporteront les ventes de la collection Aristophil. Logique puisque, « découpée » en 2 600 lots, elle sera mise aux enchères durant une période de six à dix ans. Impossible de deviner ce qui *in fine* « rentrera en caisse ». Par exemple, les vacations de juin 2018, réalisées par quatre maisons et plus seulement Me Aguttes, ont rapporté 17,6 millions, dont 4,2 pour les « *Heures de Petau* », chef-d'œuvre de 1495 attribué à l'enlumineur tourangeau Jean Poyer. Ce *Livre d'Heures* comprend 44 feuillets de vélin, décorés de 16 miniatures représentants des personnages bibliques et exécutées en camaïeu d'or. Qualifié de « manuscrit précieux et rarissime » par les conservateurs, il avait été estimé, par les experts de Me Aguttes, à 700 000 euros.

Il est donc matériellement impossible de procéder au bilan définitif, ce que le juge Jean-Louis Gruter a volontiers reconnu. Il a ordonné un sursis à statuer jusqu'à la fin de la procédure d'instruction pénale.

Si les « *Heures de Petau* » ont rapporté une somme considérable qui a rassuré les clients d'Aristophil, il est cependant des pièces qui sont miraculeusement soldées. Ainsi, le collectionneur Pierre-Jean Chalençon qui, en 2013, avait vendu pour 200 000 euros à monsieur Lhéritier le coffret à bijoux de l'impératrice Joséphine, l'a récupéré contre 20 000 euros ! « L'empereur » Chalençon, comme on l'appelle chez Drouot tant il possède d'objets liés à Napoléon, a bénéficié d'une estimation avantageuse par le commissaire-priseur Ghislaine Kapandji. Le mandataire Corre a admis en juin 2017 que, « visiblement, il y a eu un gros problème » avec cette transaction. Il a promis de l'éclaircir.

Cette bonne affaire réalisée par Pierre-Jean Chalençon apporte du crédit à la thèse des défenseurs de Gérard Lhéritier : la dispersion des biens du groupe sert des intérêts particuliers, certains faits pouvant caractériser une spoliation des œuvres de la SAS Aristophil.

À la Biennale des antiquaires de 2018, « l'empereur » a exposé le coffret, non loin d'un tableau de Bonaparte qui était accroché dans un salon de l'hôtel de La Salle, siège d'Aristophil...

Quoi qu'il en soit, les liquidateurs soutiennent que la valorisation des œuvres par Gérard Lhéritier était « décorrélée de la réalité du marché ». S'est-il fait rouler par les vendeurs ? Quand on examine le registre de neuf pages des acquisitions du groupe dans les seules ventes publiques entre le 29 janvier 2009 (chez Aguttes) et le 9 juillet 2014 (chez Sotheby's), les prix varient précisément de 146,55 euros à 2,5 millions, en moyenne 500 000 euros. Soit 69 789 764, 23 millions pour l'achat de 101 109 documents. Ont-ils été surévalués ? Monsieur Lhéritier a-t-il été dupé par de « faux » enchérisseurs, ces « clients » qui selon une méthode éprouvée ne sont présents ou reliés par téléphone que pour faire grimper les prix ?

Autre interrogation : si les clients d'Aristophil ont été mystifiés, comment justifier les termes qu'emploient les mandataires dans leur luxueuse plaquette de janvier 2016, réalisée à grands frais, et intitulée « Appel à repreneurs » ? En anglais et en français, on lit qu'il s'agit d'une « collection hors norme », « lettres et manuscrits d'exception », « un ensemble de plusieurs centaines de millions » d'une « valeur patrimoniale exceptionnelle », d'une « opportunité unique ».

« Comment résumer une telle collection ! » indiquent-ils, le point d'exclamation soulignant leur éblouissement. Dans cette brochure de présentation du stock, Mes Corre et Leloup-Thomas écrivent qu'il « réunit 500 pièces relevant d'une rareté muséale ». Paradoxe : les liquidateurs ont réduit la valeur des œuvres à 6,9 millions. Il y a manifestement une incohérence entre leurs calculs et leur publicité. D'autant qu'ils incluent *Les 120 Journées de Sodome* du marquis de Sade et les oeuvres d'André Breton, estimés par le commissaire-priseur un an plus tard à respectivement 4,5 millions et de 4 à 6 millions.

En résumé : le Rouleau de Sade et les écrits de Breton valent 8 à 10 millions, bien que l'ensemble du stock ne dépasse pas 7 millions. Un illogisme de plus. De deux choses l'une : soit les documents acquis par Aristophil sont, pour 500 d'entre eux, « d'une rareté muséale » ; soit les mandataires se jouent à leur tour des repreneurs. Pour tenter d'y voir plus clair, intéressons-nous aux vendeurs.

10

Le tandem Vrain-Nicolas

Les ennuis judiciaires de Gérard Lhéritier, la liquidation d'Aristophil et les malheurs des clients font assurément le bonheur des mandataires, experts, commissaires-priseurs, conservateurs des Archives, avocats et acquéreurs qui profitent des « soldes ». Parmi eux, Jean-Claude Vrain. Bien que mis en examen pour « escroqueries en bande organisée », la police l'a vu renchérir lors de la vente de 2017. Deux ans auparavant, en décembre, tandis qu'il se prétendait « ruiné et affecté » par la procédure, il avait fait flamber les prix à Drouot lors de la cession, par Pierre Bergé, d'une collection de livres. Reconnaissable sous son feutre noir, à l'aise parmi la foule et se laissant photographier, le marchand de la rue Saint-Sulpice avait remporté des œuvres de Baudelaire, Proust, Cendrars, Cocteau et un exemplaire de *Madame Bovary* dédicacé par Gustave Flaubert à Victor Hugo. Le lot pour 1,8 million. S'il est compréhensible qu'un suspect poursuive ses activités en dépit de sa prétendue ruine, il est intrigant qu'on le voie s'offrir à bas prix des pièces qu'il a lui-même vendues très cher à monsieur Lhéritier, et qu'il proposera à nouveau, avec une marge, à sa clientèle du 6e arrondissement.

Dans ses procès-verbaux des 5 et 6 mars 2018, se rapportant à la vente organisée le 20 décembre 2017, le commissaire divisionnaire Guillaume Batigne, chef de la BRDE, porte cette saugrenuité à la connaissance de la juge Bilger. Il l'avertit que, « contrairement aux indivisaires, monsieur Vrain a réalisé d'excellentes affaires ». Pour 72 000 euros (82 368 euros avec les frais), il est redevenu propriétaire du manuscrit *L'Alchimiste,* drame en cinq actes d'Alexandre Dumas, signé de son seul nom bien que le premier acte soit attribué à Gérard de Nerval. Unanimement qualifié de remarquable, il est illustré par six aquarelles et une huile originale d'Eugène Isabey ; la reliure a été exécutée par le fameux artiste Alphonse Giroux. L'écrivain a calligraphié le texte de sa pièce pour l'offrir au tsar de Russie, comme en témoigne sa dédicace sur une porte gravée de rinceaux : « À Sa Majesté / Nicolas Ier / Empereur de toutes les Russies / Son très humble et très obéissant serviteur / Al. Dumas. » Le dramaturge considérait le monarque comme un admirateur érudit de la France, sachant « si bien attirer et recevoir les artistes qui manquent encore à son pays ». En 1833 à Saint-Pétersbourg, Nicolas Ier avait ouvert le Théâtre Michel où l'on jouait les classiques du répertoire français. Quant à Gérard Lhéritier, il avait exposé ce chef-d'œuvre au Grand Palais, en septembre 2012.

Jean-Claude Vrain a effectivement réalisé « une excellente affaire ». *A fortiori* si l'on sait qu'il s'est défait de *L'Alchimiste* contre 420 000 euros en février 2012, « un bon prix » pour « l'ami Gérard » – ainsi le surnommait-il. En rachetant ces 139 pages 17 % du tarif fixé pour Aristophil, il peut indubitablement s'honorer d'avoir la bosse du commerce. L'examen de la transaction a par ailleurs révélé qu'il l'avait acheté 168 000 euros à Alain Nicolas.

Lors de cette même vente, Jean-Claude Vrain a acquis, pour 1,17 million TTC, le manuscrit autographe d'*Ursule Mirouët* d'Honoré de Balzac, édité en 1842. Au mois d'août 2010, il avait vendu ce roman de 145 pages 2,16 millions à monsieur Lhéritier... Moyennant 75 000 euros (97 500 euros TTC), il s'est offert *Le Couple amoureux*, dessin de Girolamo Francesco Maria Mazzuoli, dit « Parmigianino » (Parmesan), acheté 167 955 euros en 2003 par Aristophil. « Les achats de Jean-Claude Vrain représentent 35 % du total des adjudications de la vente de décembre 2017 », note Guillaume Batigne. Il conclut que « ces faits confirment la vente d'œuvres à des prix très élevés par le libraire Vrain à Aristophil ». Il était le premier fournisseur de Gérard Lhéritier en lettres, manuscrits et livres (33 % des achats entre 2009 et 2014), « et ce à des prix exorbitants [...] Ainsi, les clients d'Aristophil, après avoir financé la première marge prélevée par monsieur Vrain sur ses ventes à monsieur Lhéritier, ont assuré une seconde marge sur les ventes futures des œuvres par Jean-Claude Vrain ». En 2012, il a réalisé un chiffre d'affaires de 25 millions grâce au groupe et aux achats en nom propre de Gérard Lhéritier, « ce qui représente 92,63 % des ventes en termes de montant ».

L'officier n'est pas seul à s'étonner. Le 14 janvier 2018, Michel Dupiech, retraité des Finances publiques, se manifeste par e-mail auprès du vice-procureur François Camard, après avoir tenté d'alerter le grand patron, François Molins en personne. Jusqu'en juin 2016, il était membre du Groupe d'enquêtes économiques, détaché à la direction de la police judiciaire de Paris. Il a travaillé avec la BRDE pendant dix-huit mois, se concentrant principalement sur les relations entre Gérard Lhéritier et ses fournisseurs, Jean-Claude Vrain et Alain Nicolas.

Ce dernier, nous l'avons vu, aurait pris des libertés avec la gestion de ses affaires, nonobstant sa qualité d'expert près la cour d'appel. Désormais libre de son temps, l'ex-inspecteur des finances les passe au crible. Pour justifier ce travail que personne ne lui a ordonné, il explique avoir été préoccupé par le devenir du dossier : « Il semblait au point mort. » Il craignait que « le peu d'engouement » manifesté par ses ex-collègues aboutisse à « la perte de certains documents[1] ». Il a donc fait des copies et les a emportées chez lui.

Arrêtons-nous sur cette autre extravagance du dossier Aristophil.

Monsieur Dupiech pense dénoncer des faits en vertu de l'article 40 du Code de procédure pénale[2]. Ils ont été portés à sa connaissance lorsqu'il était en fonction à la BRDE, puis étayés depuis qu'il est à la retraite. Soit, même si l'article en question précise qu'on y a recours « dans l'exercice » desdites fonctions. Mais après tout, chacun, fonctionnaire ou pas, actif ou sans travail, peut signaler un délit à la justice. Il y a cependant un problème : l'inspecteur base ses conclusions sur l'examen de pièces couvertes par un double secret, celui de l'enquête et celui de l'instruction. En principe, elles n'auraient pas dû sortir de la BRDE. Michel Dupiech convient s'être emparé des procès-verbaux de saisies et de registres

1. Toutes les déclarations de Michel Dupiech sont extraites de ses échanges d'e-mails avec le vice-procureur et de son procès-verbal d'audition, par la BRDE, en date du 8 mars 2018.

2. Toute autorité constituée, tout officier public ou fonctionnaire qui, dans l'exercice de ses fonctions, acquiert la connaissance d'un crime ou d'un délit est tenu d'en donner avis sans délai au procureur de la République et de transmettre à ce magistrat tous les renseignements, procès-verbaux et actes qui y sont relatifs.

de comptabilité qu'il n'avait nul droit de détenir. S'il avait conté une fable quelconque pour ne pas nuire aux policiers, l'histoire serait réduite au rang de loufoquerie. Au lieu de cela, son honnêteté l'a conduit à avouer au vice-procureur, puis à confirmer lors de son audition, qu'il a soustrait des PV. Dans son ancien service, il n'est plus le bienvenu : les enquêteurs auraient préféré que Michel Dupiech leur fît part de ses découvertes plutôt que d'en référer directement au parquet. Non seulement ils passent pour des baltringues qui laisseraient l'enquête au point mort, mais cette bévue peut constituer un vice de procédure.

Revenons au fond, c'est-à-dire aux découvertes de Michel Dupiech. Au magistrat, il expose « des éléments concernant la SAS Librairie Vrain et Les Neuf Muses, notamment les marges réalisées au détriment d'Aristophil et les accommodements comptables qui visent à les masquer ». Il écrit que ceux-ci « semblent éclairer une connivence pour le moins préjudiciable aux investisseurs de la société Aristophil, pouvant relever incidemment d'autres infractions pénales ».

Parmi les singularités qu'il a décelées, la « disparition » dans la comptabilité de monsieur Vrain de deux *Livres d'Heures*, ouvrages liturgiques destinés aux catholiques laïcs et apparus au XIIIe siècle, vendus par monsieur Nicolas, à titre personnel, contre 200 000 euros (achetés 20 000 francs en 1992). Aucune trace non plus, dans les registres, de *Jazz*, écrit et illustré par Henri Matisse, numéroté et dédicacé au médecin Paul Santy. Ce livre mythique, acquis chez Christie's en 2012 à 289 000 euros, n'est ni vendu ni en stock. Miraculeusement, il réapparaît en 2013 dans un catalogue de monsieur Nicolas, sans facture ni récépissé de dépôt. Selon Michel Dupiech, tout aussi « troublantes », « ces ventes "perso" de Jean-Claude Vrain et de ses proches à la librairie Nicolas. Telle l'acquisition de huit lettres autographes signées Rousseau, Montesquieu, Nietzche, pour 125 000 euros début 2014. Or, on retrouve lesdites lettres sur une facture d'achat à la société Yushodo, établie en septembre 2012 et libellée à l'ordre des Neuf Muses. Il y a comme qui dirait un "hic" », note-t-il. En effet, comment Alain Nicolas peut-il racheter aux Vrain des documents qu'il détient depuis deux ans ?

L'inspecteur des finances mentionne des « transactions occultes » et des « graves errements » dans la comptabilité de la SAS Vrain, allant jusqu'à estimer que « 30 millions d'achats ont été "distraits" depuis 2009 ». L'administration fiscale a été saisie d'un redressement portant sur les années 2013 et 2014. Dans sa réponse au fonctionnaire retraité, le vice-procureur Camard, en charge du dossier Vrain à la section F2[1] du parquet de Paris, confirme que « le redressement sera le support de poursuites pénales pour fraude fiscale, blanchiment de fraude, voire abus de biens sociaux [...] Des articles L101[2] ont été délivrés à l'Administration fiscale à propos des personnes que vous citez nommément ». Michel Dupiech « balance » effectivement des personnalités, dont un ancien Premier ministre.

Comme Guillaume Batigne, Michel Dupiech a repéré, aux enchères de décembre, « la présence toujours théâtrale

1. La section F2 est chargée de la lutte contre la criminalité financière organisée.
2. L'article L101 du Livre des procédures fiscales impose à l'autorité judiciaire de communiquer au fisc toute indication de nature à faire présumer une fraude commise ou une manœuvre ayant eu pour objet ou pour résultat de frauder ou de compromettre un impôt.

et très remarquée de monsieur Vrain qui a réalisé le tiers du montant de la vente ». Féroce, il poursuit : « Certains avancent qu'il contribue à renflouer les victimes d'Aristophil. La belle âme ! » S'ensuit une démonstration des profits, y compris s'agissant d'œuvres n'ayant pas trouvé preneur lors de cette journée :

– *Les Plaisirs et les Jours* de Marcel Proust, en son édition originale illustrée par Madeleine Lemaire, qu'Aristophil a acquis 45 000 euros chez Vrain qui l'avait payé 24 000 euros à la Librairie Paul Jammes ;

– deux manuscrits de Colette (*Regarde !* et *La Flaque*, illustrations Mathurin Méheut) estimés 80 000 euros sont facturés 200 000 euros à Aristophil ;

– 43 autographes, de sa main ou se rapportant à Victor Hugo, que le libraire a obtenus contre 160 000 euros chez la célèbre galeriste Anisabelle Berès-Montanari, sont cédés 1 million à Gérard Lhéritier, qui conclut alors détenir des documents d'une immense valeur ;

– un ensemble de la correspondance, de et autour de Paul Valéry, est vendu à Aristophil 212 000 euros en février 2012, toujours par le marchand de la rue Saint-Sulpice ; six lots sur neuf de ces lettres trouvent acquéreurs à la vente Aguttes, à 43 300 euros.

« Je n'ai jamais fait monter les prix, déclarera-t-il aux policiers. Je suis limité dans mes marges. Mon but est d'acheter aux meilleures conditions pour revendre le mieux possible. » Lorsqu'il cède à Aristophil, pour 100 000 euros, une lettre de Gustave Flaubert à Victor Hugo qu'il s'est procurée 10 350 euros, soit un bénéfice de 89 650 euros, il est certain qu'il fait son possible pour commercer au mieux. Ou ce manuscrit de

Joseph Kessel, acquis 1 000 euros en mai 2009, revendu en juin 2015 15 000 euros à Gérard Lhéritier. « C'était une bonne opération, concède-t-il. Mais je ne force personne. » Les *Lettres portugaises* de Gabriel de Guilleragues (éditions Claude Barbin, 1669), manuscrit obtenu contre 1 830 euros fin 2010, sont rétrocédées 27 000 euros début 2011 à Aristophil. Et encore la vente Jean Cocteau-Jean Marais chez Fraysse & Associés en avril 2009 : Jean-Claude Vrain revend à Aristophil les documents qui lui ont été adjugés avec une marge de 78 866 euros. Il confirmera avoir « privilégié » son ami. En témoigne l'extrait d'un e-mail qu'il lui adresse : « Je t'ai marqué les prix nets, tu sais que je te fais toujours 30 à 50 % de remise sur les prix marqués. »

Les enquêteurs de la BRDE n'ont pas attendu le retraité Dupiech pour se faire leur propre idée, comme en témoignent leurs conclusions sur PV : « Il est apparu que la Librairie Vrain avait acquis, d'une part, plusieurs œuvres d'art ne figurant pas à son actif, d'autre part que les libellés de certaines factures d'achats ne correspondaient pas à la réalité [...] Les écritures masquent une grosse partie de l'activité réelle de la librairie, le chiffre d'affaires ne ressortant que pour le résultat net du compte. Exemple, pour l'exercice clos le 30 juin 2012, le chiffre d'affaires réel est minoré de 16,7 millions. » Ils relèvent que plusieurs achats entre Jean-Claude Vrain et Les Neuf Muses d'Alain Nicolas « sont sans rapport avec la facture de courtage sur laquelle ils sont imputés ». On trouve ainsi 228 lettres de Louis-Ferdinand Céline à Roger Nimier, dispersées par l'étude Tajan en 2005, vendues en 2008 par monsieur Nicolas au marchand Vrain : dans les registres de ce dernier, la vente fait référence à des livres de René Char ou à des manuscrits d'Émile

Bernard ; Céline a « disparu ». Autre bizarrerie : deux ventes de correspondances d'Émile Zola, en mai 2010 et mars 2011. Les premières lettres adressées à sa femme Alexandrine, acquises 450 000 euros, sont cédées 1 million à Aristophil et le second lot, de Zola à sa maîtresse, la lingère Jeanne Rozerot qui lui donna ses deux enfants, payé 600 000 euros, lui est vendu 800 000 euros. « Monsieur Vrain, qui a estimé ces correspondances, a en cinq mois réalisé 800 000 euros de plus-values », indique la police, notant que « la première vente a été comptabilisée à un poste complètement fantaisiste, les achats imputés n'ayant aucun rapport avec les ventes ».

Michel Dupiech a aussi détaillé les « accommodements » entre Les Neuf Muses et la Librairie Vrain. Il cible « des factures croisées tendant à lisser les marges », fournissant plusieurs exemples, dont un premier, étonnant. Une collection « Victor Hugo, L'homme océan », qui comprend 330 pièces, est vendue 2,5 millions à Aristophil en février 2009 par Alain Nicolas. Ce dernier l'a achetée à Jean-Claude Vrain (en nom propre), à la SAS Vrain et à Patricia Nicolas. Que fait l'épouse de l'expert dans ce montage ? Monsieur Nicolas s'est procuré une pièce de la collection – une lettre avec un dessin que le poète et dramaturge a adressée à son fils Charles – auprès de sa femme Patricia. Il lui a versé 150 000 euros et l'a revendue 170 000 à Gérard Lhéritier. Madame Nicolas dit l'avoir échangée contre une boîte en or Premier Empire (cadeau de sa belle-mère), gardant cette lettre pour la céder à Aristophil, via son mari. Las ! en 2008, elle figure dans le fichier de Jean-Claude Vrain. Elle ne pouvait donc pas appartenir à Patricia Nicolas.

Une collection Hergé est adjugée 111 528 euros à monsieur Vrain chez Artcurial, le 23 novembre 2008. Avant de renchérir, le libraire a demandé son avis à Alain Nicolas qui, ès qualité d'expert, a jugé le prix conforme à la valeur. Quatre mois plus tard, les œuvres Hergé sont revendues 700 000 euros à Aristophil... mais par Les Neuf Muses ! Par un tour de passe-passe vraisemblable, le prix de cession à Gérard Lhéritier a augmenté de plus de 600 %. « Un coup à toi, un coup à moi, l'opération s'est répétée plusieurs fois », écrit monsieur Dupiech. Une fois l'écheveau démêlé, il apparaît que Les Neuf Muses ont réalisé 75 000 euros de bénéfice sur la cession Hergé, le reste est parti dans la caisse de Jean-Claude Vrain. Lequel donne parfois l'impression de jongler avec les écritures. Ainsi d'une vente réalisée par Artcurial, 547 351 euros d'achats qui, dans son livre de comptes, sont imputés à la librairie Les Autographes de Thierry Bodin et aux Neuf Muses d'Alain Nicolas. « Erreur de ma comptable », répond monsieur Vrain. Il lui impute d'ailleurs chaque anomalie.

Incontestablement, il a un sens aigu du négoce, ainsi que le prouve encore la vente de la collection « Académie des peintres ». Elle lui est adjugée 365 000 euros, il la cède 2,18 millions à Alain Nicolas, qui la revend 2,7 à Aristophil. Puis, coiffant son chapeau d'expert, il la valorise à 12 millions. Gérard Lhéritier est convaincu d'être en possession d'un trésor. Pour 1 000 euros, Alain Nicolas s'offre une lettre de Charles-Louis de Montesquieu au duc de Nivernais, et la cède à Aristophil 22 000 euros. En 2013, moyennant 21 750 euros, Jean-Claude Vrain acquiert « Columbus 1835 », un manuscrit musical de Richard Wagner. Il le revend 32 688 euros à monsieur Nicolas, qui le rétrocède 38 000 euros à Aristophil. Dernier exemple : un lot vendu 1,5 million à Aristophil par Les Neuf Muses a été acheté 1,3 million à la librairie Vrain.

Il comprend trois belles acquisitions, par Jean-Claude Vrain : *Mes Secrets cinématographiques*, un manuscrit de Salvador Dali acquis 16 377 euros, une lettre signée du peintre Victor Brauner qui a coûté 3 267 euros et un courrier autographe de Jean Dubuffet à Pablo Picasso, datant de 1954, acheté 7 930 euros. Soit un investissement de 27 574 euros, pour un bénéfice de 1,47 millions.

Cette liste de « détails », non-exhaustive, permet de comprendre deux choses : en premier lieu, elle explique comment on parvient à dégager 90 millions de profits pour la SAS Vrain et 30 millions pour Les Neuf Muses, sur le dos d'Aristophil. Secondairement, quoi qu'on pense de l'affaire dans sa globalité, « l'ami Gérard » a été victime, lui aussi, d'un système apparemment bien huilé. Cela ne l'exonère pas forcément des responsabilités que la justice lui prête – après tout, il a gagné de l'argent avec ses propres marges –, mais cela tend à démontrer qu'il a peut-être été trompé. Désormais instruit de tout cela, on conçoit qu'il ait serré les dents quand il a croisé son vendeur chez la juge en juin 2018. Monsieur Vrain venait solliciter un statut de témoin assisté. Il ne l'a pas obtenu.

Charlotte Bilger a peut-être été sensible au signalement du commissaire Batigne, au procès-verbal de Michel Dupiech, entendu par la BRDE après envoi de son courriel, ainsi qu'à la lettre de Jean-Marie Leconte, le président d'Adilema, l'association de défense d'anciens investisseurs. Il fait part de la grande déception de ses adhérents lors de la vente du 20 décembre, précisant que « ce qui les choque particulièrement est le traitement par le système judiciaire du cas de monsieur Vrain mis en examen en tant qu'expert d'Aristophil. Ses méthodes, pour le moins originales, de valorisation des œuvres ont contribué en partie à les ruiner. Ils découvrent dans la presse qu'il continue son activité professionnelle sans problème. Il s'est affiché à la vente de décembre et a continué ses affaires lucratives sans remords [...] Pour les personnes actuellement dans le dénuement, les victimes qui ont énormément perdu, il y a un profond ressenti d'injustice ».

Sentiments partagés par les époux T. : « Cette situation est intolérable, c'est d'un irrespect, d'une immoralité totale pour les victimes et pour leur détresse. » Ils relèvent que « tout semble aller bien pour lui, les comptes de sa petite entreprise sont fortement valorisés, comme nous l'apprend le site Internet societe.com ».

S'il est compréhensible que des associations de défense et des plaignants soient heurtés par la poursuite des activités des marchands, ils doivent cependant considérer que, même visés par la procédure, messieurs Nicolas et Vrain n'ont pas été condamnés, et ne le seront peut-être jamais. D'autant qu'ils nient leur participation à une entente en vue de commettre un délit.

11

Sus aux profits

Les marchands qui se jettent sur la prestigieuse collection Aristophil ne sont pas seuls à exploiter la manne avantageuse. Le 26 juillet 2017, le ministère de la Culture a rappelé au commissaire-priseur Aguttes, qui la conserve, que « l'État bénéficie d'un droit d'accès complet sur les fonds documentaires que détenait Gérard Lhéritier, à quelque titre que ce soit, conformément au jugement du tribunal de commerce de Paris du 26 janvier 2017 et à l'arrêt de la cour d'appel [qui l'a suivi] ». Pour se servir, l'État s'appuie sur les décisions de la justice et le Code du patrimoine[1]. Mais Me Aguttes semble sourd aux injonctions. D'un côté, il rechigne à retourner les œuvres aux détenteurs de contrats Amadeus qui ont acheté seuls des lettres et manuscrits – à la différence des souscripteurs de contrats Coraly's ou Corpus obligés de vendre ensemble. De l'autre, il produit des inventaires « insuffisamment précis », selon les termes du ministère, freinant les revendications. Déjà, lors d'une réunion le 9 mai, il a été sommé de rédiger des listes détaillées. Pour s'exécuter, il a mis en place une « équipe dédiée ».

1. Article L 211-4.

Précisons que, parallèlement, Mes Corre et Leloup-Thomas ont eux aussi procédé à des inventaires, tâche intégrée à leur note d'honoraires. Cependant, le ministère juge que le travail des liquidateurs « ne constitue pas des inventaires définitifs et que cette transmission ne libère pas [Claude Aguttes] de l'obligation de transmission complémentaire des inventaires définitifs ».

On dirait une nouvelle de Franz Kafka.

Quid des efforts de « l'équipe dédiée » ? Insuffisants, aux yeux de l'État. Dans un courrier du 10 octobre 2017, dont copie est envoyée à chaque mandataire, le sous-directeur des affaires juridiques de la rue de Valois se fâche. Apprenant que « la société Aguttes projette de réaliser prochainement ses premières ventes », Fabrice Benkimoun s'étonne de n'avoir toujours pas reçu les fameuses listes : « Cette rétention d'information porte autant préjudice à l'État qu'à votre société puisque nos services devront multiplier les demandes d'examen sur place pour confirmer ou infirmer l'existence d'archives publiques dans vos fonds. En conséquence, je vous prie de nous faire parvenir dans les meilleurs délais les inventaires définitifs complets établis par votre société (en propres, en Amadeus et en indivisions) afin de permettre à nos équipes d'affiner ces analyses et ses demandes d'examen. » La dernière phrase est écrite en gras pour s'assurer que Me Aguttes la lira même sans lunettes. Le courrier s'achève par un autre reproche : la communication « de trois listes d'œuvres, dont la vente est prévue le 27 novembre. Elles ne comprennent que le nom de l'auteur et plusieurs ne mentionnent aucune date de production. À notre sens, elles ne constituent que des extraits des inventaires déjà à la disposition de l'État et considérés comme inopérants ».

Le camouflet a pour conséquence d'imposer l'annulation des enchères fixées au 27 novembre. Cela ne suffit pas à éviter la catastrophe. Faute d'avoir correctement rempli ses obligations, la maison Aguttes est priée de retirer, de la vacation du 20 décembre, maintenue, les œuvres d'André Breton, le *Manifeste du surréalisme, Poisson soluble* avec ses sept cahiers préparatoires, le *Second manifeste*, ainsi que *Les 120 Journées de Sodome* du marquis de Sade. Six jours avant la vente, l'État les a déclarées « trésors nationaux » et a engagé leur rachat de gré à gré. Même si leur prix sera négocié au plus serré, les clients d'Aristophil seront dédommagés.

En revanche, d'autres pièces ont été depuis revendiquées par les ministères de la Culture, des Armées et des Affaires étrangères au motif qu'elles entreraient dans le domaine des archives publiques historiques : « Entre 500 et 600 à ce jour[1] ! Et environ 3 000 sont revendicables », s'insurge Me Aguttes, qui n'entend pas laisser faire. « C'est un vrai souci. Je me battrai pour protéger les propriétaires. Mais je risque chaque matin de voir les gendarmes se présenter à ma porte. »

Cette pratique de l'État, de plus en plus courante, constamment discutée, bien que le plus souvent validée par les juges, lèse les personnes privées détenant des biens que les ministères estiment leur appartenir. Lorsqu'il est démontré qu'ils ont été volés, une procédure pénale suffit à convaincre le possédant. Dans le cas présent, les lettres et manuscrits ont été légalement vendus à Aristophil lors d'enchères où l'État ne s'est pas manifesté. Hélas, la loi s'applique de la même façon : pas question d'acheter à un particulier un bien relevant du domaine public, ni de l'indemniser. Marchands, collectionneurs et

1. Entretien avec l'auteure le 29 janvier 2019.

commissaires-priseurs sont vent debout contre cette insécurité juridique qui menace les transactions. Me Aguttes ne fait pas exception, qui compte se mesurer autant que possible à l'État. La partie est perdue d'avance.

Simultanément, il s'oppose à des clients : après avoir promis des restitutions « au cours du premier trimestre 2017 » puis « à partir de septembre/octobre », l'année 2018, marquant le quatrième anniversaire de la chute d'Aristophil, s'est achevée sans que tous aient obtenu satisfaction.

Des victimes de la liquidation d'Aristophil sont déconcertées. Claude Aguttes a été désigné en 2016, il a eu le temps de faire le tri et de soumettre ses inventaires au ministère. Les liquidateurs eux-mêmes les avaient assurés d'une restitution en septembre 2017. Ils n'ont plus confiance. Le cas de Mireille C. résume la situation de plus d'un millier de personnes. Le 15 juillet 2018, désespérée, elle témoigne : « J'ai investi 2 millions d'euros et je n'ai plus un centime. Me Aguttes refuse de me rendre trois de mes collections, il exige 2 425 euros en règlement des frais de garde et de l'expertise. Il ne respecte pas ce qui a été décidé au tribunal. J'avais un acheteur pour mes lettres de Camille Claudel, je ne parviens pas à les récupérer. Claude Aguttes met cela sur le dos d'Aristophil, et il ne cesse de contacter les clients pour obtenir leur mandat de vente, mais quand on voit ce qu'il propose… »

Le commissaire-priseur s'inscrit en faux : « Je ne vais quand même pas payer pour les autres ! Des frais ont été fixés pour les restitutions, ils ne sont pas négociables. Par ailleurs, nous exigeons les contrats prouvant que ces gens sont propriétaires. Or, certains ne les fournissent pas, neuf sur dix ne savent pas ce qu'ils possèdent. Je suis le gardien des œuvres, je ne peux pas faire n'importe quoi. »

Dans ce contexte, on comprend mieux la hausse des adhésions aux associations de défense. La « chasse » aux investisseurs soucieux de récupérer leur patrimoine a débuté en 2015. Les collectifs se multiplient et ne sont pas gratuits. Cotisation, frais d'avocats, etc. Difficile de savoir qui se soucie sincèrement des intérêts de la clientèle lésée car, dans le lot des présidents, fondateurs ou membres, on trouve d'ex-CGP, ces conseillers en gestion ayant placé « des produits Aristophil ». Ils sont soupçonnés de chercher à échapper aux poursuites en brandissant l'étendard contre Gérard Lhéritier. Se disputant les adhérents, ces associations ont tendance à se dénigrer. Mais CPARTI, AICLM, Adilema, ADC 54 (Lorraine) et OPDIA s'accordent sur un point : la procédure n'a que trop duré !

À part cela, c'est la foire d'empoigne, y compris entre commissaires-priseurs.

En 2019, CPARTI revendique 3 400 adhérents. Le droit d'entrée coûte 300 euros (HT), qui règle notamment les honoraires de son avocat, Matthieu Sellies. Quand Claude Aguttes a été désigné, le collectif l'a vu arriver d'un bon œil, puis a changé d'avis en avril 2017 lorsqu'il a appris que les œuvres de ses membres « valent au maximum 10 à 20 % de la somme investie ». Désormais, la guerre est déclarée. CPARTI a saisi la justice pour l'obliger à rendre les biens aux propriétaires qui l'exigent, à achever le tri des œuvres indivises et à communiquer une liste précise de celles déjà vendues afin que les indivisaires soient enfin payés ! Pascal Hotte, l'administrateur garant de leurs intérêts, a été plusieurs fois questionné à ce propos depuis que les documents ont été confiés à Me Aguttes en octobre 2016. En vain. Pour comprendre le litige opposant l'association au commissaire-priseur de Neuilly, il faut remonter au 16 mars 2017.

Ce jour-là, le tribunal de Paris homologue un accord entre Me Hotte, chargé des indivisions, et Me Aguttes. Les représentants des clients, signataires du protocole, acceptent que la mission de ce dernier soit étendue aux contrats Corpus et Coraly's à condition de mettre en concurrence les opérateurs de ventes volontaires (OVV). Ces contractants, qui doivent vendre ensemble et au plus offrant, ont déjà subi une déception : la valeur de leurs indivisions est passée de 12,5 millions à 1,6 million.

Pourtant, Claude Aguttes semble interpréter à sa manière le protocole et organise une vente en novembre 2017, à ce point finalisée qu'il l'a annoncée aux médias. Pour la mener, il démarche des clients, les incitant à le laisser vendre leurs biens. Il se dit seul habilité à en garantir la cession. C'est entretenir la confusion : les propriétaires et indivisaires ont la liberté de les lui confier mais aussi la possibilité de s'offrir les services d'un de ses confrères. Le 17 novembre, CPARTI se fâche : « Ces pratiques confirment les réserves que nous avions à l'encontre de la maison Aguttes qui paraît faire comme bon lui semble. » Me Matthieu Sellies dénonce une « attitude agressive », pointant des « procédés déloyaux et mensongers ». « Il n'a jamais eu l'intention de restituer les œuvres, confirme-t-il deux ans plus tard[1]. Il fait même croire à certains qu'elles doivent rester en sa possession car elles sont revendicables. Ce qui est faux, comme nous l'a confirmé la conservatrice générale du patrimoine. »

1. Entretien avec l'auteure le 17 janvier 2019.

Frédérique Bazzoni indique en effet dans un courriel que les œuvres susceptibles d'intéresser l'administration des archives doivent pouvoir être localisées mais que tout « détenteur d'éléments de la collection Aristophil est libre d'en confier la garde au mandataire de son choix ». Elle ajoute enfin qu'une correspondance entre Winston Churchill et sa tante, prétendument revendiquée, ne l'a jamais été...

En cette fin d'année 2017, confronté au courroux de Matthieu Sellies, Me Hotte contacte d'autres OVV. CPARTI conclut sans attendre un partenariat avec Jean-Pierre Osenat, président du Syndicat des maisons de ventes (Symev). Ce dernier choisit un expert « à la renommée mondiale » : Alain Nicolas. Dans un courrier, CPARTI loue la « légitimité du grand spécialiste des autographes ». L'association ignore-t-elle son statut de témoin assisté dans le dossier ? Toujours est-il qu'elle incite à privilégier le tandem Nicolas-Osenat, multipliant les e-mails : « Il est primordial de confier vos œuvres à des professionnels compétents et à des experts reconnus. » Il est convenu que Me Osenat réglera les 96 euros que facture alors son concurrent en échange du retour des œuvres et il s'engage à ne pas prélever de commission aux vendeurs.

Me Aguttes apprécie moyennement. Finalement contraint de se soumettre, il fixe les frais de restitution à 0,43 % de la valeur d'achat à la SAS Aristophil, à compter du 1er janvier 2018. Les propriétaires et indivisaires y voient là une pénalité. D'un côté, cela fait un an qu'ils tentent de recouvrer leurs biens ; de l'autre, s'ils les lui laissent au-delà du 1er janvier faute d'avoir réussi à les récupérer, ils paieront une somme qui peut s'avérer très élevée. Ubuesque. Concomitamment, Me Aguttes avertit que les restitutions sont « gelées », les opérations de transfert « interrompues ». À cause de l'État qui le harcèle. Retour à l'histoire des « inventaires définitifs » qui jouent les arlésiennes. Aujourd'hui, il légitime les 0,43 % de frais par l'ensemble des dépenses qu'il a engagées, auxquelles il fait face depuis deux ans et qu'il devra assumer jusqu'en 2022 : « Mon confrère Osenat ne veut pas prendre en charge les 0,43 %, bien qu'il ait fait une exception pour la collection Baudelaire. Pendant ce temps, je dois payer l'équipe, les catalogues, etc. »

Pour apaiser la colère qui s'amplifie, il adressera à Pascal Hotte, en février 2018, trois chèques en règlement de ventes : 70 313, 873 000 et 75 768 euros. En janvier 2019, l'argent n'avait toujours pas été reversé aux destinataires.

Jean-Pierre Osenat sort de ses gonds. Le coup de sang du président du Symev n'est pas de bon augure. Le commissaire-priseur écrit à CPARTI : « Les méthodes utilisées par la maison Aguttes vont à l'encontre de toute règle déontologique de notre profession et les informations qui vous sont communiquées sur l'exécution du mandat que vous nous avez confié sont inexactes. » Il remercie la clientèle de sa confiance, voyant en la mutation de « plus de 1 500 » clients d'Aristophil une explication aux réticences de son collègue : « Pour des raisons qui ne s'expliquent que par le profit personnel, la maison Aguttes cherche par des moyens, en l'état injustifiés et injustifiables, à retarder la restitution et à augmenter vos frais d'assurance et de stockage. Cela est fait manifestement dans l'unique but de gagner du temps et de vous décourager de demander une expertise sérieuse de vos manuscrits. » Il suggère de se « manifester auprès des autorités compétentes si nécessaire ».

Le 20 avril 2018, Me Sellies porte à la connaissance de la juge d'instruction ces dysfonctionnements, regrettant au passage « le démarchage » de ses clients par Claude Aguttes « qui profite des données de la base ARIBA d'Aristophil ». Mes Corre et Leloup-Thomas, les liquidateurs, sont alertés en décembre. Leur réponse du 31, confirmant le bien-fondé des frais de 0,43 %, n'a pas satisfait l'avocat nancéen qui a saisi le juge-commissaire.

Revenons à la fin d'année 2017. Claude Aguttes a pris la mesure des injonctions à peine voilées. Dans ce contexte, d'autres opérateurs sont désignés. Le rififi fait désordre. Pour autant, on l'a vu, le différend est loin d'être clos. Alors qu'il apparaît menacé de poursuites, même si rien n'est explicite, il organise la vente du 20 décembre. Des rumeurs bruissées affolent le milieu culturel, qui redoute une « braderie ». Les chroniqueurs étrangers sont tardivement informés, comme les institutions internationales qui doivent anticiper les achats des mois à l'avance, en appeler tôt à la contribution des mécènes. Le choix des œuvres et la mise en valeur surprennent, des erreurs factuelles se glissent dans les notices – le peintre italien Giovan Pietro Rizzoli (Giampietrino), est déclaré mort en 1521, bien qu'inhumé en 1549. Le classement mêle le courrier de Voltaire aux carnets du bourreau Anatole Deibler.

À son tour, le collectif nancéien ADC 54 voit rouge. Il gère quelque 500 dossiers. Depuis plusieurs mois déjà, il tirait à vue sur l'office Aguttes. L'association réitère son conseil à ses adhérents : récupérer coûte que coûte ses lettres et manuscrits et les confier à Me Sylvie Teitgen, commissaire-priseur à Nancy qui, comme Jean-Pierre

Osenat, ne prélèvera pas de frais aux vendeurs. Toutefois, ils devront reverser 0,5 % du montant de leurs profits à l'association. La collection prestigieuse d'Aristophil a-t-elle plus sa place en Lorraine qu'à Paris ? À voir. Le président de l'association, Guy Grandgirard, estime que c'est la meilleure « sortie de crise » et, depuis un an, Me Teitgen rassure les adhérents : « On va essayer de faire des estimations justes, saines, précises. Ces pièces seront vendues dans les meilleures conditions. On veut faire quelque chose de bien pour que les personnes flouées récupèrent le maximum de ce qu'on peut espérer en ce moment sur le marché[1]. »

Parallèlement, ADC 54 a mandaté Me Arnaud Delomel, du barreau de Rennes. Il est chargé de deux actions : représenter les plaignants dans la procédure pénale et attaquer devant le tribunal civil Jérôme Gautry, le notaire de Gérard Lhéritier, au motif qu'il a rédigé 60 conventions d'indivisions. Selon le collectif lorrain, les actes ont « crédibilisé » les offres. Le Niçois a été placé en garde à vue le 27 octobre 2015 et mis en examen, le 14 janvier 2016, pour « complicité de pratiques commerciales trompeuses ». La justice reproche à Me Gautry d'avoir servi de caution à Aristophil en sécurisant les contrats Coraly's et Corpus. Il explique n'avoir pourtant fait que son travail : cette formalité, non obligatoire s'agissant de biens mobiliers, doit être exécutée quand le client l'exige. Le notaire n'a pas la faculté de refuser. Et la rédaction des conventions était contrôlée annuellement. Il affirme aux policiers qu'« aucune irrégularité n'a jamais été constatée. Pour moi, au terme du contrat, les œuvres étaient remises sur le marché pour une vente par adjudication ou de

1. *L'Est républicain* du 20 avril 2016.

gré à gré ». Il aurait alerté Tracfin s'il avait constaté une fraude, mais il jure n'en avoir pas décelé.

La juge considère au contraire qu'il devait « vérifier la capacité des contractants, la nature des biens et leur valeur supposée », et que les 3 millions d'honoraires encaissés en sept ans lui ont clos les paupières. Une imputation que réfute Claude-André Chas, défenseur de Jérôme Gautry. Son contradicteur Arnaud Delomel espère que l'assurance professionnelle couvrira « les erreurs » et dédommagera en partie ses 500 clients. Une procédure loin d'être gagnée.

L'Adilema, fondée par Xavier Deroche, intente aussi une action contre le notaire, et s'est constituée partie civile dans le volet pénal. Le collectif a engagé pas moins de six avocats, issus de deux cabinets parisiens : Cyril Gosset qui suit l'instruction de la juge Bilger ; Philippe Julien, associé chez PDGB en charge du contentieux, et quatre collaborateurs. Comme CPARTI et OPDIA, ce groupement assurait la gratuité en 2016. Fin 2018, les cabinets représentent les intérêts de quelque 600 plaignants, dont environ 375 pour Me Gosset. Parmi eux, aucune personne liée aux activités d'Aristophil, de Finestim ou d'Art Courtage. Aux investisseurs lésés, il est proposé une convention d'honoraires qualifiée de « raisonnable » : un forfait de 300 euros TTC pour constituer le dossier et une facturation « au temps passé » devant le tribunal de commerce, devant la juge et le tribunal correctionnel, en cas de procès. « Le temps passé » d'un auxiliaire de justice peut coûter cher. Adilema promet de « contrôler » ces diligences diverses.

Les honoraires et frais sont répartis entre membres. En revanche, il ne leur sera prélevé aucune commission sur les dommages et intérêts obtenus au pénal ni sur la vente de leur patrimoine. De ceux qui poursuivent le notaire Gautry, PDGB exige 500 euros pour ouvrir le dossier et un honoraire de résultat de 6 % sur les sommes recouvrées. À tous, il est promis une victoire dans « cinq à dix ans » au pénal et « un à trois ans » pour l'action en responsabilité civile contre Jérôme Gautry. Les plaignants sont contents de lire qu'ils vont gagner. Hélas pour eux, c'est aussi vrai que d'assurer à des touristes perdus dans le désert qu'ils vont tomber sur une oasis. Peut-être que oui, peut-être que non.

L'approche d'OPDIA, fondée par des parents, amis et conseillers d'investisseurs, semble différente. Son équipe est constituée d'un ex-avocat désormais conseil en entreprises, d'un ingénieur partageant sa vie entre la France et l'Asie, d'un notaire, d'une proviseure retraitée, gérante d'une société d'investissement, et d'un avocat spécialiste des procédures collectives. Le credo de Me Julien Turczynski ? Discrétion et efficacité. Sur le site Web d'OPDIA, il déplore « un phénomène commun nuisant à la démarche légitime des investisseurs, un défaut de stratégie, de visions des objectifs », pourfend « les associations qui se constituent opportunément à la suite d'un sinistre » (!) et qui « dévoient leur rôle en se confondant avec celui du parquet [chargé des poursuites] ou du juge des procédures de faillites », alors que le but doit être « de récupérer ce qui est dû aux victimes ». Il considère que « le règlement de comptes à l'égard d'Aristophil et de ses dirigeants ne présente pour l'instant aucun intérêt pour les investisseurs, indivisaires ou non, si ce n'est de participer aux frais d'une guerre dont ils seront les premières victimes ». À ses yeux, cela « alimente les caisses des associations, aggravant le préjudice » des adhérents. Il préconise de « récupérer les avoirs au lieu de jouer les justiciers sans en avoir les moyens ni la capacité ». Le cabinet de Julien Turczynski déploie ses efforts moyennant un forfait de 289 euros par dossier et un pourcentage de 1,5 % de la valeur des œuvres en cas de restitution. « Valeur des œuvres » s'entend par prix fixé sur les contrats Aristophil. La promesse de restitution « rapide » n'a pas été tenue. Mais quelque 2 500 dossiers ont été constitués...

Quant à l'AICLM dont le rôle fut jugé ambigu par les associations précitées, et qui fut à l'initiative de Patrimoine Écrit, elle est désormais présidée par Christine Duciel. Me Guillaume Julia a annoncé son intention de ne plus représenter ce collectif qui revendique 2 788 adhérents.

Aux conséquences dramatiques de la liquidation d'Aristophil pour sa clientèle, désorientée et parfois démunie, s'ajoutent donc mille et un tracas coûteux. Si l'on compte peu de plaignants au regard du nombre de souscripteurs, c'est parce que la plupart croyait en Gérard Lhéritier et lui reste fidèle. Ils demeurent persuadés que, de nouveau en possession de leurs œuvres, ils pourront un jour en retirer un bon prix. Sur les 854 parties civiles que l'on dénombrait à la fin de l'année 2016 (1 546 deux ans plus tard), il n'y avait que 52 constitutions contre Aristophil, 23 contre des CGP, les 779 autres ne pouvant être reçues en l'état, selon un défenseur : « Elles s'apparentent à un grand fourre-tout comprenant essentiellement les documents contractuels que d'anciens clients ont envoyés le plus souvent en vrac, après avoir été informés de l'existence de la procédure, confondant déclaration de créance et plainte avec constitution de partie civile. »

Ceux qui n'ont pas opté pour la voie procédurale se posent sans cesse les mêmes questions : pourquoi avoir précipitamment détruit l'entreprise ? Comment en est-on arrivé là ? Réponse : par petites touches, à partir de l'année 2003.

12

La procédure en Belgique

Pour mesurer l'ampleur du désastre, il faut à nouveau rappeler, au risque de se montrer redondant, qu'avant le 18 novembre 2014, les propriétaires et indivisaires n'avaient pas regretté leur acquisition. La ruine d'Aristophil, discrètement entreprise par d'incessants contrôles durant dix ans, leur avait échappé. Normal, ils n'aboutissaient pas. En dépit de fuites auprès de la presse qui y prêtait peu attention, les activités du groupe continuaient de séduire.

Tout vole en éclats à l'automne 2012 : une procédure est initiée en Belgique. Pour qui guettait en tapinois la chute de « l'empereur des belles lettres », déplorant les abandons successifs des poursuites, l'instruction à Bruxelles est une opportunité. Ils s'y adossent pour dénoncer « le système Lhéritier ». Et les « dossiers » qu'on lui prête sont exhumés.

Mercredi 28 novembre 2012, la RTBF annonce que le parquet de Bruxelles vient de lancer une enquête contre la filiale belge et le Musée des Lettres et Manuscrits, situé dans les Galeries Royales Saint-Hubert, inauguré quatorze mois auparavant par la princesse Léa. En 2018, sur le blog de la famille royale, Son Altesse Léa demeure sa « présidente d'honneur ». La radio-télévision publique révèle que le juge d'instruction Michel Claise soupçonne « une escroquerie organisée » après un signalement de la Cellule de traitement des informations financières (CTIF), équivalent de Tracfin. Il est question de « flux d'argent suspects ». L'affaire qui a motivé son intérêt pour les activités d'Aristophil, très appréciées dans la capitale depuis sept ans, est mentionnée en une phrase. Pourtant, c'est un élément essentiel à double titre. Un, Gérard Lhéritier a sollicité la police en 2009 après la découverte d'un « trou » de 800 000 euros dans sa caisse. Il a porté plainte contre l'employée qui a détourné les fonds. Deux, le magistrat chargé d'instruire le délit au préjudice d'Aristophil est justement Michel Claise ! Autrement dit, les investigations contre la gestionnaire indélicate l'ont conduit à se retourner contre le plaignant. Voilà qui aurait mérité un développement pour expliquer le cheminement du juge.

Les policiers qui ont interrogé la directrice ont-ils, du même coup, mis au jour des irrégularités dans la comptabilité du groupe ? A-t-elle, pour se protéger, dénoncé des faits réels ou imaginaires ? Ceux-ci ont-ils été portés à la connaissance de la CTIF par les enquêteurs ou la cellule financière a-t-elle été renseignée par quelque détracteur d'Aristophil ? Quelles que soient les réponses, le magistrat a hérité de cette procédure incidente, dont il aurait dû immédiatement se dessaisir. Il pouvait difficilement instruire la plainte de Gérard Lhéritier contre l'ex-salariée et mener de front des investigations sur les prétendues malversations du même Lhéritier. Il aurait été raisonnable de confier la nouvelle information, ce dossier secondaire, à un collègue. Michel Claise a préféré conserver les deux, pour n'en faire qu'un contre Aristophil. Au mépris des règles judiciaires. Le retour de bâton sera humiliant.

De tout cela, les journalistes ne parlent pas en novembre 2012. Ils privilégient le soupçon de blanchiment ou fraude, « la dizaine de perquisitions »[1] chez Aristophil et au Musée Galerie de la Reine en début de mois, la saisie de la comptabilité, des ordinateurs. Toutefois, ils spécifient que personne n'a été interpellé. Ni audition ni inculpation. Si l'affaire avait alors eu l'importance qu'on lui prête, les dirigeants auraient été arrêtés. Le reportage de la RTBF fait l'objet de reprises en France et en Suisse. Me Jean-Jacques Daigre, l'avocat et professeur de droit qui a rédigé les contrats, martèle que « Aristophil n'a aucun rapport avec un fond d'investissement ou un système "à la Madoff", une pyramide de Ponzi [...] C'est une comparaison épouvantable, l'enquête n'a pas un début de justification ».

Ses commentaires passent inaperçus. Conséquence immédiate : la clientèle prend peur.

Gérard Lhéritier tente de chasser les doutes, rachète des collections à qui souhaite se désengager. Surtout, il met en avant ses résultats. De 1998 à 2014, 829 millions ont été engagés dans l'acquisition de collections en indivision ou en nue-propriété. Les profits sont en rapport. Par exemple, de 2003 à 2013, 4 227 indivisaires ont investi 105 millions dans 17 conventions Coraly's constituées d'œuvres d'Albert d'Einstein, de Ramsès II, Napoléon, Mozart, etc. Au terme de l'engagement, fixé à cinq ans, Aristophil a racheté leurs parts 149 millions. Bénéfice pour les clients : 43,9 millions.

Le marché est alors si porteur que, fin 2011, après huit mois d'étude des comptes et contrats du groupe Lhéritier, AXA s'est associé à la distribution de ses produits et

1. Citation de la RTBF. En fait, il n'y a eu que deux perquisitions...

conventions. Si les avocats de la première marque d'assurance mondiale avaient détecté un soupçon de délit, *a fortiori* un schéma de Ponzi, ils se seraient opposés à une alliance susceptible d'entacher la réputation de la multinationale. Et, on l'a vu, la Banque de France a accordé une cotation B3+ à la société en 2012 et 2013.

Lorsqu'elle sera entendue par les policiers français en 2014, deux semaines avant les perquisitions du 18 novembre, sa directrice du développement confirmera que cette tendance ne s'orientait pas à la baisse et que, sans le dénigrement consécutif à l'ouverture de la procédure belge qui « a plombé le climat en France », la SAS Aristophil n'aurait sans doute pas connu de revers. « Le chiffre d'affaires est en hausse jusqu'en 2012, assure à l'époque Liliane Rabault, et il n'y a aucune raison structurelle pour que le cycle s'inverse. » Elle croit en l'entreprise qui l'emploie. Elle n'est pas suspecte de mansuétude envers son P-DG. La directrice dit qu'il « s'est entouré de trois des meilleurs experts parisiens[1]. Il sait parfaitement valoriser ses achats ». Elle loue « la valeur intrinsèque liée à la rareté et à l'unicité des œuvres » et précise que « Gérard Lhéritier n'a rien inventé. On retrouve cette façon de faire dans le marché de l'art contemporain ».

Certes, les exercices 2013 et 2014 n'ont pas été aussi prospères que les précédents. Gérard Lhéritier a injecté 41 millions dans la société, prélevés sur ses gains au jeu EuroMillions : 14 entre juillet et décembre 2013, 18 en février et mars 2014, 8,5 en juillet puis en octobre[2].

---

1. Alain Nicolas, Jean-Claude Vrain et Thierry Bodin.
2. Ces chiffres sont ceux mentionnés dans les procès-verbaux établis par les policiers de la BRDE.

Il s'est délesté d'une part de sa fortune personnelle, car il est persuadé d'être confronté à des complications passagères. Cela ne ressemble pas au comportement d'un « Madoff ». La police a une autre interprétation : s'il a consenti un prêt à Aristophil, plutôt que d'augmenter le capital, c'est dans le but de figurer parmi les créanciers en cas de liquidation. Procès d'intention subjectif, au-delà du fait qu'il ne reverra jamais la couleur de son argent.

À la lumière de ces précisions, on peut considérer que l'origine des difficultés de trésorerie, effectives, trouve sa source dans la première « descente de police », à 300 kilomètres de Paris. Pourtant, à l'issue d'une période de turbulences, entre le 28 novembre 2012, date des révélations de la RTBF, et le mois de janvier suivant, « l'affaire belge » en reste là. Nul plaignant ne frappe à la porte du juge, du moins à ce moment-là. Gérard Lhéritier n'est même pas convoqué. Il ne se passe rien ou presque. Car, tandis que le P-DG d'Aristophil poursuit ses activités, son avocat Francis Triboulet prépare la riposte contre le juge bruxellois, Michel Claise.

Ironie de l'histoire, ou clin d'œil du destin, les soucis rencontrés outre-Quiévrain sont atténués par deux succès qui rendent le sourire au fondateur des musées. Le 13 novembre, sept jours après l'ouverture d'information judiciaire par le magistrat belge, il a gagné 170 millions au Loto européen. De quoi lui mettre du baume au cœur. Et dimanche 2 décembre, lors d'une vente aux enchères, il a remporté le duel qui l'opposait à des collectionneurs russes souhaitant acquérir des documents autographes de Napoléon Ier. En particulier la lettre codée du 18 octobre 1812 écrite à Moscou, par laquelle l'empereur des Français annonce à son ministre des Relations extérieures que le 22 octobre, à 3 heures du matin, il fera « sauter » le Kremlin. Les Moscovites convoitaient également une seconde lettre chiffrée, récit du combat de Maloïaroslavets en octobre 1812, un ensemble de 180 pages recto-verso assorti de 44 dessins, constituant le manuscrit préparatoire à l'*Essai sur la fortification de campagne*. Entre juillet 1818 et août 1819, exilé sur l'île de Sainte-Hélène, Bonaparte l'avait dicté à son fidèle compagnon, le général Bertrand, puis corrigé, annoté. Un document exceptionnel, considéré par les spécialistes comme le dernier trésor de l'Atlantique sud en mains privées, en l'occurrence détenu par les descendants d'Henri Gatien Bertrand. En 1821, après la mort de Napoléon Ier, le comte l'avait rapatrié avec une multitude de feuillets rassemblant les réflexions, explications et commentaires de l'empereur sur son règne.

Ce 2 décembre 2012, à Fontainebleau, le commissaire-priseur Jean-Pierre Osenat observe la guerre que Gérard Lhéritier livre aux Russes. Il remporte les lots, adjugés 688 750 euros. Me Osenat s'en félicite : « C'est une bonne chose que ces raretés aient été acquises par un musée, parisien de surcroît ! Ces pièces resteront visibles par le grand public. » À l'époque, le président est encore populaire, en dépit des reportages négatifs apparus en novembre. Outre la satisfaction de ne pas voir ces œuvres s'envoler vers Moscou, l'acquisition lui permet de compléter un ensemble remarquable. Il possède déjà 500 lettres de Napoléon Ier, dont une écrite à Joséphine de Beauharnais, sa première épouse adorée, par laquelle il lui déclare son amour. Il les a rapatriées de Boston où un Américain les avait réunies durant trente ans. En septembre 2014, il achètera leur contrat de mariage. Ce certificat estimé à 100 000 euros a été adjugé 437 500 euros, un montant exorbitant selon Tracfin, qui n'est pourtant pas spécialiste du marché de l'art. Si Gérard Lhéritier l'a remporté à ce prix, c'est parce que des collectionneurs, conscients de sa valeur, ont surenchéri.

Simultanément, Me Triboulet met au jour les relations entre le juge belge Michel Claise et le Français Jean-Pierre Rondeau. Ce conseiller en gestion de patrimoine indépendant (CGPI), fondateur de Megara Finance, préside alors la compagnie des CGPI. Comme Frédéric Castaing, il n'a de cesse d'alerter la presse contre les achats de lettres et manuscrits chez Aristophil. Or, il a été destinataire de données confidentielles transmises par le magistrat belge. La défense de Gérard Lhéritier saisit le tribunal de Paris, au motif que, « des liens de connivence existants entre [messieurs Claise et Rondeau], a résulté une dissémination d'allégations de nature à nuire à l'activité et à la réputation d'Aristophil dans les milieux professionnels et les médias ». La justice ordonne l'examen des données informatiques de Jean-Pierre Rondeau. Elles établissent « la réalité d'une collusion, d'une violation du secret de l'instruction doublée d'une atteinte à la présomption d'innocence ». Ces faits démontrent que Michel Claise n'instruit plus assidûment la plainte du président contre l'ancienne cadre, mais qu'il s'est lancé dans une croisade contre l'homme qui l'a déposée. Les autorités judiciaires belges sont alertées de cette incongruité, et Michel Claise est récusé à la mi-décembre 2012. Événement rare que la RTBF rapporte ainsi : « La puissante société Aristophil et ses avocats accusent [le juge] de mener une campagne à son encontre. Les pressions sont assez courantes dans ce type de dossiers financiers. Reste à déterminer si elles sont justifiées. Monsieur Claise a préféré faire un pas de côté pour, dit-il, que l'enquête se poursuive sans perte de temps inutile. » En Belgique comme en France, aucun journaliste ne juge utile de développer la raison de ce « pas de côté », préférant la version du magistrat qui fait de lui une « victime » d'Aristophil. Quant à Jean-Pierre Rondeau, jamais il ne pardonnera à Gérard Lhéritier.

La juge Laurence Heusghem a succédé à son collègue en janvier 2013. Depuis, il a été procédé à l'audition de salariés belges et d'investisseurs. Selon Me Jacquelin d'Oultremont, du cabinet MCW, quelque 1 600 personnes lui auraient confié leurs intérêts. La filiale d'Aristophil à Bruxelles a été déclarée en faillite le 29 décembre 2015, soit 26 mois après l'ouverture de l'instruction. C'est dire si la justice a pris son temps, contrairement à ce qui a été décidé en France. Le curateur de la société (équivalent du liquidateur), Alain Henderickx, estime le passif à 28 millions. Il a entrepris des négociations, avec ses collègues parisiens, pour récupérer les œuvres Amadeus. Le cas des indivisaires pose plus de problèmes. Gérard Lhéritier n'a été convoqué qu'en 2017, soit cinq ans après la perquisition bruxelloise. L'audition n'a duré que deux heures. En 2019, il n'a toujours pas été jugé.

Un problème n'arrivant jamais seul, ce début d'année 2013 est aussi marqué par une nouvelle mise en garde de l'AMF contre les « placements atypiques proposés aux épargnants dans des secteurs de niche », tels « les lettres et manuscrits ». Les détracteurs de Gérard Lhéritier font feu de tout bois, déterrent les cadavres en activant leurs réseaux. En 2003 et 2007, l'Autorité des marchés avait déjà alerté les investisseurs, ciblant nommément Aristophil. Le gendarme de la Bourse avait été contraint de se rétracter après que le communiqué eut été jugé infondé. Il n'entrait pas dans ses attributions de réguler ce marché. La persistance de l'institution à attaquer

Aristophil mérite que l'on s'y attarde. L'alternative est simple : soit la société contrevient à la réglementation des intermédiaires en biens divers (activité nécessitant l'agrément AMF), soit il n'y a rien à lui reprocher. Or, en 1985, 1991, 2003, c'est-à-dire respectivement 28 ans, 22 ans et 10 ans avant la troisième mise en garde, son ancêtre la COB a délivré un blanc-seing à Gérard Lhéritier. Par courrier. Les agents de la Commission des opérations de bourse ont attesté qu'il respectait les règles. Une des lettres est explicite. Le 28 octobre 2003, Florence Roussel, un chef de service, confirme que les conventions Coraly's « ne relèvent d'aucune des missions de la COB », n'ayant « pour objectif ni de faire admettre des instruments financiers à la cotation, ni d'en émettre ou d'en céder dans le public ». Très clair.

Mais le 24 décembre suivant, veille de Noël, l'autorité administrative rebaptisée AMF publie sur son site un avertissement contre les « produits Aristophil ». Sans tenir compte de la lettre postée deux mois plus tôt, ni des multiples échanges entre les juristes de la COB et ceux de Gérard Lhéritier, aux conclusions invariablement positives. Ce dernier s'en émeut le 15 janvier 2004 : « Sans nous prévenir ni nous convoquer, ce qui est obligatoire, sans demander de nouveaux éléments, vous publiez ce communiqué incroyable qui est repris par des médias et qui nous cause un préjudice important. » L'AMF ne prend pas la peine de répondre. Mais elle signale l'activité d'Aristophil au procureur de Paris. La machine judiciaire se met en marche.

Le 4 juillet 2006, Gérard Lhéritier et un courtier, gérant d'une société partenaire, sont renvoyés devant la 11e chambre correctionnelle pour « gestion de rentes viagères et de biens, démarchage ou appel public à l'épargne sans information préalable conforme du public ». Le 3 octobre suivant, tous deux sont relaxés. Le jugement prend en compte la lettre de la COB du 28 octobre 2003, établissant que « les produits [commercialisés] ne relèvent pas des instruments financiers ou de placements faisant appel public à l'épargne ». Le tribunal rejette les accusations de l'Autorité des marchés financiers, lui opposant ses arguments, ici résumés :

« Attendu qu'aucune motivation juridique sur la qualification des contrats n'a été apportée par l'AMF ; attendu qu'il ne ressort pas des pièces de la procédure que les conventions relatives aux produits déterminaient une gestion pour compte de tiers ni que ces produits constituent des propositions d'investissement par appel public à l'épargne ; qu'en l'absence d'élément matériel de l'infraction il convient de prononcer la relaxe. » Non coupables.

Ces « attendus » ne sont pas signés par un obscur inconnu qui ne connaîtrait rien à la matière financière. Ils le sont par un spécialiste, Jean-Marie d'Huy, magistrat instructeur contre la délinquance « en col blanc ». Il a diligenté les investigations dans l'affaire du financement du Parti socialiste et, depuis la fin de l'année 2004, il dirige l'enquête sur le scandale EADS-Clearstream. Quant à ses assesseurs, ils sont tout aussi experts : Henri Pons instruit aussi les dossiers Clearstream, Rhodia, Vivendi ; Jacques Gazeaux est le juge qui enverra le président Jacques Chirac en correctionnelle pour « prise illégale d'intérêts », dans un des volets de l'affaire des emplois fictifs de l'ex-RPR. Ceci pour souligner que Gérard Lhéritier n'est pas innocenté par des professionnels complaisants ou ignorants.

Le jugement est un camouflet pour l'AMF. D'autant que le procureur n'interjette pas appel.

13

L'AMF et Tracfin

CURIEUSEMENT, le gendarme de la Bourse feint de l'ignorer. Et, le 29 octobre 2007, il récidive par communiqué de presse sur Internet, en français et en anglais. Sous le titre « Nouvelle mise en garde de l'Autorité des marchés financiers à l'encontre d'une proposition de démarchage », il avertit qu'Aristophil n'est « pas autorisé à fournir des conseils en investissement », que « la plus grande prudence est recommandée aux investisseurs sollicités ». L'AMF précise avoir de nouveau transmis des éléments au parquet de Paris. Par lettre recommandée, le 13 novembre 2007, Gérard Lhéritier rappelle que la décision du tribunal est devenue définitive et soutient que la publication de l'AMF « est effectuée au mépris de la chose jugée et qu'elle cause un grave préjudice à [sa] société ». Il requiert que son droit de réponse soit diffusé et que les communiqués de 2003 et 2007 disparaissent immédiatement du site de l'institution financière. Laquelle s'exécute à réception du courrier. Preuve qu'elle se savait en dehors des clous.

Cependant, Gérard Lhéritier va prendre des mesures : pressentant que l'AMF n'en aura jamais fini avec lui, qu'à l'évidence elle maintiendra Aristophil dans sa ligne de mire, il sollicite les services de Me Jean-Jacques Daigre, déjà consulté en septembre et décembre 2006. Avocat inscrit au barreau de Paris en 1972, cet éminent professeur agrégé de droit bancaire et boursier enseigne à la Sorbonne (il a pris sa retraite en 2014). Le président soumet au juriste les contrats qu'Art Courtage et Finestim proposent à la clientèle, à charge pour lui d'en vérifier les termes et de les amender. Me Daigre examine les conventions, dresse le bilan des obligations juridiques, des modifications sont apportées. Mais, il ne se penche pas sur le modèle économique, qui n'est pas de son ressort. Pas plus que sur le marché de documents autographes, auquel il ne connaît rien. « Mon activité de conseil portait principalement sur la réglementation financière », expliquera-t-il aux policiers de la BRDE. En 2014, il reprendra aussi tous les contrats pour les mettre en conformité avec la loi Hamon sur le renforcement des droits du consommateur, puis participera à la conception de la société de ventes volontaires que Gérard Lhéritier veut créer et au montage juridique du Fonds d'investissement alternatif, avec la directrice Liliane Rabault. Ces deux chantiers ouverts en 2013 et 2014 ne verront jamais le jour à cause de la procédure engagée à Paris. Ses activités professionnelles vont coûter cher à l'avocat, mis en examen.

En cette année 2007, Jean-Jacques Daigre fait notamment supprimer la promesse de rachat qui figure aux contrats pour éviter que la société soit encore soupçonnée de « jouer » secrètement les intermédiaires en biens divers. Soucieux de s'assurer que Gérard Lhéritier restera définitivement en dehors de ce régime particulier, il rédige un courrier circonstancié, destiné à l'AMF. Une promesse de vente sera portée au nouveau contrat, afin que le président d'Aristophil puisse se réapproprier, s'il le souhaite, les collections qu'il a vendues : « Il croyait en la qualité et la valeur de celles-ci, indiquera Me Daigre aux policiers. Il ne voulait pas les voir disparaître entre n'importe quelles mains. » Le 5 décembre, monsieur Lhéritier adresse la lettre à l'AMF, place de la Bourse, dans le 2e arrondissement. Il y joint les dispositions qui entreront en vigueur le 1er janvier 2008, espérant « éviter que les méprises antérieures se renouvellent », écrit-il.

Les clauses soumises à l'Autorité des marchés financiers stipulent que l'achat des œuvres est le fait d'un acquéreur unique ou de plusieurs, regroupés en indivision. La cession est validée par un notaire. Un second contrat offre le choix de laisser les documents dans la chambre forte d'Aristophil ou de les exposer au musée. Au terme d'une période prédéfinie, le client peut revendre ses œuvres à qui bon lui semble ou à la société qui a un droit de préemption. Il est notifié, noir sur blanc, qu'elle « ne s'engage aucunement à les racheter et se réserve la faculté de ne pas donner suite ». Si Aristophil accepte, c'est « à un prix contractuellement fixé » ou en s'alignant sur celui qu'offrirait un tiers acheteur.

Le courrier à l'AMF rappelle également la nature des activités de Gérard Lhéritier : achat de lettres et manuscrits, ensuite proposés à des acquéreurs par des agents indépendants ; promotion de ses découvertes au musée de Paris (celui de Bruxelles n'est pas encore ouvert) ; participation au rayonnement de la France en prêtant tout ou partie des œuvres à des expositions internationales. « S'agissant des contrats ou de l'activité d'Aristophil, aucun des critères retenus par la loi du 3 janvier 1983, m'imposant un agrément AMF, n'existe en l'espèce. Ni la gestion pour compte de tiers, ni l'engagement de rachat avec revalorisation », conclut-il. Ce que le tribunal correctionnel a admis en 2006.

Ses explications sont étudiées durant un trimestre par l'Autorité des marchés. Le 20 mars 2008, il reçoit une réponse du directeur des affaires juridiques, Olivier Douvreleur : « Au vu des éléments communiqués, il apparaît que, dans la mesure où Aristophil ne garantit pas à l'acquéreur la reprise ou l'échange du manuscrit, que le rôle de votre société se borne à en assurer la conservation matérielle et non la gestion au sens des dispositions du Code monétaire et financier, l'activité que vous exercez ne semble pas relever du régime des intermédiaires en biens divers. Cela étant, même dans l'hypothèse où cette activité ne nécessiterait pas l'adoption d'un statut particulier, nous vous invitons à recommander à votre clientèle la plus grande prudence sur l'acquisition de ces manuscrits. Enfin, je me permets d'attirer votre attention sur les règles de la consommation susceptibles de s'appliquer, notamment celles relatives à la publicité et au démarchage. » La lecture attentive, entre les lignes, n'augure rien de bon. La réponse s'apparente à un « oui, mais ». Le président d'Aristophil ne se méfie pas : « À mes yeux, cette lettre du directeur des affaires juridiques était une victoire, se souvient-il. Il reconnaissait que le modèle économique mis en place était parfaitement légal. »

Parallèlement, pour prévenir tout « dérapage » des conseillers en gestion, vitrine d'Aristophil, le président renforce les cycles de formation : « Il me revenait que des CGP tenaient parfois un discours fautif, il arrivait que certains fassent état de garanties fantaisistes. J'étais très attentif à cela. Je contrôlais personnellement des sessions. Il était essentiel à mes yeux que les CGP mettent bien en avant l'absence d'obligation de rachat. Le contenu des séances, filmées, a été versé à la procédure. Il appartient à la juge d'instruction d'en tirer les conclusions. Ce serait malhonnête de faire l'amalgame entre les CGP qui ont commis des erreurs et Aristophil. »

Gérard Lhéritier ignore alors que, dans le 9e arrondissement parisien voisin, les agents de Tracfin l'ont depuis peu dans le collimateur. Le 6 mars 2007, le service chargé de traquer le blanchiment d'argent a été avisé d'un transfert de 2,7 millions de la SAS Aristophil vers Artepoly's, sa filiale au Luxembourg, et d'une avance de 4 millions vers la SARL Calwam Ltd., à Londres. Contraint par le Code de commerce[1], Benoît Violier, commissaire aux comptes du groupe depuis 2004, a porté ces faits à la connaissance du procureur de la République et a transmis une « déclaration de soupçon » à Tracfin. « Nous avions constaté des avances significatives à des sociétés liées au groupe sans disposer des justificatifs sous-tendant ces relations financières. J'ai estimé ne pas avoir assez d'éléments », indiquera monsieur Violier à la juge Bilger lors de son audition, sous le statut de témoin assisté, le 19 juin 2017. Le CAC signale l'existence de rachats de contrats à venir, représentant un engagement de 22 millions, qui est « de nature à compromettre la continuité de l'exploitation ». Ce nouveau coup dur pour Gérard Lhéritier est vite esquivé, en apparence du moins. Dès le 20 mars, les opérations sont justifiées par Luc Mazet, directeur général, Evelyne Pycke, responsable administrative, Denis Potier, expert-comptable.

S'agissant d'Artepoly's, que le président d'Aristophil a fondé lorsqu'il partageait sa vie entre la France et le

1. Article L225-40.

Grand-Duché, de 2000 à 2006, « les ambiguïtés » que Benoît Violier a soulevées s'expliquent. Gérard Lhéritier souhaite fermer la filiale. Il faut rapatrier la clientèle française, un millier de contrats au total. Une avance de 2,7 millions sur le solde du rachat des portefeuilles est consentie, finalisée par acte notarié le 30 avril 2007. Denis Potier détaille l'opération au CAC et précise que l'apport de clientèle générera une hausse du chiffre d'affaires d'Aristophil. Il joint le « prévisionnel », qui témoigne d'une accélération des activités de négoce du groupe. Des ventes publiques et/ou de gré à gré sont envisagées, notamment en Russie. Quant au rachat des usufruits sur les œuvres, dont le montant a effrayé monsieur Violier, il relève d'une méprise : les contrats ne sont pas assortis d'engagement, le rachat est une option. Reste le transfert de fonds vers la SARL Calwam Ltd., en Angleterre. Gérard Lhéritier a voulu s'implanter à Londres, la holding ne lui a attiré que des ennuis. L'argent devait servir à l'achat de manuscrits, ce fut parfois le cas mais l'équipe en place n'a pas été à la hauteur. Le fiasco sera plus tard sanctionné par un redressement fiscal. Toutefois, en 2007, rien d'illégal n'est décelé chez Calwam.

Ces éclaircissements, d'abord oraux puis écrits, sont adressés le 20 mars. Le 21, Benoît Violier avise le tribunal de commerce que les dirigeants d'Aristophil ont fourni des « explications satisfaisantes » ; la procédure d'alerte peut être stoppée. Le 23, le juge délégué à la prévention la classe sans suite. Gérard Lhéritier pense en avoir terminé avec les contrôles pour l'année 2007. Mais Tracfin n'a que faire de la « satisfaction » du CAC. Le 18 juillet, « après enquête », les éléments qu'il leur a communiqués sont à nouveau transmis au parquet de Paris. Une deuxième confrontation judiciaire s'annonce.

Le procureur de la République charge la Brigade financière de clarifier les points soulevés par Tracfin. Près de sept mois s'écoulent, et Benoît Violier est convoqué rue du Château-des-Rentiers, dans le 13e arrondissement parisien. Sa déclaration de soupçon datant de mars 2007, l'alerte ayant été classée, pas un mouvement bancaire ne s'étant révélé suspect, il comprend mal les raisons de son audition tardive mais s'y soumet. Ce 4 février 2008, il fournit les comptes de trois exercices d'Aristophil, les réponses des cadres. S'ensuit une série d'investigations minutieuses, la BF étudie chaque bilan annuel, les contrats, commande un audit… puis referme le dossier ! Il n'est retenu aucune charge contre Gérard Lhéritier innocenté dix-huit mois plus tôt en correctionnelle. Il pense alors pouvoir savourer une période de répit. Les policiers semblent avoir rassuré l'AMF et Tracfin.

Il ignore que la démarche du CAC aura une autre conséquence : elle va entraîner des contrôles en cascade, que la famille Lhéritier continue de subir onze ans plus tard.

La vérification de leurs flux financiers s'enchaîne depuis 2007. Ce qui conduit à penser que si Gérard, Valérie ou Fabrice Lhéritier avaient dissimulé des millions, ils auraient été découverts. La quête est telle que les 170 millions versés par la Française des Jeux seront aussi présentés comme « suspects », jusqu'à ce que le chèque de la FDJ soit vérifié. Il est par ailleurs formellement établi que Gérard Lhéritier a personnellement rempli le ticket. Dans l'une de ses nombreuses notes au procureur adjoint Bonthoux, Tracfin pointe les acquisitions de propriétés par les Lhéritier, à hauteur de 7,9 millions d'euros. S'ensuit le détail d'achats « effectués sans recours à des prêts », ce qui est « susceptible de recevoir une qualification pénale » puisque pouvant être « en relation avec une escroquerie en bande organisée ». Finalement, il sera reconnu que l'argent investi dans l'immobilier provenait des gains à l'EuroMillions. Simple. Les éléments dénoncés au parquet ne sont pas vains : ils ont permis de recenser en amont les biens de Gérard et Valérie Lhéritier, la justice n'ayant plus qu'à saisir l'ensemble en 2014.

Une autre note fait état d'un « compte de placement » à la HSBC de Hong-Kong. Le groupe bancaire britannique, fondé dans la Région administrative spéciale de la République populaire de Chine, est dans l'œil du cyclone depuis le printemps 2008. Un de ses informaticiens a dérobé la liste de 8 993 évadés fiscaux, l'affaire est énorme, ses répercussions tout autant puisque 2 846 personnes et 86 sociétés feront l'objet de poursuites. Gérard Lhéritier est soupçonné par le service de Bercy d'y cacher des fonds non déclarés. Or, non seulement il ne figure pas sur la liste de fraudeurs mais le compte n'a servi qu'au règlement de l'avocat qui représentait ses intérêts dans la mégalopole : « J'avais créé une filiale pour y développer nos activités en Chine, un marché porteur. Je n'ai pas donné suite. » Fin de l'histoire.

Dans une troisième lettre, l'ancien directeur du service de renseignements financiers se penche sur les collections vendues par Aristophil. Il signale que, « selon des informations, qui n'ont pas pu faire l'objet de vérifications, il semblerait que la société commercialise des copies de manuscrits, les présentant comme "authentiques" ». Outre le fait qu'il n'existe aucun faux parmi les documents – Me Aguttes l'a confirmé lors de notre entretien, parlant d'une « collection saine » –, il y a matière à s'interroger. Des « informations » anonymes non vérifiées, au conditionnel, sont transmises au ministère public... Le rapport stipule aussi que « les comptes détenus par les filiales belge et suisse dans les pays respectifs ont pu être utilisés comme comptes de passage pour procéder à des transferts de fonds vers des pays à fiscalité privilégiée ». La « supposition » a été balayée par l'instruction : l'argent ayant transité à Bruxelles et à Genève a servi à rémunérer les employés, à acheter des œuvres, à encaisser le produit de leur vente. En toute légalité.

D'autres observations seront régulièrement adressées à Jean-Pierre Bonthoux. Les CGP qui vendent les « produits Aristophil » ne sont pas épargnés. Leurs revenus sont passés à la loupe, certains d'entre eux gagnant tant d'argent que cela devient suspect. Le couple T. est de ceux-là : il a encaissé 2,7 millions de commissions entre 2011 et 2012. Le 15 avril 2015, Régis T. est placé en garde à vue au motif qu'il a garanti les investissements de ses clients, au mépris des ordres de Gérard Lhéritier et des dirigeants de Finestim. Le parquet d'Épinal a été saisi. Un avocat de clients mécontents a dénoncé son rôle au sein de l'association CPARTI qu'il anime, alors qu'il n'est pas à l'abri d'une mise en cause. Autre cible de Tracfin, le libraire Jean-Claude Vrain, qui a fait l'objet d'un contrôle fiscal ayant abouti au recouvrement de plus de 600 000 euros.

À la fin des années 2000, Gérard Lhéritier est convaincu que la première enquête de la Financière, qui a abouti au classement sans suite par le parquet, a signé l'arrêt des hostilités. Il va pouvoir souffler, se consacrer au développement de sa société dont les résultats ne cessent de croître. Il ignore que la BF va être chargée d'une seconde salve d'investigations, de 2010 à 2012. Elles sont menées avec autant de rigueur que les précédentes. Et, à nouveau, elles ne révèlent rien d'illégal. Le parquet referme le dossier le 2 août 2012.

À noter qu'en février 2019, en dépit des requêtes de la défense, le procès-verbal de synthèse n'avait toujours pas été joint à la procédure de la juge Bilger. Les conclusions de la Brigade financière devraient pourtant être utiles à la manifestation de la vérité…

14

Une embellie de trois ans

Les bénéfices d'Aristophil permettent l'emménagement du MLM dans un édifice plus vaste, boulevard Saint-Germain, l'ouverture du second musée en Belgique, l'acquisition de l'hôtel de La Salle. Partenariats, conférences et réceptions se succèdent. La liste des lettres et manuscrits que se procure alors Gérard Lhéritier est impressionnante. Sa passion fait l'unanimité dans la presse et enthousiasme les amateurs d'art. Du 2 décembre 2008 au 1er mars 2009, plus de 200 000 visiteurs se pressent sous le dôme des Invalides pour admirer l'exposition « L'Aigle et la Plume » qui réunit sa collection Napoléon, la plus grande jamais constituée autour de l'empereur, dont les 500 lettres rapatriées de Boston en 2008. C'est l'expert parisien Thierry Bodin et son collègue new-yorkais Kenneth Rendel qui ont mis en relation ces deux passionnés. Organisée avec l'aide de la Fondation Napoléon et le Musée de l'Armée, sous la tutelle de son directeur (2003-2010), le général Robert Bresse, qui préside également la Fondation de la France Libre, elle rassemble une foule de personnalités lors de l'inauguration le 2 décembre. La date a été choisie en référence au couronnement de Napoléon Ier (1804) et à la bataille d'Austerlitz (1805).

Près du tombeau de l'empereur, le général Bresse et Gérard Lhéritier dévoilent la collection qui révèle une autre facette du chef militaire : un passionné de l'écrit qui, toute sa vie, n'a cessé de coucher ses pensées sur le papier, de dicter et annoter ses réflexions et stratégies. « Un poète en action », selon Chateaubriand. La mise en perspective de son œuvre montre au public l'amoureux qu'il fut, à 16 ans lorsqu'il écrivait à une jeune fille de Valence, ou à 25 ans, quand il reproche à Joséphine de ne pas l'aimer aussi ardemment qu'il le souhaiterait. Des objets lui ayant appartenu complètent l'ensemble. Dans son discours, le président du MLM confirme que « le public va découvrir une partie de l'âme de Napoléon, lui qui a déclaré : "Il n'y a que deux puissances au monde : le sabre et l'esprit. À la longue, le sabre est toujours vaincu, pas l'esprit" ».

Légèrement en retrait, l'ordonnateur de l'événement apprécie la magie de l'instant car il sait « avoir fait un cadeau » à son client, Gérard Lhéritier. Christophe Reille, associé à l'agence Footprint consultants, ancien journaliste au *Nouvel Économiste* et à France Info, gère un aspect de la communication d'Aristophil. Il n'est pas rattaché au groupe, ni en charge de la promotion des « produits ». Simplement, il connaît bien Gérard Lhéritier, il l'estime, aussi met-il ses relations à sa disposition. À la fin des années 2000, l'exercice est relativement facile car, en dépit des deux procès (gagnés), d'enquêtes et de la mauvaise réputation que lui fait l'AMF, le président du Musée des Lettres et Manuscrits reste apprécié, souvent félicité pour son activité de préservation du patrimoine. « Même si l'image avait été un peu dégradée, que l'on décelait encore l'auréole de la tache de l'affaire des timbres de Monaco, bien qu'il fût innocenté, l'essentiel était ailleurs : cet homme avait réuni une collection d'œuvres unique », se souvient Christophe Reille. « Je lui ai dit : "Communiquons massivement sur vos prestigieuses lettres et manuscrits et les journalistes ne parleront plus de vous personnellement mais du collectionneur." C'est ainsi que nous avons obtenu la une du *Figaro* pour le testament politique de Louis XVI, un grand article dans *Le Monde* présentant le manuscrit Einstein-Besso, l'exposition "L'Aigle et la Plume" aux Invalides, entre autres. Le côté "mouton panurgien" de la presse nous a aidés. Il n'était plus question des soucis passés de Gérard Lhéritier ; ne comptaient que sa collection, l'ouverture du MLM dans un espace approprié, boulevard Saint-Germain, l'achat de l'hôtel de La Salle, etc. »

Christophe Reille n'a pas abandonné le président d'Aristophil quand l'écho du tumulte a tout ruiné. Il dit avoir cessé de communiquer par « petites touches, c'est inutile, le tableau est trop noir. Tel Vercingétorix, Gérard Lhéritier est exhibé comme un trophée, et sera exécuté, sauf rebondissement judiciaire et retournement d'opinion ». Le communicant pense qu'ils se produiront. Il mise sur l'honnêteté de la justice. Il la croit dans l'impossibilité de faire porter à Gérard Lhéritier la responsabilité entière d'un « système » qui reposait prioritairement sur les conseillers en gestion, vendeurs des lettres et manuscrits. Plus ils en plaçaient, plus ils percevaient de commissions par les employeurs, Finestim et Art Courtage. Avoir écarté les CGP du dossier affaiblit une construction judiciaire qui tremble sur ses bases. Au-delà des considérations procédurales, l'associé de Footprint est surtout « affligé que soit dispersée une collection de 130 000 documents ».

Le succès de l'exposition Napoléon aux Invalides, en 2008-2009, sera suivi d'un autre événement qui marquera profondément Gérard Lhéritier. Le 1er juillet 2010, il est reçu en grande pompe à l'Académie française par le Secrétaire perpétuel, Hélène Carrère d'Encausse, et par le chancelier de l'Institut de France, Gabriel de Broglie. Lors de son discours sous la coupole, le président d'Aristophil invite les académiciens à inaugurer, le 18 août suivant, l'exposition que son musée va consacrer à sa dernière acquisition : 7 000 courriers réunis par six générations de marquis de Flers, illustre famille de la noblesse française. Il est inenvisageable de présenter la volumineuse collection dans son intégralité, aussi a-t-il choisi, avec le légataire Philippe de Flers, 160 lettres et documents qu'ont écrits les Immortels depuis la fondation de l'Académie, en 1634[1]. Ils seront accessibles au public et le fonds, ouvert aux chercheurs. Un livre en réunira une centaine, soit un bel aperçu de ces œuvres inédites[2].

« Cette collection n'a pas de prix tant elle est grandiose, rappelle Gérard Lhéritier. Ce fut l'un de mes plus beaux achats. Si Philippe de Flers avait exigé 5 millions, j'aurais accepté. » La Lloyd's de Londres l'assure pour 12 millions. Effectivement, il s'agit d'un ensemble unique. Il répertorie la délibération d'une assemblée, signée Pierre Corneille ; le rapport rédigé par le poète François Coppée en soutien de la candidature d'Émile Zola ; une lettre de Louis Pasteur au mathématicien Joseph Bertrand ; un courrier de Paul Valéry au philologue Joseph Bédier ; la lettre de retrait de Charles Baudelaire ; des écrits

1. L'Académie française est officiellement ouverte le 29 janvier 1635.
2. Philippe de Flers et Thierry Bodin, *L'Académie française au fil des lettres de 1635 à nos jours*, Gallimard, 2010.

du cardinal de Richelieu, de Paul Claudel, Jean de La Fontaine, Victor Hugo ou Marguerite Yourcenar (première femme élue, le 6 mars 1980) ; les candidatures de Marcel Pagnol et de Voltaire ; le discours de réception d'Henri Troyat, des brouillons d'Henry de Montherlant...

On y découvre la variété des professions exercées par les Immortels – romanciers, philosophes, scientifiques, etc. –, les rapports entre la littérature et le pouvoir, les élites et la culture, l'amertume des candidats refusés dont témoignent les missives de Molière, Balzac, Flaubert, les plaidoyers et les recommandations, les passions et querelles qui se sont exprimées durant quatre siècles, les échanges entre amis, le protocole, les traditions. Cette exposition remporta un tel succès que, pour en faire profiter les provinciaux, Gérard Lhéritier la déplaça au Carré d'Art de Nîmes en janvier et février 2014, à l'occasion du 13e Festival de la biographie, présidé par Hélène Carrère d'Encausse. Aujourd'hui, ces correspondances risquent l'éparpillement et l'oubli.

Ces deux années de relative tranquillité lui permettent d'acquérir l'Album Fuchs (ces 112 manuscrits musicaux de Chopin, Beethoven, Brahms, Mozart et Schubert lui sont vendus 800 000 euros par Alain Nicolas), des manuscrits de Victor Hugo, le brouillon du *Petit Prince* d'Antoine de Saint-Exupéry, les fonds Jean Cocteau, Boris Vian, Raymond Queneau, la correspondance d'Émile Zola avec sa femme Alexandrine, le « Garde-manger » d'Honoré de Balzac, journal de bord qu'il tint de 1830 à 1847, rempli de notes, croquis, aphorismes et plans. Il achète les fameux brouillons du général de Gaulle, le manuscrit de la pièce *Orphée* de Jean Cocteau, *L'Alchimiste* d'Alexandre Dumas orné d'une huile d'Eugène Isabey et d'aquarelles d'artistes du mouvement romantique, tels Adrien Dauzats, Louis Boulanger, Jules Dupré. Liste non exhaustive. Tout sourit à son président. Enfin, presque.

Parce qu'il a le vent en poupe, il compte de plus en plus de détracteurs. Parmi eux, Frédéric Castaing et Jean-Pierre Rondeau, le conseiller en gestion apparu dans la procédure belge ; ils ne l'ont pas oublié. Les éloges des médias les irritent. L'acmé est atteinte lorsque leur adversaire autodidacte est reçu à l'Académie française ! L'offensive reprend de plus belle.

La première passe inaperçue. *Bakchich*, hebdo confidentiel, publie sur son site un article intitulé « Marcel Proust, France Inter et la défiscalisation » puis un second dans son magazine « Gérard Lhéritier au pied de la lettre ». La journaliste Lucie Delaporte est informée par Gilles Pouzin, rédacteur en chef de Deontofi.com qui se dit « expert financier » et « spécialiste international ». Redoutant un procès, il n'a pas traité le dossier. Après la chute d'Aristophil, il se rattrapera en le feuilletonnant – pas moins de onze épisodes jusqu'en mars 2015.

En 2010, *Bakchich* écrit que le client d'Aristophil « peut défiscaliser la somme investie puisqu'il s'agit d'œuvre d'art, et s'imagine en plus réaliser une plus-value de 8,5 % par an. Soit + 50 % sur cinq ans (*sic*). Prodigieux ! Trop beau pour être vrai puisque Aristophil ne s'engage pas de son côté à racheter sa part d'indivision. Le texte du contrat est tourné de telle sorte que les acheteurs ne le comprennent pas ». Cette glose est constante, dans le dossier : les clients ne comprenaient rien à ce qu'ils signaient. Il est impératif de préciser dans quels milieux ils évoluaient.

Ils sont magistrats, commissaires de police, officiers de gendarmerie, douaniers, cadres, contrôleurs des impôts, avocats, notaires, huissiers, dentistes, pharmaciens, chirurgiens, généralistes, psychiatres, chefs d'entreprise, vétérinaires, psychologues, orthophonistes, kinésithérapeutes, directeurs d'école, enseignants, éducateurs, banquiers, assureurs, directeurs financiers, architectes, ingénieurs, experts-comptables, commissaires aux comptes, agents immobiliers, gérants de société, pilotes de ligne, chargés de mission, juristes, prêtres, pasteurs, contrôleurs aériens, militaires, journalistes, etc. Mais ils seraient tous incapables de lire un contrat. Ou si mal entourés, voire sans ressources, qu'ils ne pourraient solliciter l'assistance d'un conseil pour en décrypter les termes. Cette accusation récurrente est infondée. Bien sûr, elle sera brandie par ceux qui s'estiment lésés. De bonne guerre. Ils préfèrent passer pour des incompétents plutôt que d'avouer qu'ils connaissaient les risques mais que l'appât du gain surpassait les craintes.

« En résumé, poursuit l'hebdomadaire, si Aristophil décide de ne pas racheter, le client se retrouve avec son placement miraculeux – pardon, sa part de lettre d'une valeur affective inestimable – sur les bras. Et Aristophil continue de l'exploiter dans son musée. Tout bénef. » L'article n'indique pas que ce cas de figure ne se produit jamais. La comptabilité et le fichier de la clientèle établissent la réalité des rachats de collections individuelles et en indivision, ou la prorogation des contrats pour une nouvelle période lorsque la loi l'a autorisée.

Les propriétaires ou copropriétaires ont toujours eu le choix entre trois options : céder tout ou partie de leurs documents à des tiers ou les revendre aux enchères ; proposer à Aristophil de les racheter en percevant le montant de la promesse de vente défini par la convention (7,50 à 8,95 % par an) ; conserver ou échanger les œuvres, augmentant éventuellement leur valeur. Entre 2007 et 2014, la société a versé 345,5 millions à ses clients qui ont choisi la deuxième solution. Pas un n'a regretté d'avoir investi dans cette « niche », selon l'expression de l'AMF.

Les articles de *Bakchich* font « pschitt ». Ils ont été supprimés du site, liquidé en 2016. Mais Gilles Pouzin les utilisera pour vilipender Gérard Lhéritier : « Par la suite, je pouvais citer abondamment cette référence pour dissuader les lecteurs d'engloutir leurs économies dans la supercherie », admet-il[1].

La première attaque ayant échoué, il faut trouver un autre vecteur. Ce sera l'Union fédérale des consommateurs. Sous la plume d'Erwan Seznec, *Que Choisir* publie le 31 mars 2011[2] une première charge agressive. La critique s'adosse à Frédéric Castaing, Jean-Pierre Rondeau et un libraire parisien. Trois personnes. Cela n'empêche pas le journaliste de généraliser : « Dans le milieu des experts, Gérard Lhéritier inquiète beaucoup. Les spécialistes s'alarment et dénoncent un produit à risque. »

Les collections Aristophil sont désignées comme « des papiers » qui « ne sont pas des véhicules d'investissement », selon monsieur Castaing. « Gérard Lhéritier fait le marché tout seul. Les retours sur investissement qu'il fait miroiter sont irréalistes. Nous déconseillons à nos adhérents de travailler avec cette société », signale Jean-Pierre Rondeau. Le libraire anonyme observe que « le

1. « L'embrouille d'Aristophil dévoilée par *Bakchich* et *Que Choisir* dès 2010 ! », 2 février 2015.
2. « Lettres et manuscrits, étranges investissements ».

musée, les enchères spectaculaires et les coups médiatiques de Gérard Lhéritier peuvent donner l'impression au profane que la cote des manuscrits est en pleine expansion ».

Le P-DG d'Aristophil, qui a reçu Erwan Seznec, n'a droit qu'à une phrase « en défense » : « Monsieur Lhéritier souligne qu'il ne propose pas un placement et ne garantit aucun "rendement". » Le journaliste porte l'estocade en avertissant qu'il « s'est retrouvé au cœur d'un scandale financier dans les années 1990 ». La référence à l'affaire des timbres de Monaco ne s'accompagne pas de l'issue : la relaxe. L'UFC-Que Choisir sera condamnée pour ce manquement déontologique.

« Ils avaient pour seule intention de me nuire, analyse Gérard Lhéritier. Seznec était lié à Castaing, qui témoignera en sa faveur à l'audience des deux procès sur trois que j'ai gagnés contre lui. Hélas, il a entraîné d'autres journalistes. » *Que Choisir* récidive après la perquisition belge. « Ce n'est pas la Bérézina mais plus tout à fait Austerlitz », ironise Erwan Seznec, relayant la RTBF. Son souci de commettre un trait d'esprit lui fait oublier que la bataille de la Bérézina (1812) est considérée comme une victoire militaire, même si elle fut suivie d'une retraite ; lui faire figurer une déroute est impropre aux yeux des historiens. Faute d'éléments, il reprend ceux publiés un an et demi auparavant. Cette fois, « de nombreux spécialistes de manuscrits et de placements » dénoncent la valorisation « extravagante » des œuvres. Les experts cités sont les mêmes qu'en 2011. Pour que les clients comprennent que la procédure bruxelloise risque de sonner le glas d'Aristophil, il conclut par cet autre bon mot : « Bientôt Waterloo ? » L'instruction qui démarre est du pain bénit pour qui voit en Gérard Lhéritier un arnaqueur.

Vincent Noce, de *Libération*, relaie *Que Choisir* le 1er février 2013 : « Petit coup de tonnerre sous les cieux belges », écrit-il, dénonçant « un système à la Madoff ». Le reporter assure que « la firme est soupçonnée de faire miroiter "de fabuleux bénéfices" qu'elle financerait par une chaîne "de nouveaux investisseurs, ainsi de suite" » : 3 000 clients du pays seraient grugés ! Pour étayer son reportage, il cite les propos de Jean-Pierre Rondeau, qu'a interviewé son confrère Seznec. Ce phénomène de « recyclage d'information » aboutit à la propagation de déclarations qui ne sont pas forcément vérifiées. *A fortiori* quand « les hyènes flairent l'odeur d'un cadavre : elles se précipitent sans aucune précaution », relève un connaisseur du milieu. Plus grave : cette reproduction des citations leur confère artificiellement de la crédibilité.

Libération donne toutefois la parole à une nouvelle interlocutrice, Anne Lamort, future présidente du SLAM, fille de Christian Galantaris : « Il faut s'abstenir de prêter la main à des opérations purement spéculatives qui sapent la confiance dans notre métier. » Sa perception aurait été sans doute différente si elle avait été sollicitée au même rythme que son collègue Jean-Claude Vrain, principal fournisseur de monsieur Lhéritier. Le même Vrain qui, en 2008, accablait le fondateur d'Aristophil et qui, en 2017, procède à des « opérations purement spéculatives », selon l'expression policière, en récupérant les œuvres soldées qu'il lui avait autrefois vendues.

Convenant que son rôle n'est pas « de critiquer tel ou tel », Anne Lamort conclut qu'il n'est « pas possible de prédire la valeur d'un bien dans cinq ans », partageant l'analyse du président du Musée des Lettres et Manuscrits, qui n'a jamais dit autre chose. Il l'a écrit dans ses brochures, l'a cent fois répété aux courtiers de Finestim et d'Art Courtage. Chaque contrat mentionnait que les performances du passé ne garantissaient pas les résultats futurs. L'avertissement figure en première page du « Dossier connaissance client[1] » que l'acquéreur devait compléter puis signer : « Les conventions Aristophil représentent une acquisition pouvant offrir une plus-value éventuelle à moyen ou long terme, aucune garantie de liquidité et aucun engagement de rachat. » Il est écrit que « l'investissement se place dans une démarche de diversification patrimoniale, ne devant en aucun cas se positionner en substitut des outils financiers classiques, les œuvres d'art n'étant pas un placement financier ». Les déclarations de Gérard Lhéritier n'ont jamais varié : « Le client pouvait gagner ou perdre de l'argent. »

1. Voir annexes.

15

« Aristophil, vecteur de promotion »

Les pertes demeurent cependant exceptionnelles, comme le prouvent les rachats de parts ou de collections, par Aristophil, durant la période 2007-2014 : 217,8 millions versés aux indivisaires, 127,6 millions aux titulaires de contrats Amadeus. Un résultat qui fait tiquer les enquêteurs, estimant qu'il est forcément obtenu par un schéma de Ponzi, l'afflux de nouveaux clients permettant des paiements aux anciens. Un peu comme si l'on reprochait à un promoteur de profiter de la vente d'appartements pour réinvestir sa trésorerie dans les suivants. C'est ce que faisait Gérard Lhéritier : persuadé de la qualité des œuvres que ses clients détenaient, il souhaitait les récupérer au terme des engagements, soit pour les exposer au MLM, soit pour les revendre lorsqu'elles auraient pris de la valeur. Mais il ne garantissait pas personnellement « des plus-values de 8 à 9,9 % l'an », n'étant pas en relation directe avec la clientèle. La promesse de vente avec option de rachat ou non, selon les termes figurant sur lesdits contrats, était calculée en fonction de l'essor du marché, dont témoignent les ventes d'illustres opérateurs et les cotations internationales.

Il suffit de lire les études effectuées outre-Atlantique ou de se référer aux résultats français des trois dernières décennies. Les catalogues Sanders, publiés depuis trente-six ans en Amérique du Nord, sont des sources fiables. Prisés des collectionneurs et marchands du monde, ils démontrent que les lettres et manuscrits connaissent une évolution supérieure aux 9 % l'an que subodorait Gérard Lhéritier. Les avis des chroniqueurs spécialisés sont positifs, à en croire *The New York Times*, *Business Week*, *Newsweek*, *The Los Angeles Times*, *Forbes* ou *Esquire*. Verdict unanime : « Des investissements sains. » *Money Magazine* avance une plus-value de 92 % en 1980. La progression de 8 à 9 % alléguée par Aristophil s'apparente à une moyenne, en deçà de celle calculée aux États-Unis, qui avoisine 12 %. Les ventes dans l'Hexagone enregistrent des hausses variables, parfois faibles, souvent importantes. D'où la moyenne d'Aristophil. Exemples :

– Un poème inédit de Théodore de Banville (1823-1891), sans doute destiné au recueil *Idylles prussiennes*, enregistre une hausse de 23,45 % entre 1996 et 2010 ;

– une lettre signée de Charles Baudelaire, datant probablement de mai 1861, adressée au poète Auguste Lacaussade, vendue 12 000 euros par Sotheby's en 2007, s'envole à 27 400 euros chez Christie's en 2012 : + 17,95 % ;

– daté du 11 novembre 1559, un courrier de Charles IX, roi de France (1560-1574), adressé à la duchesse de Mantoue et signé « *Maximilian, vostre bon cousin* », est vendu 1 137 euros en 2004 par Pierre Bergé et 5 891 euros par Piasa en 2007 : + 73,03 % ;

– un pli intégralement chiffré de Napoléon Ier (octobre 1812, signé « *Nap* ») à son ministre des Relations extérieures, Hugues-Bernard Maret, est adjugé 19 927 euros chez Tajan en 2008 et revendu 187 500 euros en 2012 par Me Osenat : + 75,36 %. Ce jour-là, une autre lettre signée « *Np* » enregistre une plus-value de 73,33 % en cinq ans ;

– le *Jeune cocher de Londres*, dessin original (1873) d'Arthur Rimbaud, est acheté 285 554 euros chez Artcurial le 14 février 2012. Pour la collection de l'éditeur Pierre Belfond, 135 dessins cédés ce jour-là, il n'existe pas d'éléments de comparaison puisqu'il s'agissait de la première vente aux enchères. Mais six records mondiaux ont été battus, l'ensemble rapportant 1,57 million.

Ces montants et pourcentages figurent dans « l'Indice 100 », une étude que Gérard Lhéritier a commandée en 2013. Son concepteur l'a bâtie sur le modèle du rapport annuel d'Artprice, société leader de l'information sur le marché de l'art qui situe l'évolution moyenne de 12 à 15 %. Le P-DG d'Aristophil a fait procéder à l'examen de lettres et manuscrits vendus deux fois aux enchères entre 1980 et 2013. Si leur rendement peut être modeste (2 à 5 %), la moyenne s'établit à 12,66 %. Ce travail a été jugé « sans intérêt » par la police, car « ne reposant sur aucune base sérieuse ». Dans son rapport de synthèse[1], la BRDE écrit que « cette étude fallacieuse et tronquée d'Aristophil [...] représente un des piliers du modèle économique de la société qui s'appuyait sur celle-ci auprès de CGP et de clients pour démontrer le rendement lucratif de ses produits ». Les policiers se basent sur les conclusions de la DGCCRF[2] : « Cette fausse étude maquillée par Aristophil constitue l'un

1. Rapport du 18 mai 2017.
2. Rapport du 6 février 2014.

des composants indispensables au bon fonctionnement du modèle économique Aristophil. » Quant à la justice, elle effectue un copié/collé : « Étude réalisée en interne selon des méthodes discutables dont les conclusions ne peuvent être tenues pour sérieuses. » Il est enfin question de « falsifications », de « hausse imaginaire », « d'anomalies ».

De quoi parle-t-on ? Cette étude s'appuie sur les catalogues de Sociétés de ventes volontaires (SVV), de libraires et marchands, sur *L'Argus de l'autographe et du manuscrit* et, c'est vrai, sur les achats réalisés par Aristophil. La police juge qu'en y intégrant ses acquisitions, Gérard Lhéritier a faussé l'Indice. Avaient-elles moins de valeur ? Par ailleurs, comment affirmer que l'étude a été « tronquée », alors que les maisons sont citées, que les documents de référence (certains datant de 1950-1960) étaient archivés au siège du groupe, accessibles à la DGCCRF et à la BRDE qui ne les ont pas versés au dossier. À quelles « anomalies » est-il fait allusion ? Aristophil a-t-elle prêté à des SVV des enchères imaginaires ? A-t-elle commis des erreurs de dates ? S'est-elle fourvoyée en convertissant les francs en euros sur la base du mode de calcul de l'Insee ?

Il est possible que des « coquilles » se soient glissées, l'étude est volumineuse, la somme de travail colossale. Il est également certain qu'elle aurait dû être réalisée par une agence expérimentée. Thierry Ehrmann, président d'Artprice, qui chaque année commande ce travail pour les tableaux et objets d'art, dispose de personnel conséquent, d'experts. Même Jean-Pierre Guéno, directeur culturel d'Aristophil, l'a considérée « un peu légère scientifiquement ». L'avocat Jean-Jacques Daigre a regretté « des imprécisions ». Pour autant, fallait-il, sur ces motifs, jeter l'ensemble à la poubelle ? Si tout autre que Gérard Lhéritier l'avait fait exécuter, elle aurait probablement été saluée comme un simple « indice », sans autre prétention que de répertorier des œuvres orientées à la hausse. En cela aussi, le traitement réservé au président d'Aristophil est inique.

Il est regrettable que les centaines de livres et catalogues des XIXe et XXe siècles, entreposés dans les sous-sols des locaux de Villeneuve-Loubet, n'aient pas été consultés par les enquêteurs. Si le mobilier saisi par les liquidateurs dès le mois d'août 2015 a été vendu, ces documents, auxquels Gérard Lhéritier tenait, ont été entassés dans un camion et abandonnés dans un entrepôt à Marseille. Sans doute, depuis, les liquidateurs ont-ils ordonné leur destruction. Ils n'avaient pas de valeur marchande.

L'ancien président d'Aristophil a sauvé quelques ouvrages qui révèlent, eux aussi, la valeur des lettres et manuscrits et l'intérêt qu'ils suscitent. Ainsi d'*Épargne et placements*[1], de *L'Argus de l'autographe et du manuscrit*[2], de *L'Autographe, valeur de placement*[3]. On peut aussi se référer aux PV des « sachants » interrogés par la BRDE, Bruno Racine, Anne Lamort, Christian Galantaris, Thierry Bodin, David Nordmann, etc. Selon eux, la valeur des belles pièces ne cesse d'augmenter. Ce qui incidemment valide le pari économique d'Aristophil. Enfin, l'examen de la liste des acheteurs lors des ventes de collections, en décembre 2017 et en 2018, accrédite l'idée qu'ils sont conscients de la marge réalisable.

Autre point reproché dans la procédure : cet « Indice 100 » était un « argument de vente ». Or, il n'était

1. Georges-Paul Menais, *Épargne et placement*, J. Delmas et Cie, 1974.
2. Éditions du Cercle de la Librairie.
3. Michel Vaucaire, *L'Autographe, valeur de placement*, Guy Le Prat, 1970.

pas présenté à la clientèle, qui de toute façon n'aurait pas pris la peine de lire ce répertoire fastidieux. Le réseau de CGP d'Art Courtage et de Finestim en disposait pour son édification, il lui était parfois communiqué en session de formation, mais il n'avait pas vocation à servir de support publicitaire. Néanmoins, des courtiers l'ont utilisé pour convaincre les contractants hésitants. Se doutant que le document était susceptible de « fuiter », Gérard Lhéritier avait veillé à ce que l'avertissement suivant y figurât, le même que sur les contrats : « Les chiffres obtenus ne sont en rien une publicité affichant des "taux d'intérêt" et ne peuvent être interprétés comme une offre de produits financiers. Par des exemples concrets, nous avons tenté de représenter la tendance du marché des lettres et manuscrits afin de donner des repères aux collectionneurs et aux professionnels du secteur. » Répéter qu'Aristophil a roulé la clientèle revient à faire fi des documents à décharge. Gérard Lhéritier tient depuis quatre ans à la disposition de la juge 12 603 contrats souscrits, enregistrés sur une clé USB. Le 12 février 2019, elle a enfin accepté de les verser à l'instruction. Mais finalement, peut-être que personne n'a su percevoir l'intérêt de ce modèle économique sans précédent.

L'analyse d'un connaisseur du dossier, qui a suivi le développement d'Aristophil, conforte cette hypothèse : « Par rapport aux autres pays, surtout les États-Unis, la France est un nain dans le domaine de la vente des lettres et manuscrits. Gérard Lhéritier a eu une idée de génie. Malheureusement, beaucoup de gens n'ont pas compris son projet. Sans compter qu'il s'est attiré des inimitiés, un peu à cause de son caractère tempétueux, également du faste qui l'entourait, le déménagement du musée parisien dans des locaux somptueux, l'ouverture du second en Belgique, l'achat de l'hôtel de La Salle, etc. Nombre de professionnels l'ont jalousé, sans plus se préoccuper de la valeur des documents qu'il achetait et sans voir que, face à lui, il y avait des enchérisseurs qui faisaient grimper les prix. Comment évaluer un montant "démesuré" et les qualités intrinsèques d'une œuvre quand on voit, aujourd'hui, une crotte de chien dans un tube adjugée 10 millions de dollars ? Quelle peut être la valeur du testament politique de Louis XVI ? Qui la fixe, sinon les collectionneurs qui se le disputent lors d'une vente ? Pour le lire, devra-t-on demain aller à Abu Dhabi ? » Son rachat par des étrangers entre dans le champ du possible. La justice a autorisé de fait la seconde disparition de cette œuvre politique rare.

Durant deux siècles, ce texte de 16 pages, rédigé en juin 1791 avant la fuite du roi à Varennes, est resté introuvable. Jusqu'à ce que Gérard Lhéritier le découvre en Amérique, le rachète à son propriétaire et le rapatrie : « Il ne bougera plus de France : nous ferons tout pour le garder au sein du musée », annonce-t-il en 2009. À l'époque, nul ne s'offusque qu'il l'ait payé 1,3 million, et surtout pas l'expert Thierry Bodin qui l'a authentifié. Au contraire, tous se félicitent du retour au pays d'un manifeste dont le contenu faisait simplement l'objet de mentions dans des recueils datant du XIXe siècle. « C'est le dernier grand texte politique du roi dans lequel il dit : "Voilà ce que je veux et voilà pourquoi je pars" », explique l'historien et politologue Jean-Christian Petitfils, auteur d'une biographie de référence[1]. Jacques de Saint Victor, qui révèle l'information dans *Le Figaro* le 20 mai 2009, explique parfaitement en quoi l'œuvre est majeure :

---

1. Jean-Christian Petitfils, *Louis XVI*, Perrin, 2005.

« Avant de partir, Louis XVI a probablement quelques scrupules. Il pense enfin pouvoir échapper à l'Assemblée constituante, mais il ne veut pas quitter Paris sans laisser un document expliquant les raisons de sa fuite. Il entend s'adresser à son peuple. Aussi rédige-t-il cette Déclaration aux Français, manuscrit de 16 pages in quarto qui deviendra, selon la tradition historique, son "testament politique", à ne pas confondre avec le testament qu'il rédigera dans la prison du Temple avant de monter sur l'échafaud, plus personnel et moral. Le roi demandera à La Porte, son intendant, de déposer le lendemain de sa fuite cette Déclaration sur le bureau du président de l'Assemblée, Alexandre de Beauharnais [...] Dans ce texte long et parfois assez mal structuré, Louis XVI entend exprimer sa conception politique la plus profonde. Au moment de le rédiger, il se sent libéré des contraintes, des faux-semblants et des réserves qu'il a dû s'imposer depuis le début de la Révolution. Il déclare même, au moment de partir que, "une fois le cul sur la selle, il serait tout autre". Se voyant déjà loin de Paris et de l'Assemblée, il livre sa véritable conception des événements révolutionnaires depuis la réunion des États généraux, et exprime son idéal politique, la monarchie constitutionnelle avec un monarque puissant. »

L'ensemble de la presse salue l'événement, du *Nouvel Obs* à Europe 1, en passant par *Le Point*, *L'Express*, *La Croix* ou *20 minutes*. La dépêche AFP est reprise par les quotidiens régionaux. Aujourd'hui, évoquant l'œuvre, des reporters écrivent : « Présentée comme le testament politique », doutant de son authenticité, alors que les historiens et experts l'ont encensée.

Pour en revenir à l'envol des prix dans les salles d'enchères, il s'est produit avant et après l'apparition de Gérard Lhéritier sur le marché. Quand, à l'occasion d'une vente mémorable chez Sotheby's à Paris, en mai 2008, il emporte le manuscrit du *Manifeste du surréalisme, Poisson soluble* et sept cahiers préparatoires d'André Breton, le tout adjugé 2,6 millions, l'âpre bataille qu'il a menée est applaudie par les experts et la direction de Sotheby's. La plus ancienne des maisons, qui organise quelque 350 ventes aux enchères par an, a l'habitude des élans de collectionneurs et marchands capables de « folies » pour arracher un trésor ou une pièce qui leur manque. En 2001, elle a vu partir le manuscrit du *Voyage au bout de la nuit*, de Louis-Ferdinand Céline, à 2 millions d'euros. Cette prestigieuse société est la plus apte à juger de la valeur d'un document autographe : dès 1744, l'oncle de son fondateur achetait déjà les œuvres d'écrivains à prix d'or. S'il s'est diversifié, le groupe fut le premier au monde à acquérir de grandes bibliothèques, dont celle de Napoléon Bonaparte. Ces dernières années, les enchérisseurs qui se sont pressés à ses ventes, présentées comme des événements, ont acquis le manuscrit du premier roman de l'écrivain irlandais Samuel Beckett, *Murphy* (1,1 million), une lettre du capitaine Alfred Dreyfus au ministre de l'Intérieur datée du 26 janvier 1895, par laquelle il clame son innocence (457 000 euros), un manuscrit inédit de Charlotte Brontë datant de 1830 (823 471 euros), une page manuscrite du *Livre des Rois* écrit au xe siècle par le poète persan Ferdowsi (8,5 millions), *Les Fleurs du Mal* de Charles Baudelaire offert à Eugène Delacroix (603 200 euros), une lettre du président Abraham Lincoln sur la fin de l'esclavage (2,2 millions), etc. Et en 2007, un manuscrit illustré des *Contes de Beedle le Barde*, de J. K. Rowling, la créatrice d'*Harry Potter*, proposé 50 000 livres sterling par Sotheby's Londres, a été acquis 2,6 millions d'euros par

Amazon. Sans dévaluer le travail ni le succès de Rowling, on peut s'étonner qu'une œuvre « mineure » soit à ce point prisée.

Sachant cela, comment interpréter la critique acerbe après la chute d'Aristophil, stigmatisant entre autres le montant de son investissement dans les manuscrits d'André Breton ? Si Pierre Bergé les avait payés 2,6 millions, l'aurait-on éreinté ? Qui peut affirmer que le lot (incluant le *Second manifeste du surréalisme*), estimé « 4 à 6 millions » par Claude Aguttes, n'aurait pas été vendu plus cher, quand une page du *Livre des Rois* part à 8,5 millions ? Nous ne connaîtrons pas la réponse.

Claude Aguttes est heureux de liquider la collection, comme il nous l'a confirmé : « Ce dossier est intéressant intellectuellement. J'ai beaucoup appris et les ventes se passent plutôt bien, les clients ont confiance. Et c'est passionnant de rencontrer les propriétaires et indivisaires dans les hôtels Ibis, d'organiser des conférences un peu partout en France, de concevoir des catalogues mythiques, à terme 100 à 120. Je ne vois pas comment j'aurais pu refuser une telle affaire. Je ne regrette rien ! » Il convient que « la marque Aristophil est un vecteur de promotion ». Les quelque 700 articles publiés dans le monde la favorisent. Un éditeur américain envisage même un livre sur les œuvres réunies par Aristophil.

La perception du « système Lhéritier » n'est plus la même dès lors que l'on peut en retirer des bénéfices.

16

Le manuscrit Einstein-Besso

CELA vaut également pour le libraire Jean-Claude Vrain. À la fin des années 2000, il voue aux gémonies le créateur du MLM. L'expert Nicolas le lui présente. Il effectue un virage à 180 degrés. Le personnage l'a « séduit », confie-t-il à *Libé* en 2013 : « Il prend une place laissée libre par les institutions publiques et la BNF qui n'ont plus un sou pour valoriser leur patrimoine. »

L'origine de cette amitié est plus prosaïque : grâce à Aristophil, monsieur Vrain augmente son chiffre d'affaires. Ses commissions sont confortables. Quand il expertise *Les 120 Journées de Sodome*, il émet une facture de 140 000 euros. Il juge « l'œuvre la plus extrême » du marquis, « sans équivalent dans la littérature ». Il s'agit, écrit-il, d'une pièce « mythique » qui « ne cesse de faire scandale plus de deux siècles après sa rédaction ». Il l'a évaluée « entre 12 et 14 millions » le 14 avril 2014. Ses « études » des collections Cocteau et Vian lui rapportent 60 000 euros. Enfin, Jean-Claude Vrain estime le manuscrit Einstein-Besso, qui attirera tant d'ennuis à Gérard Lhéritier, confronté à des individus qui auraient pu le ruiner avant l'heure.

Lorsque le président d'Aristophil le soumet au libraire Vrain, il le possède depuis près d'une décennie. Il l'a remporté aux enchères en 2002, chez Christie's à

New York, pour 559 000 dollars. Soit 160 000 de plus qu'en 1997, date de la vente originelle à Malcolm Forbes. Constitué de 54 feuillets, noirci de calculs et hypothèses qui ont ensuite permis au savant d'élaborer sa célèbre théorie de la relativité générale, le document date de 1912-1913 et permet aux historiens, philosophes des sciences, chercheurs, de découvrir ses réflexions. Il n'existe qu'un autre « essai » sur cette théorie, le *Carnet de notes de Zurich*, conservé à l'Université de Jérusalem. Celui que Gérard Lhéritier a acquis illustre l'association harmonieuse entre Einstein et le physicien suisse Michele Besso (1873-1955). Il s'agit d'un brouillon sur lequel les amis ont effectué de multiples tests, à l'époque peu probants, dont un calcul de l'écart entre la trajectoire observée de la planète Mercure et celle calculée par la théorie de la gravitation de Newton. Grâce à l'ébauche, en réutilisant l'outil mathématique que lui a autrefois soumis Marcel Grossmann, le grand mathématicien hongrois, Albert Einstein aboutira en 1915.

Gérard Lhéritier est fier d'avoir acquis cette rareté à un prix très raisonnable. Il a profité de la vente de tableaux impressionnistes dans une salle voisine, qui captait l'attention des enchérisseurs massés ce jour-là chez Christie's. Aucun n'a jeté un regard sur les collections scientifiques. Le 12 juin 2003, le professeur Ernst M. Cohn, ex-directeur du département énergie solaire à la NASA, évalue l'essai avec des confrères des universités de Pittsburgh (Pennsylvanie) et de Princeton (New Jersey). Ils estiment qu'il vaut « entre 20 et 25 millions de dollars ».

Il est exposé au MLM dès 2010, et la fascination est quasi générale. *Le Monde* lui consacre un article documenté[1],

---

1. « Einstein-Besso, duo pour un eurêka ! », édition du 23 avril 2010.

le journaliste Stéphane Foucart s'appuyant sur l'expertise du physicien Étienne Klein pour décrypter cette œuvre. Chercheur au CEA (Commissariat à l'énergie atomique), directeur du Laboratoire de recherches sur les sciences de la matière, il y voit « une des plus émouvantes illustrations de la symbiose entre deux savants ». Un an auparavant, le professeur Klein a organisé une conférence à la Maison des Centraliens, intitulée « Les brouillons d'Einstein : la recherche est-elle une suite d'erreurs corrigées ? ». Les feuillets lui ont été prêtés par Gérard Lhéritier, qui a délégué Pascal Fulacher, directeur du développement culturel : « Nous considérons que les lettres et les manuscrits d'une exceptionnelle qualité historique, littéraire, scientifique, font partie de notre patrimoine [...] Notre souci permanent, chez Aristophil, est de les rendre accessibles à un large public », précise-t-il aux élèves-ingénieurs et diplômés. La conférence est un tel succès que sa retransmission est encore en ligne sur le site des Écoles centrales.

Huit ans plus tard, temps de la disgrâce, le « Einstein-Besso » n'est plus vu que comme une preuve de la filouterie de son acquéreur. La police évoque un élément « suspect » : l'œuvre acquise 559 000 dollars en 2002 par Cipo Palmeris (ancêtre d'Artepoly's) a été revendue 3,5 millions un an plus tard à Aristophil, qui vient d'être créée à Paris. La hausse du prix s'appuie sur l'expertise d'Alain Nicolas, dont l'estimation écrite est datée du 5 avril 2003. Il lui attribue cette valeur bien supérieure, qui ne cessera d'augmenter. Las ! le mal est fait, certains en viennent à considérer ces 54 feuillets comme un recueil sans intérêt qui a permis de tromper les acheteurs. C'est oublier que ceux qui l'ont acquis sont rentrés dans leurs frais. La société a fait valoir son droit de préemption et le détient en propre. Me Aguttes a prévu de le vendre en 2019. Personne ne sera lésé, hormis Gérard Lhéritier, dont les actifs diminueront un peu plus. Il redoute que ces brouillons de calculs, tellement utiles aux historiens de la relativité, ne soient pas correctement valorisés.

Car les écrits du physicien le plus influent du XXe siècle s'arrachent à prix d'or. En 2002, Christie's a vendu une lettre qu'il avait adressée à Franklin D. Roosevelt, l'avertissant des efforts que déployaient les Allemands pour fabriquer une bombe atomique. La lettre a été adjugée 2 millions de dollars. Plus récemment, le 24 octobre 2017 à Jérusalem, une note manuscrite de trois lignes, 19 mots sur « le secret du bonheur[1] » griffonnés dans sa chambre à l'Imperial Hotel de Tokyo où il séjournait en 1922, est partie à 1,56 million de dollars (1,33 million d'euros). Durant vingt minutes, chez Winner's, les enchérisseurs se sont disputé ce papier jauni mis à prix 5 000 dollars ! Un second document, sur lequel figure une citation de Lénine (« Là où il y a une volonté, il y a un chemin ») a été vendu 204 000 euros. Il ne s'agissait pas d'œuvres à caractère scientifique comme le « Einstein-Besso », mais de pensées abandonnées en guise de pourboire à un employé de son hôtel.

Mardi 13 novembre 2018, un courrier du scientifique à sa sœur Maja, daté d'août 1922 et révélant les dangers de l'antisémitisme croissant en Allemagne, sa patrie, a été adjugé 40 000 dollars (35 000 euros) par la maison israélienne Kedem. Il l'avait écrit après l'assassinat de Walther Rathenau, le ministre juif des Affaires étrangères. Les documents d'Albert Einstein sont très recherchés

1. « Une vie tranquille et modeste apporte plus de joie que la recherche du succès qui implique une agitation permanente. »

par l'université hébraïque de Jérusalem, qui gère le « *Einstein Papers Project* » avec le California Institute of Technology. Le 5 décembre 2018, Christie's New York a vendu aux enchères la lettre d'Einstein, envoyée en janvier 1954, un an avant sa mort, au philosophe Éric Gutkind. Il lui livre ses doutes sur l'existence de Dieu. Cédée 404 000 dollars en 2008, 2 millions d'euros sur le site eBay en 2012, elle était mise à prix à 1,3 million. Christie's savait qu'elle serait disputée, mais n'imaginait pas la voir partir à 2,55 millions d'euros. Un record. Dès lors, on peut s'étonner qu'un manuscrit autographe et signé d'Albert Einstein, un document de 20 pages en allemand, inédit, portant sur la théorie du tout, n'ait été estimé que 50 000 à 70 000 euros par Artcurial qui l'a mis en vente lundi 19 novembre 2018. En 2009, Aristophil l'avait acquis 200 000 euros chez Christie's. Il a été adjugé 195 000 euros.

Pour en revenir au manuscrit Einstein-Besso, dont le prix a été évalué à 1,5 million par Christian Galantaris, il n'a cessé, depuis les enchères américaines de 2002, d'enregistrer des hauts et des bas sur le plan tarifaire, à tel point qu'il est difficile de s'y retrouver. Quand Gérard Lhéritier envisage de le céder à des clients suisses en 2013, projet qu'il abandonnera malgré lui, l'œuvre atteint 24 millions d'euros. Rapporté aux 559 000 dollars, le montant attire la suspicion. Qui l'a réévaluée ? Pas le président d'Aristophil. Il a sollicité l'expert près la cour d'appel de Paris, Alain Nicolas.

Le 5 avril 2003, ce dernier juge qu'il vaut « environ 12 millions ». Il est assuré sur cette base, vendu une première fois en France au prix recommandé, en indivision avec d'autres documents. Par la suite, l'expert va se rétracter, rabaissant le prix à 1,8 million. Motif ? Il l'aurait estimé en francs. Explication un peu courte car, au moment de l'appréciation, il y a belle lurette qu'il achète sa baguette au moyen de la monnaie unique. Alain Nicolas ne s'est pas trompé, comme en atteste la version qu'il donne à la BRDE lors de sa garde à vue, le 15 février 2016 : « Aujourd'hui, il ne serait pas déraisonnable de l'estimer entre 10 et 15 millions car ce manuscrit scientifique à une valeur internationale. » L'expert a-t-il menti à Gérard Lhéritier ou, troublé par la mesure de rétention et par la suspicion entourant son activité, a-t-il oublié l'excuse abracadabrantesque de sa conversion monétaire ? Il réservera d'autres surprises au président d'Aristophil, comme de déclarer que ce dernier l'a « utilisé à son insu ». Est-ce à « l'insu de son plein gré » que monsieur Nicolas a encaissé les chèques de Gérard Lhéritier ?

Toujours est-il que la chute vertigineuse de 12 à 1,8 million, inexplicable, oblige ce dernier à consulter Jean-Claude Vrain. Lequel certifie que l'œuvre vaut 24 millions ! Entre 2002 et la dernière estimation, la valeur du manuscrit a crevé le plafond. Le libraire la justifie dans *Libération*[1] : « Ce prix reflète ma fascination. Ce document me touche, me parle, ça me suffit. Je suis indépendant. D'autres experts disent le contraire, je n'en ai rien à foutre ! Je l'estime à 24 millions d'euros et j'emmerde le monde. » Le 3 novembre 2017, dans une lettre recommandée adressée à la juge Bilger, Jean-Claude Vrain confirme, en se référant à la vente de Winner's en Israël (qu'il situe par erreur à Tokyo) : « Les experts ne sortant pas de leur officine ne peuvent pas comprendre cette dimension [des pièces "iconiques"], ils parlent de folie ou de démesure.

1. Édition du 1er février 2013, *op. cit.*

Mais mes expertises ne sont pas celles d'un "brocanteur de quartier" qui reste dans son cercle étroit. Je me place dans une perspective internationale, j'ai l'expérience des pièces uniques. Mon estimation du Einstein-Besso n'avait rien d'exagéré. Au prorata du prix de la ligne [la note de 19 mots, adjugée à Jérusalem], il aurait dû être évalué à un prix stratosphérique. Mon expertise apparaît dérisoire. » Il réfute « toute complaisance » et « revendique toutes [ses] expertises ». Une bonne nouvelle pour le prévenu Lhéritier.

Ce dernier n'a nulle raison de mettre en doute les lumières du libraire parisien. Ils font de multiples affaires, la confiance règne. L'argent afflue chez l'un qui en fait gagner à l'autre. Les années passent. Puis le fondateur du MLM est approché par les émissaires d'un collectionneur suisse qui offre 20 millions contre l'indivision. « Je suis évidemment intéressé, jusqu'à ce que je reçoive une contre-proposition, raconte Gérard Lhéritier. Un homme qui se dit milliardaire suédois, fondateur de Skype, me rend visite, accompagné de gardes du corps. Il propose 38 millions. Je suis impressionné. Je tombe dans le panneau. » Ainsi rapportée, l'histoire fait sourire et on se demande comment cet homme avisé a pu être piégé. En la restituant dans son contexte, voitures rutilantes, costumes trois-pièces de bonne facture, « tchatche », on réalise que la tentative d'arnaque est rocambolesque mais extrêmement bien ficelée.

Le trio a fondé une société au Royaume-Uni, Trellis Ltd., qui fait une offre d'achat sophistiquée en français et en anglais. Elle est rédigée par son soi-disant président, Michel Bachelier, agissant au nom de l'acheteur, Jan Pathuel. Gérard Lhéritier la signe. Le paiement est plusieurs fois retardé. Les deux hommes profitent de leur relation privilégiée avec le fondateur d'Aristophil, l'incitant à investir dans leurs affaires de trading : 20 millions pour commencer, avec un rendement de 30 % l'an. Heureusement, il décline. Ne voyant pas arriver le règlement du manuscrit, il effectue des recherches sur Internet. Pas un mot sur « Jan Pathuel », créateur du logiciel de messagerie en ligne. Bachelier explique que le Suédois a fait retirer les mentions le concernant car sa vie est menacée. « Ils m'embobinent avec des faux e-mails d'une banque monégasque, des extraits d'un compte fictif à Genève crédité de 3,6 milliards de dollars, des avis de virement bidons. Je me suis fait avoir. Lorsque j'ai repris contact avec le collectionneur suisse, il était trop tard. » Gérard Lhéritier a déposé plainte. « Elle a été classée sans suite quand je suis à mon tour devenu suspect d'escroquerie. »

Un pan de l'entourloupe reste cependant à l'instruction dans les Hauts-de-Seine : en septembre 2013, le troisième complice de Pathuel a demandé à Gérard Lhéritier d'avancer le règlement de deux Audi blindées que son patron avait commandées. « Il me dit : "Je suis ennuyé, l'argent n'est pas arrivé sur le compte à Monaco, les voitures vont être vendues." Je venais de gagner 170 millions, je disposais de fonds pour rendre service. J'ai bloqué les Audi avec un chèque de 240 000 euros. Quand j'ai découvert le pot aux roses, j'ai réussi à en récupérer une. L'autre a disparu, le complice se l'est appropriée. On verra ce qu'il ressortira du procès. » Lequel ne semble plus à l'ordre du jour. Il convient « avoir été léger. C'est l'histoire de ma vie, je fais trop confiance aux gens ». Cette facette du personnage, méconnue, lui a coûté cher, au propre et au figuré. « Il est généreux, il veut toujours faire plaisir à ses amis », témoigne un proche. Consentir des avances à des clients, par exemple, lui vaut aujourd'hui des poursuites. « Si l'un d'eux avait des difficultés, qu'il lui fallait 3 000 euros, nous lui proposions ce "dépannage" pour éviter de disperser sa collection de 200 000 euros. C'est une démarche qui s'est limitée à 792 avances sur 35 000 contrats », explique-t-il. Une erreur, aujourd'hui qualifiée de délit, comme les lettres « de garantie de bonne fin » à de fidèles clients, qui l'a classé *de facto* parmi les intermédiaires en biens divers, obligé d'obtenir l'agrément de l'AMF. Gérard Lhéritier ne le nie pas. En revanche, pas question de se laisser traiter d'escroc.

La confiance qu'il a placée dans les conseils et le jugement d'experts expliquent en partie ses déboires. Non qu'il les rende responsables de ses malheurs, mais il est des estimations qui ont troublé le microcosme des marchands exclus du cercle Aristophil. Autre origine des désagréments : les centaines d'articles qui ont indisposé les rivaux. Les expositions Verlaine et Sade, notamment, ont fait l'objet de dizaines de reportages. La publicité pour ses activités a suscité le courroux des « six ou huit professionnels français », selon le nombre avancé par la présidente du SLAM, Anne Lamort. Car, écrit Alain Nicolas dans la préface d'un livre de Gérard Lhéritier, « s'il est un type de collection peu divulgué, et qui s'entoure d'une certaine discrétion, voire de mystère, c'est bien celui qui touche les manuscrits autographes [...] À propos de valeur, un phénomène s'ajoute ces dernières années aux facteurs affectif et culturel, qui a donné un essor inattendu à la collection d'autographes, pièces par essence uniques : la notion de valeur de placement. La cote toujours ascendante des lettres et manuscrits confirme ce goût pour l'investissement, que chaque amateur possède à un degré plus ou moins élevé[1] ». Préface élogieuse qu'il reniera, jusqu'à affirmer devant la juge qu'elle fut publiée sans son approbation. « Cela a été fait à mon insu, de manière malhonnête, affirme-t-il le 5 juillet 2016. Ils ont choisi ce qui les arrangeait. » Mais alors, pour qui, pour quelle raison l'a-t-il rédigée ? Pourquoi a-t-il commandé une cinquantaine de livres destinés à sa clientèle si ses écrits ont été copiés sans son aval, pourtant donné à Flammarion ?

La bonne fortune de la société a attiré de plus en plus d'investisseurs et, par voie de conséquence, la cote ascendante des œuvres a effectivement connu un essor. Mais Aristophil ne l'a pas fixée, elle a été définie selon des critères précis. Une opération complexe : les experts n'évaluent pas de façon identique une œuvre, *a fortiori* un autographe. Sa cote peut varier du simple au double. Ce sera source de malentendus, et Gérard Lhéritier va payer les pots cassés.

---

1. Gérard Lhéritier, *Lettres et manuscrits, petits et grands secrets*, Flammarion, 2010.

17

La « marge » d'Aristophil

Les méthodes d'évaluation et de vente auxquelles la société s'est référée ont été exposées aux enquêteurs. L'estimation n'est pas le prix de marché mais donne une idée de la cotation. Le commissaire-priseur peut la minimiser pour attirer les clients. Le résultat de la vente renseigne sur l'intérêt que suscite l'auteur. Il est différent du tarif atteint lors d'une transaction de gré à gré ou chez le libraire. Dans le domaine des lettres et manuscrits, la cote est rarement définissable : le caractère unique des documents, comme le sont des tableaux, implique qu'ils ne sont pas substituables. Ce n'est pas le cas d'une pièce de 10 francs datant de 1970 : on sait ce qu'elle vaut puisqu'il en existe des millions. L'absence de prix de référence crée la confusion. Pour y remédier, il faut se pencher sur les indices établis à partir des résultats d'enchères mondiales. En revanche ne sont pas pris en compte les records qui, chaque année, défraient la chronique mais faussent les calculs. Le prix auquel Bill Gates a acquis en 1994 le *Codex Leicester*, écrits scientifiques de Léonard de Vinci – 30 millions de dollars contre 5,12 en 1980 –, n'implique pas que chaque manuscrit du peintre savant s'arrachera à prix d'or.

« Les acheteurs doivent appréhender différentes facettes, insiste Gérard Lhéritier. Le prix définitif d'une œuvre est lié à des éléments d'appréciation qui jouent un rôle fondamental. Le mécanisme de fixation d'une transaction relève de l'objectif, lié aux caractéristiques intrinsèques de l'œuvre, et du subjectif, que j'appelle "prime de désir". » Le nom de l'auteur, capital, détermine une échelle de valeur : « Un document autographe de Balzac est plus recherché qu'un écrit de Paul Fort. De même, l'intérêt persistant pour une personnalité conforte le prix de ses œuvres. Plus elle est connue, plus ses écrits sont prisés. C'est le cas d'Einstein, d'Hugo, de Napoléon, Zola, Proust, Baudelaire, Flaubert, Voltaire, De Gaulle, pour ne citer qu'eux. L'authenticité, le support (reliure, technique d'enluminure), la qualité, les conditions de conservation et l'origine (les possessions antérieures prestigieuses) influencent l'établissement des prix. Nous nous attachons aussi à la "virginité" de l'œuvre : celle qui passe de main en main plusieurs fois est moins intéressante que l'inédite, conservée durant un siècle en mains privées. Un manuscrit de Renoir préservé du marché durant soixante ans enthousiasme plus qu'une correspondance de Renoir vendue trois fois aux enchères en un an. Quand nous avons découvert les 7 000 lettres de l'Académie française, les ultimes feuillets et dessins du *Petit Prince* d'Antoine de Saint-Exupéry, l'original du *Manifeste du Surréalisme*, le "Garde-manger" de Balzac ou le testament politique de Louis XVI, nous avons su que leur valeur serait quasiment inestimable. »

L'ensemble de ces éléments est donc apprécié par les experts, qui fournissent une première estimation. Au caractère exceptionnel de l'autographe s'ajoute la prime de désir qui, elle, n'est pas quantifiable. S'il est parfois difficile d'anticiper l'issue d'une vente, c'est parce que tout est affaire de ressenti. Il y a l'attrait irrésistible qu'untel éprouve pour la pièce proposée, l'effet de mode, la soif de possession jusqu'à l'endettement, ou l'irrationalité qui conduit à se disputer un courrier de Marylin Monroe.

Aristophil a conclu ses achats et ventes sur la base de tous ces critères. Le groupe a chargé ses experts de comparer les œuvres d'un même auteur sur une période identique, déterminer leur authenticité autant que celle de la signature, étudier les textes, vérifier les publications antérieures, les acquisitions précédentes. « Si une lettre valait 1 000 euros, elle était proposée à ce tarif au client. Cela signifiait que nous l'avions achetée 500 à 600 euros. Notre marge permettait de régler les taxes, les frais, le personnel, le notaire, etc. Nous n'agissions pas en tant que courtier ou mandataire, mais pour notre compte avec nos propres fonds. Même si Aristophil était connu, que nous avions beaucoup de relations, que nous détenions un portefeuille important, nous n'étions jamais assurés de revendre les manuscrits à un bon prix. Il s'agissait d'un risque calculé », souligne Gérard Lhéritier.

Sur le « mode de souscription », qualifié « d'escroquerie » à partir de 2015, il fut écrit tout et n'importe quoi. La réalité est accessible dans les registres comptables. En moyenne, la marge d'Aristophil se situe entre 1,6 et 2,1 quand certains libraires et marchands pratiquent des coefficients de 4 à 8 – ce qui est leur droit. La rumeur prêtera des taux hallucinants à Gérard Lhéritier, « six à dix fois la valeur réelle des œuvres », lit-on parfois. L'expression « valeur réelle » est incessamment utilisée, comme s'il était facile de la fixer, tel le kilo de porc au cadran de Plévin, et que ceux s'y référant la connaissaient. Xavier Deroche, le fondateur d'Adilema, avancera dans *Le Monde*[1] un chiffre singulier : « 20 fois le prix d'achat ». Une assertion démentie par l'instruction.

N'ayant pas accès à la comptabilité du groupe, les journalistes se fient aux PV de la DGCCRF et de la BRDE, dont les enquêteurs avancent l'application d'un taux de commissionnement de 69 à 137 %, parfois plus, qui ne correspond à rien. L'information est reprise en boucle. « Il est pourtant démontré que, si j'achetais 100, je revendais 200. La COB puis l'AMF et la Brigade financière ont épluché nos statuts dès 2008, et n'y ont rien trouvé à redire. Sans parler de nos commissaires aux comptes », dit Gérard Lhéritier, preuves à l'appui. Il concède que ses « méthodes nouvelles » ont dérouté : « Nous sommes arrivés sur un marché dormant avec un modèle inédit développé à grande échelle. Il était impossible d'acquérir seul les œuvres, de les conserver, de les rendre accessibles au public via les deux musées sans trouver un financement. » Parmi les acheteurs uniques ou indivisaires, des amateurs d'art et des clients intéressés par un investissement n'entrant pas dans le calcul de l'impôt de solidarité sur la fortune (supprimé en 2018). Étaient inclus dans le prix de vente les frais liés à la recherche, à l'acquisition, la conservation et la valorisation des documents, la commission de transaction, les assurances, la TVA, les émoluments d'experts, les charges de la société. Sans compter la numérisation : Joël Dumont, employé à temps plein, a scanné 440 000 pages durant quatre ans.

L'habitude de racheter les collections a vraisemblablement joué dans la décision d'investissement de nombreux

---

1. Édition du 15 avril 2015.

souscripteurs. Mais les conseillers en gestion et clients ne pouvaient ignorer que la société avait la faculté de refuser le rachat des manuscrits. « Cependant, nous avions une telle confiance en l'essor du marché, un tel savoir-faire pour négocier au meilleur prix, que nous considérions comme une opportunité la reprise de nos collections à l'issue de la convention. La stratégie était basée sur le long terme. Nous misions sur une hausse de la valorisation à la faveur d'une date importante : en 2015, le bicentenaire de la bataille d'Austerlitz aurait pu augmenter la valeur des documents autographes de Napoléon. Cela avait été le cas en octobre 2013, pour le 50e anniversaire de la mort de Cocteau, ou en 2006 pour le 250e anniversaire de la naissance de Mozart ou le 150e anniversaire de la disparition de Schumann », raconte Gérard Lhéritier. « Voir partir les œuvres du général de Gaulle, de Romain Gary ou les 7 000 lettres de l'Académie française, pour ne citer que ces pièces, aurait été pénible pour moi et mes collaborateurs... » Aussi s'arrangeait-il pour reprendre les contrats Amadeus, Corpus ou Coraly's.

La pire accusation reste celle « d'escroqueries en bande organisée ». Elle repose sur la prétendue pyramide de Ponzi. Outre le fait qu'une entreprise commerciale réinvestit généralement ses bénéfices dans les produits qui ont contribué à son succès, il est normal de renouveler sa clientèle et de fidéliser celle qui a confiance. « Est-il illégal d'utiliser une partie des marges pour lever l'option d'achat ? De racheter des collections à qui le souhaitaient ? Ponzi vendait des illusions, rien à voir avec Aristophil ! Il n'y avait aucune cavalerie », martèle l'ancien P-DG. Il s'énerve quand il lit que le modèle économique semblait « totalement artificiel » : « Était-il "artificiel" d'investir depuis quinze ans des centaines de millions d'euros dans des collections ? De créer les premiers musées des lettres et manuscrits en Europe ? De rapatrier des œuvres, d'exposer des trésors qui ont enthousiasmé des dizaines de milliers d'élèves et professeurs, d'amateurs du patrimoine écrit, de chercheurs du CNRS, de conservateurs ? Est-ce "artificiel" d'avoir offert à nos clients le magazine *Plume*, d'avoir facilité les travaux d'historiens, initié les Journées européennes des Lettres et Manuscrits ou d'avoir fait des dons à la BNF ? La police va jusqu'à me reprocher "une présence marketing et médiatique envahissante" qui m'a permis d'escroquer le plus grand nombre. Le "dispositif", comme le désignent les enquêteurs, était original et viable, les experts-comptables, les commissaires aux comptes et les avocats l'ont confirmé. Les souscripteurs participaient à l'aventure culturelle. Affirmer que la pérennité de la société reposait sur la reconduction des contrats est une contre-vérité. Je crois avoir démontré ma bonne foi dans la marge de progression en investissant mes fonds propres. »

Jusqu'au jour des perquisitions, le 18 novembre 2014, Gérard Lhéritier a continué d'acheter, en dépit des difficultés passagères que rencontrait son groupe. Il savait qu'elles ne dureraient pas, il avait déjà mis au point des solutions avec son personnel et ses avocats, le tout visé par ses deux CAC. Mais l'année a été difficile et comble de malchance, il va subir une déconvenue lors d'une vente aux enchères.

Le 21 septembre 2014, à Rueil-Malmaison, Jean-Pierre Osenat propose des lettres provenant de la correspondance du maréchal d'Empire Jean-Baptiste Bessières (1768-1813), commandant des troupes d'élite de Bonaparte. Parmi ces courriers, trois sont signés de Napoléon dont un, rarissime, écrit durant sa jeunesse. Un autre, datant de janvier 1805, évoque des « dépenses secrètes ». Il y a aussi un rapport du maréchal Bessières, en charge de la brigade impériale, qui fait état de « l'usage des eaux prescrit pour la guérison des blessures [des militaires] » et de l'octroi des « congés de convalescence ». Enfin, Me Osenat vend un lot de 75 lettres et pièces relatives à la campagne de Russie, reçues par Jean-Baptiste Bessières. Fasciné par l'empereur, Gérard Lhéritier se porte acquéreur de 12 lots pour 1,15 million. Il les achète à titre personnel, en témoigne son relevé de la Société Générale.

Ce 21 septembre, il repart heureux des Hauts-de-Seine. Pourtant, une mention sur le bordereau d'adjudication devrait l'inciter à ne pas trop se réjouir : « L'acheteur est informé de la revendication du ministère de la Défense. » Il est précisé que, tardivement transmise, elle fait l'objet d'une contestation du commissaire-priseur et que le règlement « sera différé jusqu'à bonne fin de la réclamation ». À Gérard Lhéritier, Jean-Pierre Osenat n'a pas détaillé les risques et le paiement n'a pas été différé. S'il avait montré à son client la lettre envoyée le 18 septembre par la direction des Archives de France, ce dernier n'aurait pas déboursé 300 000 euros pour les deux lots revendiqués, portant les numéros 28 et 38.

Les termes de la revendication sont clairs. La lettre sur les dépenses secrètes, le rapport sur les militaires blessés et les 75 missives se rapportant à la campagne de Russie, ayant été « rédigés par l'empereur ou par des officiers », sont des archives publiques, « puisque produits par des agents de l'État dans l'exercice de leurs fonctions [...] Ces biens appartiennent de façon inaliénable et imprescriptible au domaine de l'État. En conséquence, je vous mets en demeure de retirer les lots n° 28, 34 et 38 » de la vente. Jean-Pierre Osenat est invité à prendre contact pour une « restitution amiable ».

Lequel s'y oppose par télécopie le 19 septembre, soit deux jours avant la vente. Il justifie son refus par le fait que, « préalablement », il a pris contact avec le directeur Hervé Lemoine pour connaître « l'éventuel intérêt que le ministère pourrait porter aux documents du fonds Bessières ». Il assure que le 18 septembre, Hervé Lemoine lui a indiqué par téléphone que « tout risque de revendication est exclu, qu'il dispose d'ores et déjà des minutes et/ou microfilms » de lettres et du rapport. Le fonds Bessières fut prêté aux Archives en 1969 et, après microfilmage, rendu aux propriétaires. Une autre partie de ce fonds a fait l'objet d'un legs à l'État en 1910. « L'intégralité des pièces est consultable par n'importe quel chercheur ou citoyen », conclut Me Osenat, précisant « ne pas pouvoir accepter cette manière de fonctionner ». Il promet d'engager des démarches nécessaires à l'indemnisation du préjudice « particulièrement important ». Le commissaire-priseur, qui connaît Hervé Lemoine, aurait dû savoir que celui-ci n'en resterait pas là, quels que soient ses assurances orales ou écrits antérieurs. Dans la foulée de l'envoi de son fax, il reçoit par retour confirmation de la revendication, définitive. Toutefois, Me Osenat met les lots 28, 34 et 38 aux enchères.

Suite et fin de l'histoire : en juin 2018, 46 mois après la vente, et au terme d'une longue procédure, le commissaire-priseur a remboursé Gérard Lhéritier. Arguant de la liquidation d'Aristophil, la justice a tenté de récupérer l'argent, faisant mine d'oublier deux éléments : les œuvres ont été personnellement acquises par Gérard Lhéritier ; l'achat est intervenu 58 jours avant les perquisitions, six mois avant sa mise en examen, quand il était un citoyen libre de dépenser son argent comme il l'entendait. Elle n'a pas obtenu gain de cause.

18

L'enquête de la DGCCRF

JEUDI 6 février 2014, le service national des enquêtes de la DGCCRF a rendu son rapport sur les infractions présumées d'Aristophil et de son patron. Elles ont été constatées à l'issue d'investigations entreprises en octobre 2013, sur la base du signalement de l'AMF transmis en décembre 2012. Dix mois se sont écoulés entre l'alerte et l'enquête. Un délai plutôt long si l'on est confronté à une gigantesque escroquerie. Dans nombre d'affaires, la justice réagit promptement. On se souvient de la diligence du Parquet national financier, qui s'est saisi le 25 janvier 2017 du « dossier Fillon », quand *Le Canard enchaîné* n'était en kiosque que depuis le matin. Et la justice n'a réfléchi que 24 heures pour ordonner une information judiciaire sur les violences reprochées à Alexandre Benalla, l'ancien chargé de mission de l'Élysée.

Bref rappel : la COB et l'AMF se sont intéressées à Gérard Lhéritier en 1985, 1991, 2003, 2007, 2008. Lors du dernier échange épistolaire, le directeur juridique a confirmé que ses activités ne relevaient pas de ses attributions. Tracfin a alerté le parquet. La saisine, à deux reprises, de la Financière n'a révélé aucun délit, comme le tribunal en 2006. L'AMF est revenue à la charge. Fin 2013, des inspecteurs de la DGCCRF sont donc allés plusieurs fois au siège d'Aristophil. Ils n'ont pas demandé à voir le président. Gérard Lhéritier n'a toujours pas compris pourquoi il fut le seul cadre du groupe à ne pas être interrogé.

Ce 6 février, il reçoit le procès-verbal de synthèse et découvre qu'on lui reproche une « pratique commerciale trompeuse reposant sur des allégations, présentations ou indications fausses ou de nature à induire en erreur ». Il aurait par ailleurs établi des « factures non conformes (dénominations imprécises, absence d'escompte et du taux des pénalités de retard) ». Ces infractions présumées au Code de la consommation sont transmises au procureur de la République. Gérard Lhéritier se dit que, sauf miracle, un nouveau combat judiciaire va le mobiliser au moins une année. Or, en ce début 2014, comme déjà précisé, il est confronté à des problèmes de trésorerie, au point de devoir injecter une partie de sa fortune dans le groupe. Il demeure confiant, convaincu qu'avec l'assistance de ses conseillers, il prouvera qu'il y a maldonne. Il se fourvoie. L'enquête marque le début de la catastrophe, qui aboutira au démantèlement des activités, au gel de ses avoirs, à sa mise en examen et à sa destitution.

Pour étudier les délits qui lui sont imputés, le fondateur d'Aristophil fait appel au cabinet August & Debouzy, une structure créée en 1995 qui a connu un fabuleux essor, au point de figurer aujourd'hui parmi l'élite parisienne. C'est une firme qui emploie plus de cent avocats de nationalité différente, que rejoindra en mai 2017 Bernard Cazeneuve, ancien Premier ministre de François Hollande. Aristophil en est cliente depuis plusieurs années, comme du cabinet d'Henri Leclerc dont l'associé Francis Triboulet[1] gère

1. Me Triboulet a quitté le cabinet d'Henri Leclerc fin 2018.

les procédures pénales de monsieur Lhéritier. Enfin, il bénéficie depuis 2007 du renfort de Me Jean-Jacques Daigre, qui a rédigé ses contrats, et de la présence de Me Jean-Louis Lesquins, autrefois fonctionnaire au ministère de l'Économie, ayant exercé des responsabilités à la DGCCRF. Il est la personne idoine pour voir s'il y a matière à s'inquiéter. Pour « mettre tout sur la table », il réunit les avocats Daigre et Lesquins, son directeur culturel Jean-Pierre Guéno, la directrice Liliane Rabault, l'expert-comptable Denis Potier. Tous s'étonnent que l'AMF ait encore signalé des irrégularités, en dépit du volume d'échanges depuis des décennies. La COB a autorisé les indivisions en octobre 2003...

Cadres et défenseurs se penchent donc sur le rapport. Il révèle des approximations. « L'information délivrée aux investisseurs sur les risques potentiels associés à ce type de placements », désormais discutée, est la même que celle approuvée par la COB. Seules des modifications ont été apportées pour l'améliorer. En outre, le terme « placement » n'existe pas dans les statuts, le client acquiert un produit sans s'assurer un rendement et, contrairement à ce que soutient la DGCCRF, ce ne sont pas tous des contribuables « attirés par un produit défiscalisé ». Gérard Lhéritier rétorque que « si les enquêteurs avaient correctement consulté la comptabilité, ils auraient constaté que ces "contribuables" n'ont investi que 7 millions en 2014. Ils sont loin de représenter la majorité de la clientèle ». Seul 1,2 % d'entre elle a profité de l'exonération à l'ISF.

Le PV signale qu'Aristophil « commercialise des placements non financiers » par opposition aux placements classiques. Les premiers, stigmatisés par l'AMF, sont par exemple les forêts, les diamants, les timbres, le vin ou… les manuscrits. « Le client paie pour un bien qu'il ne verra jamais et qui, peut-être, n'existe même pas. Sans compter que leurs promoteurs sont parfois à la tête de sociétés fantômes, qui disparaissent dès qu'un signalement est adressé aux autorités », résument les agents de la répression des fraudes. Certes, ces choses-là arrivent. Mais les manuscrits et les lettres acquis par Aristophil sont exposés au MLM ou entreposés dans des chambres fortes, protégés, assurés, accessibles 24 heures sur 24, sept jours sur sept. La preuve ? Les 130 000 documents seront saisis en novembre 2014.

La DGCCRF a mené certaines de ses investigations auprès d'une directrice en période d'essai, dans l'incapacité de renseigner les enquêteurs. Cela l'a conduite à faire l'amalgame entre Aristophil et le musée, qui ne lui appartient pas. Il a été créé le 18 juin 2004 sous forme d'association loi 1901, et sans subvention, ce qui en fait une exception dans le paysage européen. Autre bizarrerie dans le PV : l'examen du site Internet du groupe a mis au jour des informations afin d'acquérir des œuvres en indivision, accompagnées de contrats. Impossible puisqu'ils ne sont proposés que par Art Courtage et Finestim. Le site présente l'objet d'Aristophil, les collections qu'elle détient, sous forme de brochures et de livres. S'il mentionne effectivement l'attrait que les œuvres présentent, c'est parce qu'il serait incongru d'en ignorer la valeur.

Quoi qu'il en soit, l'acquéreur ne peut pas acheter après consultation des pièces en ligne. Il doit entrer en relation avec son conseiller en patrimoine, puis signer la partie « connaissance client » l'informant des risques. « Ils réalisaient leur choix après avoir vu leur CGP et normalement pris des renseignements sur le marché et sur Aristophil », affirme Gérard Lhéritier. La convention est homologuée par acte notarié.

Selon la DGCCRF, « l'analyse du marché » dont se targue Aristophil ne repose sur rien. Cela revient à dire que *Les Autographes*[1] de l'expert Alain Nicolas, livre de référence, est une somme d'âneries. Que les publications et indices de rentabilité aux États-Unis, où la courbe du marché est en perpétuelle ascendance, sont faux. « Si le prix des lettres et manuscrits était continuellement en baisse, cela se saurait, je n'en aurais plus proposé », objecte Gérard Lhéritier. Il y a eu des cassures en 1929 (le krach à la bourse de New York marquant le début de la Grande Dépression) et pendant les Guerres mondiales, de 1914 à 1918 et de 1940 à 1945. En dehors de ces trois périodes, les documents autographes identifiés dans la brochure d'Aristophil (30 pages) ont connu une constante progression. « Les enquêteurs auraient dû consulter nos huit mètres cubes d'archives et de documentation, dont les premiers catalogues qui datent de 1892 ! » Ils attestent d'une intensification de l'intérêt au XIXe siècle (l'aristocratie ruinée par la Révolution fut contrainte de se séparer d'éléments de son patrimoine), d'une croissance forte dans les années 1980, d'une amplification des ventes dès 1990 et du nombre de collectionneurs.

S'agissant des indivisions, on relève des erreurs : les agents en comptent 36 quand il y en a 56, et la BRDE montera jusqu'à 94. « Pour fixer le prix d'une indivision, lit-on, Aristophil augmente en moyenne de 147 % le prix d'achat des lettres et manuscrits qui la composent. L'augmentation la plus importante est de 250 % (les

1. Alain Nicolas, *Les Autographes*, Maisonneuve & Larose, 1995.

7 000 pièces de la collection Académie française, acquise 2,4 millions et revendue en 4 000 parts de 2 500 euros chacune, soit 10 millions) et la moins importante de 69 % (Newton). » Des pourcentages qui font bondir l'ancien président : « 147 % en moyenne ? Je ne sais pas d'où sortent ces calculs ni comment les enquêteurs ont procédé. Cela n'a aucun sens ! »

Reconnaissant que le profane puisse s'y perdre, il détaille le mécanisme : « Si nous achetons une lettre 1 000 euros, c'est parce que nous sommes certains de la revendre au marché du détail entre 1 800 et 2 000 euros. C'est la marge commerciale. Notre département des achats était composé de spécialistes en interne, nous sollicitions des experts. Ils calculaient toujours le prix de vente d'une collection avant de déterminer le prix d'acquisition. »

Insistant sur l'importance de l'investissement, la DGCCRF avance qu'elle s'élève à « 15 000 euros minimum dans le cas d'une indivision ». Mauvaise interprétation de la comptabilité : les indivisions dites « Prestige », réservées à la clientèle qui dispose de plus de 10 000 euros, sont mentionnées dans un tableau à part. Mais la majorité des collectionneurs a acheté des parts à 1, 50, 100, 1 500, 2 500 euros... Ce détail figure dans un autre registre saisi. Omission volontaire ?

Quant au coefficient des marges, en moyenne de deux, il ne variait pas, les bilans le confirment : « Je m'y tenais depuis quinze ans. Imaginerait-on un entrepreneur acheter 1 000, revendre 1 000, sans dégager de bénéfice pour payer ses charges et ses employés ? Et il fallait que je puisse investir dans de nouvelles collections ! »

La facturation aux clients des lettres et manuscrits est également épinglée dans un long chapitre. « De nombreux produits ne sont pas identifiés », écrit la DGCCRF, en tout cas pas explicitement : il manque « les mentions relatives à la nature des œuvres ». C'est oublier les annexes, immanquablement jointes aux factures, mais qui n'ont pas été consultées. Les sociétés de ventes et libraires procèdent ainsi : le bordereau détaillé est fourni à part. Cela évite de présenter des factures de 20 mètres de long. Par exemple, pour les 7 000 correspondances de la collection Académie française, l'expert Bodin a accompagné la facture d'un listing et d'un catalogue. S'il y avait porté chaque description (en moyenne cinq centimètres), elle aurait mesuré 350 mètres. Comment le fils de Romain Gary aurait-il établi une facture détaillant le contenu de 40 caisses de notes et manuscrits ? « L'IMEC (Institut mémoires de l'édition contemporaine) où elles étaient déposées en a fourni le détail, précise Gérard Lhéritier. Aux factures des sociétés de vente, s'ajoute toujours le catalogue de présentation. De notre côté, nous avons fréquemment adressé aux investisseurs leur facture avec un DVD et un livre répertoriant toutes les œuvres de l'auteur. » Il en fut ainsi pour les collections Académie française, Gary, Cocteau ou Napoléon. La DGCCRF lui reproche aussi, comme le fera la BRDE, de n'avoir pas indiqué ses prix d'acquisition à sa clientèle. Une remarque insolite tant il est rare qu'un antiquaire dise à son visiteur que l'armoire proposée à 2 000 euros lui en a coûté 300 ou qu'un concessionnaire révèle le prix coûtant d'une voiture. Sans parler des marchands d'art ou de livres anciens qui ne partagent pas leurs secrets avec les acheteurs.

Le groupe avait la réputation d'éditer un grand nombre de brochures, de supports audiovisuels. Gérard Lhéritier a rédigé ou coécrit 46 livres. Les clients étaient abonnés à la revue *Plume*, à la Lettre du Musée, et recevaient deux études, « L'art d'investir dans une collection enrichissante », « Présentation du concept et du modèle Aristophil ». Enfin, ils avaient accès à la documentation sur Internet et pouvaient consulter un libraire spécialisé, un commissaire-priseur ou le livre d'Alain Nicolas. Ils n'étaient ni illettrés ni dépourvus de moyens.

Plus surprenant, le service d'enquêtes de Bercy conclut que « l'opacité du système Aristophil explique l'absence de plaignants. Le flou entretenu et les promesses de vente maintiendraient les investisseurs dans la fausse idée que le marché est en constante évolution [...] le système ne perdurera que si la société convainc d'autres acheteurs, par la délivrance d'informations ambiguës, du bon rendement de ses placements. L'enrayement de la mécanique aboutirait à léser un nombre d'investisseurs plus important. Pour les 17 collections dont nous avons étudié les conditions d'achat et de revente, ils sont au nombre de 9 625 ». Un chiffre erroné.

Mais Gérard Lhéritier s'alarme plus de la première partie des imputations que de l'erreur comptable : « Depuis la création de ma société, qui devait fêter ses 25 ans en 2015, c'est la première fois que je vois des enquêteurs regretter implicitement l'absence de plaignants. J'ai eu l'impression qu'ils encourageaient les clients à se retourner contre nous. »

Ce procès-verbal de la DGCCRF va opportunément fuiter. Les journalistes qui le recueillent disposent de ces seuls éléments. Rares sont ceux qui proposent à Gérard Lhéritier d'y répondre. Et nul ne s'étonne que, dans les 26 pages de synthèse, ne figure pas son témoignage. La presse participe ainsi à la chronique d'une catastrophe annoncée.

19

Petit mensonge d'État

En cette année 2014, au moins jusqu'en novembre, les articles ne sont pas trop féroces, excepté cinq ou six qui tentent de déstabiliser les clients. Cela ne fonctionne pas. Aristophil et Gérard Lhéritier ont encore du crédit. Il poursuit ses activités, confiant le soin à ses avocats de régler au mieux l'imbroglio. Les 12 et 13 juin, il invite son personnel, les dirigeants de Finestim et d'Art Courtage, les principaux conseillers en gestion de patrimoine, à fêter le 10e anniversaire du MLM et les vingt ans du magazine *Plume*. Pas moins de 850 invités participent, à Monaco, à la 3e Convention nationale d'Aristophil, animée par Nikos Aliagas et dont la vedette est le ténor Vincent Niclo. Le groupe, dont on annonce la déroute, montre sa capacité à tenir le cap.

Dix jours plus tard, Gérard Lhéritier est invité par Bruno Racine, président de la Bibliothèque nationale de France, au dîner annuel des mécènes. La soirée est un succès, personne n'évite le fondateur du musée. Comme toujours, Bruno Racine lui réserve un accueil chaleureux, jamais il ne s'en détournera. Le 10 septembre, interrogé par la répression des fraudes, il confirmera que, sans Aristophil, la BNF n'aurait pas pu acquérir le manuscrit *Vie de Sainte Catherine* et les archives de Michel Foucault. Les relations étaient si courtoises que, lorsque Gérard Lhéritier a acquis *Les 120 Journées de Sodome*, ils se sont entendus pour que ce trésor revienne à l'État. « Ce manuscrit était détenu par la famille Nordmann, en Suisse, possession contestée par les héritiers de Marie-Laure de Noailles après un vol, indique Bruno Racine aux enquêteurs. J'avais été contacté par l'avocate du fils Noailles, qui avait connaissance de sa mise en vente. Nous souhaitions que cette œuvre revienne en France, dans les collections de la BNF. Des négociations ont été entamées avec la famille Nordmann, nous pensions avoir trouvé un accord au prix de 3,5 millions d'euros, sans compter le versement d'1 million au fils de madame de Noailles à titre de dédommagement. Les héritiers Nordmann ont annulé le rendez-vous deux jours avant la signature. Lors d'une réunion avec Gérard Lhéritier, il a proposé d'acquérir le Rouleau et d'en faire don à la Bibliothèque de France, à condition de pouvoir l'exploiter dans son musée pendant cinq ans. Avec nos avocats, nous avons construit une formule pour nous assurer la dévolution de ce bien sous cinq ans. Nous n'avons pas pu donner suite, conformément aux consignes du cabinet de la ministre de la Culture. Monsieur Lhéritier l'a finalement acheté pour un montant d'environ 7 millions[1], le fils de Marie-Laure de Noailles ayant demandé une rétribution plus importante dès lors que le manuscrit n'entrait pas à la BNF. »

---

1. Gérard Lhéritier a versé, précisément, 3,5 millions à la famille Nordmann et 3 millions aux Perrone-Noailles. Il s'est par ailleurs acquitté des frais de douane pour rapatrier le Rouleau. L'ensemble, assurance comprise, lui a donc coûté 7 millions.

Ce témoignage confirme que Gérard Lhéritier a voulu rapatrier le précieux Rouleau pour l'offrir à l'État, que contre toute attente la ministre s'y est opposée, et que le prix payé a atteint des sommets parce que les héritiers n'ont pas obtenu qu'il aille à la BNF. Nous sommes loin des médisances à venir, qui présenteront Aristophil et son président comme des rapaces ayant tenté de spolier la France. Monsieur Racine ajoutera du reste que Aristophil est devenu « l'un des acteurs importants du marché des manuscrits », précisant qu'il ne lui paraît « pas invraisemblable que ce marché évolue positivement à hauteur de 10 % par an ». Enfin, il dit avoir réalisé en 2012 « une étude informelle des contrats de vente en indivision d'Aristophil », jugeant le procédé « particulièrement ingénieux ». Quant « aux biens qui constituent ces indivisions, ils sont évalués par des experts reconnus qui certifient la valeur et qui engagent leur responsabilité [...] Les gens du métier que j'ai l'occasion de croiser m'informent que les biens acquis par Aristophil sont des œuvres de grande qualité et j'ai constaté que les pièces présentées en son musée, dont certaines rachetées à l'étranger et ainsi revenues en France, ont une valeur indiscutable ». Il confirme enfin que « les porteurs qui ont demandé à Gérard Lhéritier de racheter leurs parts ont vu jusqu'à présent leur demande satisfaite ». Cette déposition de Bruno Racine n'a jamais « fuité » dans les journaux.

En écho à l'affaire du Rouleau de Sade, arrêtons-nous sur celle, aussi improbable, des télégrammes du général de Gaulle, qui fera couler tant d'encre. Après la démission du président du Conseil Paul Reynaud, dont il était le sous-secrétaire d'État à la Guerre et à la Défense, puis son départ précipité à Londres le 17 juin 1940, Charles de Gaulle entend garder contact avec ses compagnons de la France Libre, les combattants militaires et politiques dans le Pacifique, au Moyen-Orient et en Afrique, ainsi qu'avec Churchill et Staline. Il leur adresse des messages et télégrammes de 1940 à 1942. Marie-Thérèse Guinet-Desseignet, la chef du pool des dactylos en poste à ses côtés depuis l'accession au pouvoir de Pétain, retranscrit les 313 brouillons du Général et les télégraphie. Une fois la transmission achevée, elle range dans des chemises les papiers annotés des mentions « très secret, très urgent ».

Le 14 juin 1944, tandis que de Gaulle débarque en France, la secrétaire effectue un tri et récupère les documents abandonnés. Elle prévient le Général, qui répond : « Gardez-les en souvenir, ils sont en de bonnes mains ! » Les années passent, elle propose à nouveau de les restituer en 1958, peu avant l'élection du président du Conseil de la IVe République à la tête de l'État. « Gardez-les », redit-il. Puis les brouillons sont oubliés. Jusqu'au jour où le fils de la secrétaire les soumet à Gérard Lhéritier qui, admirant le Général, se porte acquéreur. Quatorze mois plus tard, Hervé Lemoine, alors directeur des Archives de France, feindra d'apprendre que ces documents sont devenus la propriété d'Aristophil en 2011. Il les estime relever du patrimoine public. La même façon de procéder qu'avec le fonds Jean-Baptiste Bessières ! Comble de l'ironie, il néglige un élément : les écrits restent, y compris les courriels.

Lorsque les 313 brouillons de télégrammes sont proposés à Gérard Lhéritier, il sait que l'expert Jean-Emmanuel Raux a prévenu le ministère de la Culture, un an auparavant, pour qu'un conservateur voie s'il est souhaitable de les préempter afin qu'ils intègrent les Archives de France. Sollicité par e-mail daté du 30 septembre 2010, le ministre Frédéric Mitterrand avertit Hervé Lemoine, lequel missionne un fonctionnaire à la galerie Raux. L'employé procède à un examen rapide, sans commentaire. Trois petits tours et puis s'en va. En dépit des relances, l'expert n'a plus de nouvelles, ni du ministère ni des Archives. Aux yeux de Gérard Lhéritier, l'inertie de la rue de Valois vaut désintérêt. Aussi achète-t-il les 313 autographes, les valorise dans deux livres édités par Gallimard, puis organise leur exposition[1]. Toute la presse en parle : la publicité donnée « au coup de maître de l'empereur des lettres » alerte Hervé Lemoine. Il se fend d'un courrier, le 2 novembre 2011, pour manifester son intérêt et regrette de ne pas avoir été préalablement informé de la découverte. Il oublie le courriel du 30 septembre 2010 et affirme n'avoir appris l'existence de ces brouillons qu'en lisant un journal du 27 septembre 2011. Cet e-mail sera produit en justice.

Car l'affaire va se régler devant les magistrats, Gérard Lhéritier ne souhaitant plus faire de cadeau au ministère de la Culture. Il a engagé trop de frais et, surtout, il a cédé les 313 messages à cent investisseurs, qui ont acheté des parts à 5 000 euros. Si l'État avait agi avec diligence, les souscripteurs n'auraient pas été sollicités. En complément de leur achat, les indivisaires ont reçu l'ouvrage de 800 pages édité par Gallimard, répertoriant tous les brouillons, leur transcription et la biographie des destinataires. Leur ont aussi été offerts *Anthologie de Gaulle*, coffret numéroté contenant dix DVD, le livre *Chronique de l'Histoire*, quatre autographies et dix photos, plus le hors-série que le magazine *Plume* consacre à l'exposition. Lorsque lui parvient la sommation de

1. « Les messages secrets de De Gaulle, 1940-1942 », Musée des Lettres et Manuscrits de fin 2011 à avril 2012.

restituer les œuvres, le 2 novembre 2011, il est trop tard. Les clients ne peuvent pas avoir investi à fonds perdu, il doit les protéger.

Pour Hervé Lemoine, peu importe les contrats passés entre Aristophil et sa clientèle : il revendique la possession des télégrammes au motif qu'ils reflètent l'activité de l'État entre 1940 et 1944 ! Par conséquent, ils entrent dans le champ d'application de la notion d'archives publiques. Le directeur assimile la France libre – en un mot, « Londres » – à l'État dépositaire de la souveraineté nationale, niant le rôle du régime de Vichy. Une « amnésie » qui va à l'encontre des analyses des historiens, des prises de position des présidents dont le premier d'entre eux, Jacques Chirac. Ainsi s'engage le combat pour saisir les 313 brouillons. Gérard Lhéritier réalise qu'il compte des ennemis puissants. Sensation renforcée lors du vernissage de leur exposition. François Fillon, Premier ministre, se décommande juste avant l'événement, envoyant Frédéric Lefebvre, secrétaire d'État auprès du ministre de l'Économie et des Finances, et Michèle Alliot-Marie, redevenue députée.

Le 26 avril 2012, le vice-président du tribunal de grande instance de Paris[1] ordonne le séquestre des documents. La direction générale des patrimoines dépêche une équipe qui, dans sa précipitation, s'empare de leurs photocopies. C'est finalement Gérard Lhéritier qui déposera les originaux à la BNF.

En première instance, le 20 novembre 2013, soit un an et demi plus tard, les magistrats jugent les écrits du Général « propriétés de la République ». La cour d'appel confirme le 15 mai 2015. Mais elle saisit le tribunal

1. Le tribunal administratif s'est déclaré incompétent.

administratif d'une question préjudicielle : 313 brouillons d'un homme, si illustre fût-il, qui ne dirigeait pas la France constituent-ils des archives publiques ? Le 12 mai 2017, les juges administratifs répondent à l'unanimité : oui. La procédure est ouverte depuis cinq ans...

Au nom des mandataires d'Aristophil et des propriétaires, le litige est porté devant le Conseil d'État. Le 30 mars 2018, les avocats soulèvent des moyens cohérents : le gouvernement provisoire de la République française (GPRF), la France Libre, la France combattante n'avaient pas qualité d'État ; Vichy le représentait jusqu'au rétablissement de la légalité républicaine, par l'ordonnance du 9 août 1944. Il est également rappelé que Charles de Gaulle, qui archivait avec soin tout ce qui, sous sa plume, se rapportait à la Seconde Guerre mondiale, n'a pas souhaité récupérer ses écrits privés. *A contrario*, il a versé aux Archives ses télégrammes et lettres rédigées de 1940 à 1946, réaffirmant, dans un courrier daté de 1970, sa volonté de ne leur remettre « que les documents d'État ». Les érudits du Palais-Royal ne peuvent pas ignorer ces considérations historiques, politiques.

Pourtant, les Sages effectuent un revirement de jurisprudence : le 13 avril 2018, le Conseil d'État décide que les 313 télégrammes relèvent bien des archives publiques. Se référant à l'article L. 211-4 du code du patrimoine, ils indiquent que « revêtent le caractère d'archives tous les documents procédant de l'activité de l'État, quelle que soit la date à laquelle ils ont été produits, quel que soit leur état d'achèvement, quelle que soit l'intention de l'auteur. Le fait qu'il s'agisse de brouillons que leur auteur aurait regardé comme des documents privés est sans incidence ». Ils jugent, en droit, que « la forme du gouvernement de la France est et demeure la République, qui n'a pas cessé d'exister ». Leur lecture de l'ordonnance d'août 1944 confère donc rétroactivement la souveraineté à Londres, confondant les notions d'État et de République. On comprend mal que le Conseil d'État ait toujours revendiqué sa compétence pour contrôler les actes administratifs des autorités de Vichy et qu'il ait rendu de grands arrêts, qui font date, entre 1940 et 1944. Passons. « Il s'ensuit que les documents qui émanent de ces institutions et de leurs dirigeants et représentants procèdent de l'activité de l'État et constituent, dès lors, des archives publiques », conclut l'arrêt. Les 313 brouillons appartiennent ainsi définitivement à la France et les collectionneurs qui les avaient achetés ne seront jamais dédommagés.

Au dîner des mécènes, en juin 2014, le président d'Aristophil est à mille lieues d'imaginer ce cuisant revers.

Naïveté ? Confiance éperdue en sa bonne étoile, en son modèle économique ? Gérard Lhéritier poursuit ses activités avec enthousiasme. Le 17 septembre, il inaugure l'exposition consacrée aux célèbres correspondances amoureuses : « Je n'ai rien à te dire sinon que je t'aime ». Elle devait fermer ses portes le 15 février 2015 ; ce sont celles du musée qui seront définitivement closes. Le 30 septembre, il est à l'Élysée, sur invitation du président Hollande. Il a « une sympathique conversation » avec Emmanuel Macron, ministre de l'Économie qui chapeaute la DGCCRF. S'il est évident que la fonction, écrasante, empêche les locataires de Bercy d'être informés de toutes les procédures, ils sont alertés lorsqu'une action est engagée contre une entreprise française, surtout si elle a pignon sur rue et les honneurs de la presse. Au château ce jour-là, Gérard Lhéritier est pourtant aussi bien accueilli que les patrons du CAC 40 qui l'entourent.

Du 3 au 5 octobre, lors des 3e Journées européennes des Lettres et Manuscrits, il reçoit l'ancien chef d'État Valéry Giscard d'Estaing, académicien élu au fauteuil du poète sénégalais Léopold Sédar Senghor. Il lui remet le Grand prix de l'Institut des Lettres et Manuscrits, décerné l'année précédente au Secrétaire perpétuel de l'Académie française, Hélène Carrère d'Encausse. Une foule de personnalités s'y presse : Mémona Hintermann, membre du CSA, Alain Finkielkraut, Michel Field, Tahar Ben Jelloun, Éric-Emmanuel Schmitt, David Foenkinos, Frédéric Taddeï, Franz-Olivier Giesbert, Léa Salamé, Charles Berling, Elsa Zylberstein, la liste est impressionnante. Gérard Lhéritier a chargé une société de communication d'organiser l'événement.

Les 22 et 23 octobre, il est convié au Forum mondial des fonds de pension, qui rassemble une centaine de P-DG, des délégations du Royaume-Uni, de Chine, des États-Unis, d'Australie, de Scandinavie, d'Italie, des pays du Golfe, du Japon, du Brésil, des cadres de la Banque Mondiale et de la Commission européenne. Parmi d'autres, le président d'Aristophil représente la France à ce congrès annuel. Avec son avocat Jean-Jacques Daigre, il donne une conférence sur l'investissement dans les lettres et manuscrits, une opportunité de diversification. La présentation est un succès, les Australiens sont conquis : directrice d'un organisme qui regroupe les fonds de pension du pays, Pauline Vamos se déclare « fascinée » et prête à signer. Parmi l'assistance, des pontes de l'AMF... Nous sommes à 27 jours de la descente de police ! Que se passe-t-il ? Un gendarme de la

Bourse va-t-il se dresser, prendre la parole pour mettre en garde ces financiers curieux et captivés ? Leur dire : « Le monsieur qui vous parle est soupçonné d'escroqueries en bande organisée » ? Que nenni. Seuls les applaudissements concluent sa prise de parole.

Détail picaresque : la soirée de clôture du Forum mondial des fonds de pension se déroule en l'hôtel de La Salle, à l'Institut des Lettres et Manuscrits. Récit de la réception : « Ambiance des grands soirs. Petits fours et champagne, discussions feutrées sous les lambris du XVIIe siècle… Les salons baroques sont décorés de vitrines mettant en valeur des originaux de Flaubert, Gary, Einstein. Les rumeurs admiratives parcourent l'assistance lorsqu'on apporte des autographes rares sortis de la collection Aristophil. Pourtant, ce n'est pas une délégation de bibliophiles que l'Institut reçoit ce soir-là mais les représentants d'une profession qui pèse 32 000 milliards de dollars, douze fois le PIB de la France. Leurs décisions engagent la prospérité de millions d'individus. »

L'histoire ne dit pas si les délégués de l'AMF ont pris part aux agapes.

20

Panique chez les clients

VINGT-SEPT jours plus tard, donc... Si l'Autorité des marchés financiers était informée que le parquet financier avait ouvert une enquête préliminaire au printemps, elle ignorait peut-être que la BRDE allait intervenir mardi 18 novembre, avec quelque 150 policiers dépêchés dans le Sud, en Rhône-Alpes et en Île-de-France. Seule certitude, l'AMF savait l'opération imminente. La déferlante médiatique, déjà évoquée, est suivie d'un tsunami. *Le Nouvel Obs* prédit « des sueurs froides chez les épargnants » après la pose des scellés « sur les vitrines et coffres » contenant leur patrimoine. « L'empereur de papier ne serait-il qu'un vulgaire Madoff des Lettres ? » Le magazine donne néanmoins la parole à « cet homme du peuple devenu la 431e fortune de France », qui transforme « le vieux papier en or. Las, l'or s'est transformé en plomb de gros calibre ». Comme d'habitude, le CGPI Jean-Pierre Rondeau est interviewé. Jamais il ne parle de son « entente » avec le juge belge, Michel Claise.

Que Choisir, qui pourfend « le système Aristophil » depuis 2011, savoure la mise à mort imminente : « 18 000 investisseurs sont pris au piège, sans doute pour des années[1]. » Selon ses informations, « les enquêteurs sont confrontés à une situation passablement embrouillée sur le plan comptable et juridique. Aristophil semble avoir fait preuve de désinvolture totale ». On y lit que « des actes "notariés" sont de simples courriers sans valeur juridique en tant que titre de propriété », « qu'on ne sait pas qui possède quoi », que « les dirigeants ponctionnaient une part des fonds levés pour alimenter le train de vie fastueux de la société. Pour autant, il est rigoureusement impossible à ce jour de dire l'argent de quels investisseurs a été détourné des placements et dans quelle proportion », conclut le journaliste. Le détournement de fonds est entériné. « Compte tenu de tous ces éléments, les enquêteurs estiment que le délai pour remettre à plat la trésorerie et envisager un dédommagement se compte en années. Des avocats s'emploient à regrouper les plaignants pour une affaire qui s'annonce très longue et parfois dramatique. » C'est l'heure de la mise à mort : Victimes, manifestez-vous ! Grâce à la presse, les clients vont « se réveiller ».

Les articles qui se succèdent sont pareillement construits, ils se copient, avancent des préjudices considérables sans prendre en compte la réalité des collections. Il est question de « promesses intenables », « de cavalerie au montant jamais vu en France », de « bulle spéculative ». Sont annoncés le « redressement judiciaire » et « la remise du stock aux enchères », comme le précise l'ordonnance du juge des libertés et de la détention délivrée à la mi-novembre et qui a été transmise à *Libération*. Quant au blocage des comptes de la famille Lhéritier, il doit « garantir la confiscation des sommes si elle est

1. « L'enquête sera longue », édition du 10 février 2015.

décidée par les tribunaux[1] », est-il rappelé pour donner espoir aux clients. « Aristophil est incapable de payer ses employés, fournisseurs et avocats dont elle a besoin aujourd'hui. » Francis Triboulet, défenseur de Gérard Lhéritier, s'alarme : « C'est la condamnation à mort d'une entreprise, privée de tout droit de se défendre. Une exécution sommaire fondée sur une simple suspicion. La justice porte une lourde responsabilité. » Rares sont les reporters qui relaient ses propos.

Seuls *Nice-Matin* et *L'Est républicain* ouvrent leurs colonnes à Gérard Lhéritier.

Sa version ne variera jamais : « Tout est téléguidé » ; « Nous avons été contrôlés par le fisc, l'AMF, les commissaires aux comptes, la justice, etc. » Il déplore de ne pas avoir accès au dossier communiqué aux médias. Pour accentuer le contraste entre le Lhéritier d'hier et d'aujourd'hui, les articles le décrivant emploient l'imparfait. Comprendre : il ne compte plus.

C'est dans ce contexte que le tribunal place Aristophil en redressement judiciaire, après avoir liquidé Finestim et Art Courtage. Me Philippot administre la société.

Que Choisir voit en « cette mesure exceptionnelle la preuve de circonstances qui rendent impossible le fonctionnement normal du groupe et menacent celui-ci d'un péril imminent[2] ». Nul n'explique avec honnêteté les raisons de la liquidation probable : l'argent de la société (7 millions), de Gérard Lhéritier et de ses enfants ayant été bloqué, l'intégralité des œuvres étant sous scellés, il n'y a plus un sou ni rien à monnayer pour payer les

1. Vincent Noce et Yann Philippin, « Aristophil, chefs-d'œuvre sous scellés », édition du 30 novembre 2014.
2. Mise à jour sur le site Internet en date du 17 février 2015.

employés, pour faire fonctionner les musées, la Fondation, le magazine *Plume*. Le groupe est décapité en vol.

La période d'observation, on l'a vu, est d'abord fixée à deux mois. Soixante jours pour trouver des liquidités, convaincre le tribunal, apaiser la clientèle. Gageure ! Comment prouver aux propriétaires et indivisaires, qu'ils soient amateurs d'art ou attirés par la défiscalisation, sincères ou malins, que Gérard Lhéritier n'est pas un ersatz de Bernard Madoff ? Qu'il n'a pas inventé un fonds, falsifié les reçus et planqué l'argent à Panama ? Par quel moyen rétribuer les salariés, dont la situation préoccupe un président qui les a toujours protégés ? Il pourrait verser leurs émoluments : il suffit d'ordonner la mainlevée d'une partie de sa fortune. Sa requête est rejetée.

Le 10 mars 2015, *L'Express*[1] interviewe « Vincent ». Comme cet anonyme, « ils sont des milliers en France à avoir cru faire une bonne affaire et à se demander aujourd'hui s'ils reverront la couleur de leur argent ». La preuve lui est fournie par Me Benoît Huet, un des premiers avocats ayant évoqué une *class action* : « Je reçois environ dix nouveaux témoignages de clients par jour », affirme-t-il. Dix par jour, cela finira par faire des milliers. Surtout si la presse multiplie les papiers à charge. Il est question de « folle cavalerie », des prix de revente des manuscrits : « Gérard Lhéritier n'avait-il pas tendance à "gonfler" les estimations des pièces proposées aux clients ? » Les soupçons de la DGCCRF sont relayés. L'affaire en est pourtant toujours au stade de l'enquête préliminaire, élargie le 9 mai 2014 par Françoise Baissus, premier vice-procureur du TGI de Paris. Pendant ce

---

1. « La chute d'un empire de papier », *op. cit.*

temps, pas d'accès au dossier pour les personnes mises en cause. Les indiscrétions finissent par retourner l'opinion et des clients contre les Lhéritier. Les attaques affolent des acheteurs qui n'avaient pas encore rejoint les « clients furieux » mentionnés dans *L'Express*. Si en colère qu'ils auraient « contraint un courtier landais à se réfugier en Argentine pour [leur] échapper » ! L'anecdote est savoureuse. Le compte suisse duquel Gérard Lhéritier a viré 1,5 million vers une banque d'Israël est la preuve du blanchiment de capitaux. L'incrimination a disparu du radar judiciaire : cette somme avait réglé une partie de l'achat de sa villa niçoise, selon les exigences du vendeur. Elle avait été déclarée au fisc.

Les investigations ont établi que, sur le plan de ses finances personnelles, tout ce qui a été divulgué relevait d'inventions. Il n'avait pas de coffre en banque, ni en France ni à l'étranger, pas de placements offshore, pas de lingots d'or. Quant aux filiales à Luxembourg, à Bruxelles, à Vienne (Autriche) et à Hong-Kong, elles disposaient de comptes dans des agences locales, que justifiait la gestion des activités. Toute filiale étrangère de groupe français procède ainsi pour payer ses fournisseurs et salariés. S'agissant d'Aristophil, excepté l'affaire Calwam, aucun mouvement n'est sorti des clous. Les niches extraterritoriales qu'il aurait camouflées n'existent pas.

Reste donc la SARL Calwam Ltd., à Londres, qui a intrigué Bercy. Cette holding devait favoriser l'implantation d'Aristophil au Royaume-Uni : « Je la dirigeais de Villeneuve-Loubet, je n'allais jamais à Londres, reconnaît Gérard Lhéritier. Le projet a capoté. Puisqu'on ne lançait pas l'affaire, que je suivais aveuglément les conseils des Anglais sur place, les flux d'argent sont devenus suspects.

Le fisc a négocié un redressement de 850 000 euros que je rembourse chaque mois. Ce fut une bêtise. Calwam ne m'a attiré que des ennuis. » La société a fermé en 2011.

« L'affaire luxembourgeoise » est également déterrée. Lorsqu'il a créé la société Cipo Palmeris au Grand-Duché, devenue par la suite Artepoly's, Gérard Lhéritier a été dénoncé aux autorités judiciaires locales par le juge Jean-Pierre Murciano, qui l'a « dans le nez » depuis dix ans. Il les met en garde contre sa présence sur leurs terres. Aussitôt, le CSF, équivalent de l'AMF, s'intéresse à l'activité de Cipo Palmeris, identique à celle d'Aristophil. Perquisitions, gardes à vue, inculpations de Gérard Lhéritier et de sa directrice, Annie Chevalier. Nous sommes en 2006, Artepoly's ferme ses portes, les dossiers de la clientèle sont rapatriés en France. Cinq ans plus tard, un procès est vaguement annoncé. Puis annulé. 2012 : un deuxième procès « audiencé » est reporté aux calendes grecques. En 2014, c'est sûr, les deux dirigeants vont être jugés. Treize ans après l'ouverture de l'enquête ! Finalement, ils ne le sont pas. Le parquet de Luxembourg craint que sa procédure soit retoquée par la juridiction de jugement. Trop légère. Est-ce pour cette raison qu'il refuse de la communiquer au procureur de Paris et à la juge Bilger ? Leur requête s'est vu opposer une fin de non-recevoir. En 2017, la justice du Grand-Duché propose un « plaider coupable » aux prévenus, pour une simple infraction au Code bancaire et financier. Ils acceptent. Annie Chevalier écope d'une amende de 1 000 euros, Gérard Lhéritier, de 10 000 euros. Le juge ordonne la restitution de l'ensemble des lettres, manuscrits et ballons montés que détient, à titre personnel, l'ex-patron de Cipo-Artepoly's. Valeur de la collection : 350 000 euros. « Autrement dit, à l'issue de dix-sept ans de tracasseries qui n'ont révélé qu'une infraction financière, le Luxembourg m'a rendu mes biens pour solde de tout compte », conclut Gérard Lhéritier.

Toutes ces mésaventures, rapportées de telle manière qu'elles deviennent matière à suspicion, sortent au compte-gouttes à partir de l'hiver 2014 et jusqu'au début de l'été 2015. Tandis qu'une panique relative se développe, une presse impatiente de voir Gérard Lhéritier embastillé continue de fouiller les placards poussiéreux. Si le juge Murciano a alerté les Luxembourgeois, il y avait une raison. Ainsi ressort l'affaire dite « des timbres de Monaco ». Toutefois, personne n'en conte les détails qui auraient inspiré Michel Audiard.

L'histoire mérite que l'on s'y attarde car à chaque fois qu'elle est rapportée, il est indiqué que Gérard Lhéritier a été poursuivi pour « escroquerie » dès les années 1990. Même s'il est fait mention de la relaxe, le dossier est présenté comme annonciateur de *bis repetita*. Cette filouterie aurait été un galop d'essai. Si l'on examine les évènements dans leur ensemble, la perception est différente.

21

Le magistrat et le policier

DANS les années 1990, établi à Nice, Gérard Lhéritier dirige deux petites structures : Valeur Philatélique, société anonyme au capital de 100 000 francs ; Valeur et Patrimoine. Il fait ses débuts dans le monde culturel et historique, bien que passionné par ce milieu depuis sa jeunesse. Il créera Aristophil en 1990. Il vit modestement dans sa ville d'adoption, celle de sa tante Jeanne chez qui, enfant, il séjournait l'été. Ce fils de plombier lorrain a été élevé dans le respect de l'autorité. Il ne lui viendrait pas à l'idée qu'un policier ou un juge puissent mal se conduire. Arrivé dans les Alpes-Maritimes en 1984 avec son épouse et ses deux enfants, il travaille dans son appartement. Les affaires prospérant, il s'établit dans un bureau rue Paradis, au cœur de la ville. Il y développe le marché des ballons montés et des boules de Moulins. Pendant le siège de Paris, les premiers, gonflés au gaz, transportaient les courriers par la voie des airs, dans des nacelles, et les secondes convoyaient les réponses au fil de l'eau, via la Seine. Gérard Lhéritier est fasciné ; il consacrera sept livres à cet épiphénomène méconnu de la guerre de 1870.

En 1987, des marchands philatélistes l'intéressent aux blocs-feuillets de Monaco : on y imprime un ou plusieurs timbres commémoratifs. Leur valeur peut passer de 20 à 300 francs en l'espace de deux ans. Outre-Rhin, ils atteignent parfois 100 000 francs. Un mois plus tard, Gérard Lhéritier commercialise ceux de France, de Monaco et de l'ONU. Le succès est immédiat. Parmi les courtiers qui travaillent pour Valeur et Patrimoine sur l'ensemble du territoire, il y a Jean-Claude Samoey. Erreur de recrutement. Il « oubliera » de livrer un coffret de 425 blocs-feuillets évalués à 450 000 francs. Les précieux papiers ont disparu. Puis un client s'interroge : que sont devenus les 100 000 francs qu'il a remis un an auparavant à monsieur Samoey ? Gérard Lhéritier porte plainte. « Ce jour-là, 25 juillet 1990, il eût été préférable que je me casse les deux jambes et les deux bras au lieu de me rendre dans les locaux de la brigade financière », raconte-t-il dans son livre, qui emprunte au pamphlet[1].

Samoey est arrêté le 25 septembre, inculpé d'escroquerie, abus de confiance, exercice illégal de la profession de banquier[2]. Il est placé en détention provisoire. Les plaintes affluent, dont celle de Christiane Flourens, un nom à retenir. Libéré au bout de trois mois, le suspect se retourne contre son patron, avec la complicité de Paul V., autre courtier. Objectif : s'approprier les clients de Gérard Lhéritier. Leur combine est simple : ils font croire aux acquéreurs qu'ils travaillent toujours pour leur ancien chef, si bien qu'en 1991, les gens lésés par Samoey et son comparse pensent l'avoir été par le président de Valeur Philatélique. Le piège s'est refermé. Un troisième homme y a pris part, persuadé de tenir un beau dossier : l'inspecteur Huy Decloedt,

---

1. Gérard Lhéritier, *Intime corruption. L'affaire des timbres rares de Monaco*, l'Archipel, 2006.
2. Il a été condamné en 1997 et n'a pas fait appel.

dit « le Chinois ». Il officie à la brigade criminelle de la police judiciaire de Nice.

Un matin de novembre 1991, l'agence de détectives qu'emploie Gérard Lhéritier lui soumet une écoute téléphonique de Paul V. à Jean-Claude Samoey : « Au sujet du nain magique, l'opération chirurgicale aura lieu le 21 à 6 heures. Henry vient de m'informer. » Ce dernier n'est autre que le policier Huy Decloedt. Et le nain, c'est Gérard Lhéritier. Les écoutes ayant été découvertes, il ne se passe rien le 21 mais « la cible » tend le dos. À raison : le 9 décembre, les policiers embarquent le personnel et les documents. Les deux enfants Lhéritier sont conduits au poste. Le « suspect recherché » se présente avec son avocat au palais de justice de Nice. Prévenue, la police l'arrête.

Le 11 décembre, le capitaine Decloedt extrait Gérard Lhéritier de sa cellule et l'emmène au restaurant, Chez Virginie. Whisky, huîtres, filet de bœuf, café, pousse-café, l'addition ! « C'est Gérard qui régale », lance l'officier. Ayant récupéré son chéquier avant de partir en virée, le « gardé à vue » règle la note et l'empoche. Ça pourrait servir. Il conservera la seconde, car la scène abracadabrantesque va se reproduire à la tombée du jour, au Félix-Faure ; à 3 heures du matin, ils ont la bedaine ronde comme une boule de Moulins. Le lendemain, changement d'atmosphère : il est inculpé pour escroquerie, faux et usage de faux, abus d'ignorance, infractions à la législation sur le démarchage… Plus un bonus : complicité de vol avec violence contre un pauvre bougre. Une incrimination qui disparaîtra aussi vite qu'elle est apparue ; il y a eu « méprise ». Le chef d'entreprise est éparpillé par petits bouts, façon puzzle, comme disait Audiard. Et Decloedt est dynamité en 1994.

Trois ans plus tard, faute d'éléments, le mis en cause bénéficie d'un non-lieu partiel. Peu après, il apprend que le capitaine Decloedt est gardé à vue pour infraction à la législation sur les armes, détention illégale de munitions et d'explosifs. Viré de la criminelle, il est affecté aux Renseignements généraux à Draguignan (Var). L'affaire est grave. En 1989, enquêtant sur les attentats perpétrés contre des foyers Sonacotra de la Côte d'Azur de 1985 à 1988, le policier a démantelé un réseau d'extrême droite et saisi son arsenal. Le stock, impressionnant, a fait l'objet de procès-verbaux signés par Jean-Pierre Murciano, juge d'instruction à Grasse, l'homme qui écrira au Luxembourg, et un procureur adjoint de la ville. En 1994, explosifs, armes et munitions sont retrouvés chez Huy Decloedt ! Reste à savoir si les deux magistrats étaient informés.

Début de l'enquête dans l'enquête. L'issue provoquera un scandale.

Gérard Lhéritier n'en a pas fini avec le capitaine. Sa mutation aux RG lui permet de renouer avec une vieille connaissance, le juge Murciano. Mortifié, ayant de surcroît appris que le patron de Valeur Philatélique a été partiellement innocenté, Huy Decloedt veut rouvrir le dossier. Avec Jean-Claude Samoey, l'inspecteur convainc une ancienne cliente, Christiane Flourens, de déposer plainte contre Gérard Lhéritier, au motif qu'il l'aurait flouée en lui vendant des blocs-feuillets. Elle obtempère, bien qu'elle n'ait rien à lui reprocher. D'une des 30 victimes de monsieur Samoey en 1990, la veuve devient sa complice en 1994. Aucune poursuite ne sera diligentée contre elle, tant ses dépositions, six ans plus tard, ont établi qu'elle avait été manipulée.

La plainte arrive au cabinet de Jean-Pierre Murciano, qui confie les investigations à des gendarmes cannois. Par ailleurs, il distille le poison dans les médias : « Une grosse escroquerie va être mise au jour », annonce-t-il. France 3 et *Nice-Matin* recommencent à pilonner Gérard Lhéritier. Lequel est à nouveau inculpé le 19 mars 1996. Le juge Murciano le poursuit pour escroquerie et abus de confiance. Il avance un préjudice de centaines de millions de francs au détriment de 70 clients. « L'escroc » est jeté en prison, numéro d'écrou 5 546, et y reste quinze jours.

Pendant son séjour derrière les barreaux, la presse se déchaîne. Même mécanisme qu'en 2014 et 2015 : les fuites à tire-larigot alimentent la rubrique des faits divers. À l'époque, Jean-Pierre Murciano est une « star » : il a mis un terme au « système Mouillot », du nom de l'ancien maire de Cannes. L'affaire des armes et explosifs retrouvés chez son ami Decloedt n'a pas encore éclaté. La chambre de l'instruction d'Aix-en-Provence libère finalement Gérard Lhéritier, sans caution ni contrôle judiciaire. Pour un prévenu décrit comme un arnaqueur de première, c'est rare. Les charges ne sont pas convaincantes. D'où l'élargissement sans condition. Cependant, l'affaire va durer des années et, pendant l'interminable laps de temps, Gérard Lhéritier essuie les pires humiliations. Un ancien journaliste de RMC se souvient : « Personne ne voulait l'inviter. Il était *persona non grata* sur les ondes. Mes confrères ne croyaient pas en son innocence. Tout le monde voulait sa peau. »

En juin 2000, Jean-Pierre Murciano est toujours empêtré dans son instruction, ouverte en mars 1996. Et le voici qui étend son enquête à Monaco. Le 22 juin, il retient la « complicité d'escroquerie » contre André Palméro, 68 ans, administrateur des biens du prince Rainier depuis

1980, gestionnaire des collections de la principauté. Le 3 janvier suivant, n'ayant supporté ni sa mise en examen ni la campagne de presse qui l'a suivie, monsieur Palméro succombe à une crise cardiaque. Il a obtenu son non-lieu à titre posthume, après que la veuve Flourens a reconnu avoir menti.

Cette fois, la cour d'appel d'Aix-en-Provence met le holà. Elle dessaisit le juge Murciano et confie la suite des investigations à son collègue Thierry Rolland, au tribunal de Nice. Les raisons invoquées sont multiples : le refus d'effectuer une contre-expertise comptable et d'organiser une confrontation avec la première plaignante, Christiane Flourens, plus la crise cardiaque d'une personnalité monégasque. Mais il y a autre chose : Jean-Pierre Murciano est soupçonné de « complicité d'infraction à la législation sur les armes, les munitions et les explosifs, faux en écriture publique par dépositaire de l'autorité publique » dans le dossier Sonacotra. Il risque un procès pour avoir facilité la « disparition » de l'arsenal de terroristes en rédigeant de faux PV de saisie. La Chancellerie surveille l'évolution de l'affaire comme le lait sur le feu. Elle a été transférée à Paris, pour prévenir les interférences.

Le 31 mai 2001, la procédure arrive chez le juge Rolland. Changement de méthodes. Déjà, il interroge Gérard Lhéritier, ce que son prédécesseur n'avait pas fait en quatre ans. Puis il entend la veuve qui l'a accusé en 1994. Patatras ! Elle révèle avoir été forcée de déposer une fausse plainte par son courtier Samoey[1]. Le procureur est avisé, le scandale est énorme. Les poursuites pour

1. Christiane Flourens a témoigné de ce qu'elle a vécu, par écrit, les 10 et 17 août 2000, le 14 novembre suivant et le 4 mars 2003.

escroquerie sont abandonnées. Reste l'abus de confiance. En correctionnelle, Gérard Lhéritier est relaxé le 24 juin 2005. Onze ans après la plainte. Durant l'audience, le procureur Éric de Montgolfier viendra même « tordre le cou » aux rumeurs infondées dont le prévenu a été la cible.

Depuis, Jean-Pierre Murciano a fait l'objet d'une mise en examen, suivie d'un non-lieu, et de poursuites devant le Conseil supérieur de la magistrature. Il a aussi comparu devant le CSM pour manquement à l'honneur et à la probité : il avait reçu des confidences d'un cadre de la SDBO, une filiale du Crédit lyonnais, et les avait rapportées à Bernard Tapie, ex-patron d'Adidas engagé dans un combat judiciaire avec la banque. Cette aide inopportune lui a valu une réprimande. Enfin, il a été dessaisi de plusieurs affaires par la Cour de cassation, dont la procédure contre Michel Mouillot. Huy Decloedt a été condamné pour détention illégale de munitions et d'explosifs à un an de prison avec sursis, sanction ramenée à six mois en appel, mais n'a pas été révoqué.

Dix ans après sa relaxe, Gérard Lhéritier a créé le « Prix littéraire Comte de Monte-Cristo », qui récompensait, jusqu'à sa dernière édition mardi 3 juin 2014, des livres témoignant d'une erreur judiciaire, et plus largement d'un combat mené en faveur de la vérité. Chaque année, il a reçu des personnalités pour célébrer les lauréats, sept lors de l'ultime soirée, dont l'avocat Éric Dupond-Moretti et son client Loïc Sécher, incarcéré 2 555 jours pour un viol qu'il n'avait pas commis[1]. Parmi les membres du jury, Karine Duchochois, victime de

---

1. Loïc Sécher et Éric Dupond-Moretti, *Le Calvaire et le Pardon*, Michel Lafon, 2013.

l'affaire d'Outreau, journaliste, première récipiendaire du Prix en 2005[1]. Elle préside aujourd'hui l'association AMBLEM (Association des amis pour le musée des belles lettres et manuscrits) qui s'oppose à la dispersion du patrimoine écrit français.

En cette première année d'existence du prix, Gérard Lhéritier avait prononcé un discours basé sur son expérience, prémonitoire : « L'idée de le créer m'est venue pour deux raisons : j'ai constaté l'inflation inquiétante d'erreurs judiciaires et leurs terribles conséquences ; j'ai été confronté à ce qu'on appelle pudiquement "des dysfonctionnements" [...] Quoi de plus terrible que d'être innocent et jeté au bûcher médiatique ? De se dire, au fond de soi, "je suis accusé d'un délit ou d'un crime que je n'ai pas commis et personne ne me croit". De sentir la machine vous broyer et de ne rien pouvoir faire, ou peu de chose. D'être séparé des siens, surtout de ses enfants. De ne plus pouvoir supporter les regards, les sourires moqueurs. De voir ses amis, et même sa famille, s'éloigner progressivement... »

Les soirées qui se sont succédé au fil des ans ont rassemblé un parterre d'avocats, de juges, de journalistes et de personnalités politiques, dont nombre de députés.

1. Karine Duchochois et Florence Assouline, *Moi, Karine, innocente et cassée*, Plon, 2004.

22

Gardes à vue

FIN février 2015, Gérard Lhéritier reçoit un appel d'un commissaire de la BRDE. Peut-il venir le 3 mars, avec sa fille Valérie, dans les locaux de la brigade ? Depuis les perquisitions du mois de novembre 2014, il attend et redoute ce moment. Il n'a plus eu de nouvelles, excepté par les journaux. « Venez avec votre avocat », conseille l'officier. L'invitation est limpide. La garde à vue les guette. D'autant que le professeur Jean-Jacques Daigre, le libraire Jean-Claude Vrain et l'expert-comptable Denis Potier sont convoqués ce même jour.

Mardi 3, à 13 h 30, Gérard et Valérie Lhéritier font stopper leur taxi devant les 122-126 de la rue du Château-des-Rentiers, dans le 13e arrondissement, où se dresse l'imposant immeuble aussi gris que le ciel. Il fait un temps de chien, onze degrés sous une pluie diluvienne. Le commissaire Yann Czernik conduit dans un bureau le P-DG d'Aristophil et son avocat Henri Leclerc ; le commissaire divisionnaire Yves Doublet mène Valérie Lhéritier et son conseil Camille Radot dans la pièce voisine. Placés en garde à vue à 14 heures, le père est interrogé à partir de 15 h 18 ; la fille à compter de 16 h 10. Ils sont soupçonnés de « pratiques commerciales trompeuses entre

2009 et 2014, escroqueries en bande organisée à partir de 2009, blanchiment du produit d'escroquerie en bande organisée en 2013, présentation de comptes infidèles entre 2009 et 2014, abus de biens sociaux en 2003 et abus de confiance de 2010 à 2014 ».

Les policiers sont courtois. « Briefés » par leur hiérarchie, ils savent que la conduite de leurs investigations sera observée. Ils n'ont pas droit à l'erreur.

Les questions de pure forme évacuées (identité, adresse, situation familiale, etc.), Gérard Lhéritier tient à lire une déclaration préliminaire.

Il rappelle l'objet d'Aristophil, la surveillance que la COB, devenue l'AMF, et le parquet ont exercé sur l'entreprise depuis l'année 2003. Il revient sur la procédure intentée en 2006 et sa relaxe, les enquêtes de 2008 et de 2010-2012 par la Brigade financière. « Personne n'a rien trouvé à redire », martèle-t-il. Il aborde l'année 2014, le signalement de l'AMF, la DGCCRF, le gel de ses comptes, de sa société et de ses enfants. « Sans que j'aie pu présenter la moindre défense, lit-il, Aristophil a été condamnée et ses employés mis au chômage. » Il voit en la garde à vue de sa fille « un moyen de pression », estime que l'on bafoue ses droits : « Ma réputation est ruinée, les clients et leurs conseillers sont dans l'angoisse. Les collections d'une valeur inestimable vont être bradées. Je n'ai plus rien. Je suis anéanti. »

Le père et la fille sont interrogés sur leurs moyens financiers. Le montant énoncé des salaires se situe dans la norme des rémunérations à de tels postes : 9 000 euros pour le P-DG du groupe ; 6 000 euros pour la directrice des achats, soit autant et parfois moins que ses prédécesseurs, des cadres sans lien familial. Leurs revenus sont confortables mais pas extravagants. Un intéressement aux bénéfices, comme les salariés, des dividendes que seuls ses enfants ont perçus à deux reprises seulement en dix ans. Gérard Lhéritier, lui, les a tous réinvestis dans le groupe. Une voiture chacun, des tableaux, des lettres et manuscrits, trois chevaux (le quatrième vient de mourir), un bateau en leasing. Chaque achat est justifié par des factures et des ordres de virements interbancaires.

« Avez-vous perçu des revenus non déclarés à l'administration fiscale ?

– Non. Et vu le nombre de contrôles que j'ai subis… »

Nul besoin de finir sa phrase : Gérard Lhéritier est depuis si longtemps dans l'œil de Bercy que s'il avait multiplié les fraudes, il aurait été confondu. En 2013, il a versé 500 000 euros au titre de l'ISF. Il ne mentionne pas Calwam car l'affaire est en cours de règlement.

« Non, je n'ai pas perçu de revenus non déclarés », indique Valérie dans le bureau d'à côté. Oui, elle possède des comptes bancaires, à la Société Générale comme son père. « Tout l'argent a été saisi », précise ce dernier. « On m'a laissé 1 000 euros sur mon compte courant », signale la fille.

Les biens immobiliers détenus par Gérard et Valérie Lhéritier sont recensés, des maisons, un appartement, pour partie en SCI. Les quatre propriétés acquises grâce à l'EuroMillions justifient leur contribution à l'ISF. Transparence totale. Les délires sur les montages financiers illicites tombent à plat. Mais les extraits de ces PV-là, nul ne les publiera. Il ne sera pas fait allusion à sa générosité, 200 000 euros prêtés par-ci, 100 000 par-là, des chèques aux Orphelins d'Auteuil, à la Croix-Rouge, à Médecins sans frontières, à la Fondation Abbé Pierre, des contributions au forage de multiples puits au Mali et la création d'une fondation dotée d'un million. Il ne sera pas plus fait mention de l'aménagement d'un espace-détente pour les enfants et personnes âgées de La Penne, un village de l'arrière-pays niçois, pour un montant de 70 000 euros. Ni du don de 50 000 euros à *Nice-Matin* pour sauver le quotidien déficitaire qui, depuis, ne l'a pas épargné. Certes, de telles actions font l'objet de ristournes fiscales mais personne n'est obligé de partager sa fortune. Et qu'importe : tout ce qu'il a fait se retourne contre lui, on lui prête systématiquement un instinct de calculateur.

La garde à vue s'interrompt à 17 h 40 ; Francis Triboulet relaie son associé Henri Leclerc. Celle de Valérie Lhéritier s'est achevée un peu plus tôt, temporairement. Elle n'a pas déclaré grand-chose : une Volkswagen Polo d'occasion, sa maison niçoise, des bijoux, trois tableaux, une lettre de la chanteuse anglaise Amy Winehouse à 3 000 euros, l'ensemble réglé par chèque. Et elle paie ses impôts.

L'audition de Gérard Lhéritier reprend à 18 h 35 après qu'un médecin des urgences médico-judiciaires a estimé l'épreuve compatible avec son état de santé. Comme dans les films, le commissaire divisionnaire Doublet échange sa place avec son collègue Czernik. Le patron d'Aristophil est prié de détailler son *curriculum vitae.* Tout a déjà été décrit par les journaux : le BEPC, le bac éco qu'il ne passe pas, la carrière dans l'armée de 1967 à 1974, les Assurances générales de France jusqu'en 1982, sa première petite entreprise de gestion de patrimoine et le tournant en 1985, grâce à son fils qui lui fait découvrir la guerre de 1870 : « Il voulait des timbres, je suis tombé sur les ballons montés et les boules de Moulins. Une révélation ! » Gérard Lhéritier fonde Valeur Philatélique,

Valeur et Patrimoine, puis Aristophil en 1990, société en nom propre. Le commerce des ballons montés l'a conduit à s'intéresser à des lettres de Victor Hugo, d'Édouard Manet, de Sarah Bernhardt. Ainsi débute l'aventure des autographes. En 1996, Gérard Lhéritier explose en vol avec l'affaire des timbres de Monaco : « Mes sociétés ont été liquidées, il ne m'est resté que la marque Aristophil. »

L'audition se poursuit, sa vie professionnelle défile : le Luxembourg, le retour en France, Aristophil qui se développe en société par actions simplifiées, 80 % du capital à son nom, le reste partagé entre ses enfants. Première exposition en 2003 au château Grimaldi de Cagnes-sur-Mer, « Lettres d'histoire – Histoire de l'être », qui remporte « un succès fou. Cela m'a encouragé pour l'avenir ». Un an plus tôt, il a acheté le manuscrit Einstein-Besso. Lui est alors venue l'idée de créer la première convention Coraly's, permettant l'acquisition en indivision avec usufruit et nue-propriété de collections. Suivant les conseils de ses avocats, il présente son projet à la COB qui donne son feu vert en octobre 2003. L'engouement est tel qu'il réitère l'opération avec des lettres rares et un manuscrit de Salvador Dali. Aristophil sort de l'ombre. Quelques mois plus tard, il ouvre le Musée des Lettres et Manuscrits. Un 18 juin, en référence au général de Gaulle.

La vitrine que constitue le MLM incite des particuliers à lui proposer les œuvres, héritées ou achetées, dont ils veulent se séparer : « Ainsi ai-je acquis 7 000 lettres et manuscrits de l'Académie française, les collections De Gaulle, Gary, Vian... » Suivent, dans le désordre, les lettres de Napoléon à Joséphine ; le traité manuscrit sur la radioactivité de Marie Curie, 600 pages comportant 1 200 corrections, des équations et dessins ; des éditions originales de René Descartes, dont le *Discours de la méthode* (1637) ; des recueils de Martha et Sigmund Freud ; un carnet de 85 dessins de Marc Chagall accompagné de huit pages rédigées par sa femme Bella, née Rosenfeld, écrivain ; 38 manuscrits et 43 éditions originales de Jean Cocteau, entre autres trésors du poète ; des lettres de Claude Monet, d'Edgar Degas ; le manuscrit *Cellulairement* de Paul Verlaine, des archives de Victor Hugo et des partitions de Mozart... La liste des œuvres autrefois détenues par Aristophil suscite deux sentiments : émerveillement, désolation. « Se dire qu'elles ne seront plus exposées m'accable. C'est un désastre », soupire Gérard Lhéritier. La collection était assurée par les Lloyd's pour plus d'un demi-milliard d'euros[1].

Devant le commissaire Doublet, ce 3 mars, Gérard Lhéritier ne se vante pas des documents historiques qu'il a rassemblés, mais l'officier paraît intrigué par le « phénomène Aristophil ». En témoigne sa question pertinente[2] :

« Comment expliquez-vous que Aristophil ait de nombreux détracteurs, que la société attire autant les soupçons alors que, d'un point de vue extérieur, vous essayez d'œuvrer pour la grandeur de notre patrimoine ?

– Nous avons fait de l'ombre à des gens qui n'ont pas compris ce qu'on faisait. Le SLAM, présidé par Frédéric Castaing de 2004 à 2009, nous a attaqués. Ce marchand comptait parmi ceux à qui nous n'achetions pas. Un jour, aux USA, j'ai acquis le discours de Louis XVI avant sa fuite à Varennes. De retour en France, Martine de

1. 600 millions d'euros pour les indivisions et entre 50 et 100 millions pour les contrats Amadeus.
2. Les échanges lors des gardes à vue sont restitués sur la base des témoignages des personnes interrogées.

Boisdeffre, la directrice des Archives nationales, a souhaité le voir et m'a dit que ce serait bien de l'offrir aux Archives. Elle nous a envoyé ses experts. Nous avons constaté que le manuscrit était enfermé dans une chemise de chez Castaing. Nous avons pensé qu'il l'avait cédé aux Américains. »

Gérard Lhéritier a apporté une lourde sacoche de documents prouvant ses déclarations. Il remet au commissaire le rapport des Archives de France daté du 8 juillet 2009. De là provient, selon lui, la profonde inimitié que lui voue Frédéric Castaing.

Les questions portent sur la gestion du groupe. D'abord, la démarche des commissaires aux comptes qui ont alerté le tribunal en juin 2014, après une première initiative similaire en 2007. « Ils ont eu peur, répond le P-DG. Ils m'ont expliqué leur position et m'ont raconté en détail leur entretien à la DGCCRF. Ils ont annulé le signalement. » Le 28 mai, les CAC avaient rencontré le président pour qu'il réponde à leurs interrogations, ce qui fut fait. « La situation de la société nous a conduits à l'initier », expliqueront-ils à la juge Bilger, reconnaissant avoir eu préalablement connaissance du rapport de la DGCCRF, qui a pu les influencer. Messieurs Violier et Courquin ont suspendu la procédure. Ils ont tout de même envisagé une période d'observation de six mois, préconisant la mesure le 24 novembre 2014, soit six jours après les perquisitions. À la lumière des éléments rassemblés par la DGCCRF, les CAC ont naturellement redouté d'être inquiétés.

Le policier aborde l'existence des filiales à l'étranger. « La première, ouverte à Bruxelles en 2004, a été visée par l'équivalent de l'AMF, qui a autorisé la vente en indivision. Jusqu'en 2008, nous avons gagné de l'argent. En 2009, 800 000 euros ont été détournés. La police a ouvert une enquête en 2012, reprochant à Aristophil de vendre des collections n'existant pas. Nous avons prouvé le contraire mais le mal était fait : la RTBF a réalisé une émission reprise en France. Les soucis se sont amplifiés. Nous avons créé une filiale en Suisse avec les contrats Amadeus, nous n'avons eu aucun problème. La filiale autrichienne a bien fonctionné, sans dettes. En ce qui concerne la filiale à Hong-Kong, nous n'avions qu'un correspondant et cela n'a pas été un succès. » Hong-Kong ? Le commissaire tique, la place financière étant vue comme une plateforme de blanchiment. « Il n'y avait pas d'argent sale, rétorque Gérard Lhéritier. Je voulais pénétrer le marché asiatique, les ventes aux enchères y sont lucratives. J'avais mandaté, sur place, un avocat pour nous aider. Cela n'a pas marché. »

L'officier de la BRDE se penche sur le fameux modèle économique, qui tant fut décrié et qui, somme toute, est la raison principale de l'enquête préliminaire. Les réponses démontrent qu'il existe une confusion entre l'offre d'Aristophil et celle de certains courtiers :

« Les CGP proposent nos produits. Ils savent qu'ils n'ont pas le droit de dire qu'Aristophil promet un rendement de 8 % par an.

– Dans votre documentation, relance Yves Doublet, on trouve la référence à une étude indiquant que le marché progresse de 9,90 % par an. De quoi s'agit-il ?

– Cette étude date de 2010, elle reprend des prix de ventes aux enchères. En étudiant 300 pièces, on a constaté une évolution moyenne de 9,90 %. À la suite des questions de la DGCCRF, j'ai mandaté un ingénieur en informatique qui a créé un indice à partir de cent lettres et manuscrits vendus aux enchères. Sur une période de dix à quinze ans, on atteint une hausse moyenne de 12,66 % par an.

– Pensez-vous que les conclusions coïncident avec la réalité du marché ?

– Oui, je pense que nous nous situons même en dessous. Il y a de plus en plus de demandes et de moins en moins de manuscrits. Ils ont un bel avenir. Ce sont des estimations. Nos partenaires, banques, Finestim, Art Courtage, n'ont pas remis en cause leur fiabilité.

– Si vous considérez cette étude de 2010 comme fiable, pourquoi avoir voulu la réactualiser ?

– Parce qu'entre 2010 et 2014, les prix ont encore évolué.

– Comment les prix d'achat sont-ils déterminés ?

– Si on achète à 500, on revend à 1 000.

– Pensez-vous que les conventions que vous proposez à vos investisseurs sont juridiquement complexes ?

– Me Daigre, référence dans le monde bancaire, a rédigé les contrats en 2007 et 2008. Ils ont été présentés à l'AMF, à la Financière en avril 2008 et en 2010, ainsi que les documents commerciaux que vous avez souhaité examiner. Ils n'ont prêté le flanc à aucune critique. Quant à nos clients, ils ne se sont jamais plaints d'une quelconque complexité. »

On aboutit toujours la même conclusion, qui plonge dans un abîme de perplexité.

COB, AMF, DGCCRF et BF savaient depuis des années de quoi il retournait. Si les contrats ont légitimement pu attirer la suspicion de ces garants du respect des lois, et si le fisc a dû, à juste titre, y regarder de près, personne n'a stoppé Gérard Lhéritier. Deux hypothèses : soit il est vraiment malin, soit il n'a pas commis de malversations.

D'où la complexité du travail de la police, qui doit démêler l'écheveau des accusations.

Le commissaire se penche sur les prix d'achat et de revente. Un point crucial car la presse a dénoncé « l'écart exorbitant » entre les sommes déboursées par la SAS Aristophil et celles réclamées aux investisseurs.

« Selon des analystes, votre société aurait acheté nombre de manuscrits à des prix excessifs. Est-ce le cas ?

– J'ignore à quoi vous faites référence. Mais il peut arriver que l'on fasse des mauvaises affaires et que l'on dépasse de beaucoup les estimations.

– Pensiez-vous pouvoir revendre les manuscrits, acquis ces dernières années, au moins au prix payé par Aristophil ?

– Je ne revends jamais un manuscrit au bout de deux ans ; plutôt après sept ou dix ans. Et, oui, je suis certain de le revendre à un prix supérieur.

– Comment le prix de revente aux clients est-il défini ?

– On applique la marge sur le prix d'achat décoté, en moyenne de 1,6 à 2,1.

– Le client qui achète à Aristophil a-t-il conscience qu'il aurait payé moins cher en salle des ventes ou chez un libraire spécialisé ?

– Les collectionneurs connaissent les prix. Les investisseurs qui choisissent de passer par Aristophil peuvent se renseigner ou solliciter des explications. Personne ne nous a jamais demandé le prix d'achat...

– Savez-vous ce qu'est une bulle spéculative ?

– Si vous parlez de la pyramide de Ponzi, j'ai regardé la définition. Cela n'a rien à voir avec moi car, pour chaque euro, il y a un actif.

– Sont-ce les nouveaux clients qui permettent de racheter les collections des anciens, de ceux dont le contrat arrive à échéance ?

– Non. La marge que l'on garde sur les collections sert à acheter ou racheter les collections, à payer les frais généraux. Nous n'attendons pas le nouveau client pour payer l'ancien. C'est absurde. »

À 1 heure du matin, ce 4 mars, la garde à vue s'interrompt à la demande de Francis Triboulet. L'avocat estime que son client mérite un peu de repos. Il sera « libéré » le 5 mars à 12 h 30, pour être aussitôt déféré au parquet.

23

« Je ne sais pas… »

DANS le bureau voisin, Me Camille Radot met également le holà : sa cliente a été questionnée non-stop de 18 h 30 à 1 heure. Valérie Lhéritier, 42 ans, est épuisée. Le commissaire Czernik l'informe qu'elle peut aller dormir. Pour l'officier, la fin de journée a été décevante.

Valérie a raconté le divorce de ses parents en 1987, ses études en histoire de l'art, le chômage quand son père a été pris dans les rets du juge Murciano, son mariage, la naissance de ses deux fils, son travail dans la société familiale après que Gérard Lhéritier fut innocenté. Il sélectionne les œuvres convoitées ; elle part enchérir et les lui rapporte, travaille avec les experts pour évaluer les documents proposés par des particuliers. Elle se forme « sur le tas » mais ne prend part à aucune décision d'ordre financier. Aussi, quand le policier lui pose les mêmes questions qu'à son père, elle est souvent incapable de répondre.

« Votre parcours témoigne de l'énergie mise dans votre métier, remarque monsieur Czernik. Aristophil a-t-elle été pensée pour développer votre passion ou pour faire des profits ?

– Je sais que ce modèle économique peut choquer. Mais mélanger la culture et l'argent est selon moi normal. Il y a toujours eu des transactions dans ce domaine.

– Comment expliquez-vous qu'Aristophil ait tant de détracteurs ?

– Des gens nous envient. Mon père a eu une idée géniale, ça ne plaît pas. Il y a dix fois plus de personnes qui encensent notre action. Il y a eu des centaines d'articles positifs dans la presse...

– Combien de manuscrits achetés par Aristophil ont-ils été revendus sur le marché de l'art ?

– Pas beaucoup. Nous avons failli vendre le manuscrit Einstein-Besso mais ça n'a pas abouti. Aristophil a déposé plainte mais je ne connais pas la suite.

– Si Aristophil disparaît, la situation des investisseurs restera inchangée ?

– Oui, ils sont propriétaires d'œuvres. En revanche, il ne faut pas vendre tout d'un coup.

– Aristophil est une société commerciale, il est normal qu'elle fasse du profit entre prix d'achat et prix de revente. Quelle marge appliquez-vous ?

– En moyenne, on double. Si on achète 10 000, on revend 20 000.

– Le client qui passe par vous est-il conscient qu'il aurait payé moins cher en salle des ventes ou chez un libraire spécialisé ?

– Oui. Ils achètent chez nous car nous offrons un service : œuvres de qualité, expérience des acquisitions, conservation, assurance, etc.

– Au bout de cinq ans, le prix d'un manuscrit est-il identique ou augmenté ?

– Je me souviens de documents dont la valeur initiale a augmenté de 40 %. »

L'audition, qui dure une éternité, révèle quantité de formules identiques : « Je ne sais pas. » L'officier le note :

« À la lecture de vos réponses, j'ai l'impression que vous ne connaissiez rien au fonctionnement d'Aristophil ?

– J'avais un travail et je m'y consacrais. Je ne me suis pas éparpillée. Je n'ai jamais approfondi le reste. Peut-être à tort. »

Ainsi s'achève l'audition de Valérie Lhéritier. À l'issue de ces interrogatoires, force est de constater que rien ne prouve encore les malversations.

Le lendemain, dès 8 h 30, ils échangent de nouveau leur place. Yann Czernik fait face à Gérard Lhéritier. Il est encore question du « rendement garanti à 9,90 % » – le nerf de la guerre.

« Si j'interroge des personnes qualifiées sur ce marché, toutes diront-elles que la hausse est constante ?

– Oui, demandez surtout aux commissaires-priseurs. J'ai moi-même pris soin d'ajouter noir sur blanc un avertissement sur l'évolution moyenne des prix, précisant que la brochure à laquelle vous faites référence ne représente pas une pub affichant des taux d'intérêt susceptibles d'être interprétés comme une offre de produits financiers. Cette brochure est le reflet de l'évolution sur trente ans. »

Les résultats des enchères sont proches, peu ou prou, des prévisions d'Aristophil : la hausse oscille de 8 à 10 %. « Une lettre avec un dessin de Paul Verlaine valait 3 340 euros en 1985, précise Gérard Lhéritier. Elle en vaudrait aujourd'hui 40 000. »

Le commissaire Czernik n'est pas convaincu, loin de là. Il cite les témoignages de détracteurs du « système Lhéritier » et, au fil des pages du PV, on a le sentiment que les deux hommes ne parlent pas la même langue. D'un côté le collectionneur qui a écumé les salles de ventes, bibliothèques, musées, librairies spécialisées ; de l'autre, un spécialiste de la délinquance en col blanc qui ne sait pas forcément ce que peut valoir un carnet illustré de 37 dessins d'Eugène Delacroix. Si l'officier de la BRDE reconnaît des qualités à Gérard Lhéritier, il paraît hermétique à une évidence : ce marché procure des profits à ceux qui y investissent. Et, les années passant, ils sont rares à subir une déconvenue.

L'interrogatoire porte encore sur « l'Indice 100 » de valorisation des œuvres. Il est à nouveau question de son « caractère mensonger ». Gérard Lhéritier riposte que le document ne peut pas l'être puisqu'il n'a été ni publié ni communiqué aux clients. Rien n'y fait.

« Reconnaissez-vous que l'étude est fausse ?

– Non, elle est vraie.

– Reconnaissez-vous qu'elle avait pour but de tromper les clients ?

– Non, ce n'était pas un document commercial. C'était une étude interne. »

Et ainsi de suite. Trois fois, quatre fois, jusqu'à la capitulation du commissaire. Il a pour mission de confondre le suspect, il est dans son rôle. Me Francis Triboulet fait verser le dossier « commercialisation de la solution Aristophil et connaissance du client », rappelant que les achats ne sont pas garantis.

« Confirmez-vous n'avoir eu de cesse d'informer les clients qu'ils n'étaient que des acheteurs d'œuvres d'art, avec les risques que cela comporte ?

– Oui, je confirme et souhaite que cet avertissement, fait par écrit, soit annexé au procès-verbal. »

La garde à vue pourrait presque s'arrêter là. Mais le substitut Louise Neyton signe une prolongation de 24 heures. Pour le père et la fille. Laquelle n'a pourtant apporté aucune information durant l'audition. Valérie Lhéritier ne sait rien de la brochure, mensongère ou pas, publicitaire ou interne, indépendante ou téléguidée. À 15 h 30, le 4, elle pose une seule question : « J'aimerais savoir ce que l'on me reproche... »

Pas de réponse. Un classique de l'interrogatoire : faire mariner le suspect dans l'odeur de sa peur jusqu'à ce qu'un parfum de culpabilité l'asphyxie. Même les innocents finissent par se sentir coupables. C'est ainsi que, parfois, des aveux sont obtenus sous la contrainte morale. La fatigue aidant, le regard suspicieux de son vis-à-vis, la répétition de questions accusatrices et le doute qui s'immisce ont raison des plus solides. Valérie Lhéritier ne l'est pas. Néanmoins, elle ne craque pas. Parce qu'elle est certaine de ne pas avoir pris part à une « escroquerie en bande organisée ».

On lui parle maintenant d'un ancien cadre d'Aristophil ayant affirmé que Gérard Lhéritier « achetait toujours plus cher que le prix du marché ». « C'est arrivé, ne peut-elle que répondre, lorsque les pièces étaient rarissimes. » Puis « des marges » dont elle ne s'est jamais occupée. Les montants défilent : 30, 60 %. Des ventes entre filiales, aussi. « Ces chiffres ne m'évoquent rien. » Pas plus que les demandes de versement anticipé des intérêts. « Ces questions m'apparaissent surréalistes », finit-elle par lâcher. Gagnée par la lassitude, elle ne marmonne plus que quelques mots :

« C'est très pointu, je ne sais que dire..
– Je ne sais pas quoi dire...
– Je ne comprends pas...
– Cette loi ne me dit rien... »

À 19 h 30, d'une écriture qui part dans tous les sens tant il est excédé, Me Camille Radot rédige à la main des observations :

> Camille Radot, avocat au barreau de Paris (S.C.P. Henri Leclerc), conseil de madame Valérie Lhéritier, placée en garde à vue dans vos locaux le 3 mars 2014, à 14 h 08.
>
> Après 30 heures de garde à vue et environ 14 heures d'interrogatoire, aucun fait précis et circonstancié n'a été personnellement reproché à madame Valérie Lhéritier au regard des infractions citées au PV de notification de GAV. Les raisons de son placement en garde à vue ne sont toujours pas identifiables.
>
> L'article 62-2 du Code de procédure pénale n'est pas respecté.
>
> Un autre interrogatoire est prévu dans la soirée.
>
> Madame Valérie Lhéritier est épuisée, son mari et ses enfants l'attendent, on ne lui a toujours pas expliqué pourquoi elle est en garde à vue et ce qui lui est reproché.
>
> Cette mesure doit cesser immédiatement. Des observations en ce sens ont déjà été déposées lors du précédent interrogatoire.
>
> Je demande qu'une copie de ces observations soit jointe à la procédure et qu'une autre soit adressée au procureur de la République.
>
> Fait à Paris, le 4 mars 2014 à 19 h 50

À 20 h 30, le commissaire Czernik s'exécute et envoie les observations, par e-mail, au substitut Neyton. Valérie Lhéritier peut aller manger un sandwich en cellule. Son audition reprend à 21 h 40 et s'achève à minuit et demi. La garde à vue est levée le 5 mars, peu avant midi.

La dernière question posée est la suivante :

« Avez-vous été en mesure de comprendre les faits relatifs aux infractions qui vous sont reprochées ?

– Non, pas du tout. Je n'ai rien compris. »

Valérie Lhéritier est déférée au tribunal de grande instance de Paris, avec son père.

Comparaissant cinq heures plus tard devant la juge Charlotte Bilger, elle réitère son ignorance des délits dont elle est soupçonnée, au terme de ses deux jours de garde à vue, dont « 18 heures d'interrogatoire ». Elle n'a rien à ajouter. Son père est plus prolixe, souhaitant « répondre point par point ». Il débute par « le compte suisse, fiscalement déclaré ». Il assume la responsabilité de lettres de garanties de rachat pour quelques clients fidèles. S'agissant des filiales étrangères, elles ont été contrôlées par les CAC. Il conteste l'abus de biens sociaux à propos de la vente du « Einstein-Besso » : « Les comptables ont supervisé le transfert de ce manuscrit de Cipo Palmeris, qui l'avait acheté en 2002, vers Aristophil en 2003. » Il nie l'escroquerie : « Je souhaitais acquérir des collections et faire découvrir cet univers. J'ai consulté Me Daigre pour aménager les contrats et les ai soumis à l'AMF. » Il évoque « la collection Napoléon » exposée durant trois mois aux Invalides, pour démontrer la qualité des œuvres achetées. Enfin, il s'avoue « très surpris » : « Il n'y avait pas de plainte avant le 18 novembre 2014… »

24

La responsabilité des courtiers

DANS des bureaux voisins, à la BRDE, d'autres protagonistes du dossier sont pareillement éprouvés. L'expert-comptable Denis Potier, dont les locaux à Nice ont été perquisitionnés six mois auparavant, est un ami et conseiller de Gérard Lhéritier depuis dix ans. Il assure l'avoir prévenu qu'Aristophil risquait une « cessation de paiement » au vu des résultats du premier semestre 2014. Sans un apport de fonds par le président, le groupe aurait été dans le rouge. Les 41 millions qu'il a versés démontrent sa volonté de surmonter une mauvaise passe, selon l'expert-comptable. Il admet avoir défendu le modèle économique, ce qui fait dire à la police que « Denis Potier a manqué d'objectivité, incompatible avec un principe de son expertise : l'indépendance ». Elle ne considère pas qu'on puisse approuver un projet tout en conservant son autonomie. Il est interrogé sur la présentation comptable des achats de collections, parfois imputés de façon inexacte dans les registres. Les CAC chargés de la validation des bilans n'ont pas relevé les anomalies. Mais il y en a eu, c'est incontestable.

Denis Potier est mis en examen le 5 mars 2015.

Me Jean-Jacques Daigre, avocat et professeur de droit, vit sa première garde à vue en tant que suspect. Il est désagréablement surpris de se retrouver dans la position de complice présumé d'une escroquerie, alors qu'il n'a exercé que des fonctions de conseil juridique au profit d'Aristophil et de son président. À plusieurs reprises, il est contraint de rappeler qu'à ce titre, sa relation avec son client est soumise au secret professionnel. Il n'est ni économiste ni expert en relations commerciales, encore moins un communicant ayant promu un « système ». Ses réponses ressemblent à celles de Valérie Lhéritier : « Je ne sais pas. » Il s'est limité à construire un modèle juridique, à vérifier et modifier des contrats, à faire respecter la réglementation, il s'est occupé des projets développés par monsieur Lhéritier, le Fonds d'investissement alternatif et la création d'une maison de ventes aux enchères. Si l'interrogatoire de Me Daigre se justifie au regard de la complexité du dossier, sa garde à vue est juridiquement dérangeante. Au point que Nathalie Schmelck, son avocate, demande que soit notifié qu'elle paraît « injustifiée ». En réponse, elle est prolongée et s'achève à 12 h 05 le 5 mars.

À la juge Bilger, Jean-Jacques Daigre se plaindra de la « déloyauté » des enquêteurs : « Les faits susceptibles de m'être imputés ont été portés à ma connaissance le dernier jour. » Le parquet requiert sa mise en examen pour escroqueries en bande organisée, complicité de pratiques commerciales trompeuses, et son placement sous contrôle judiciaire. La juge d'instruction ne l'entend pas ainsi. L'avocat bénéficie finalement du statut de témoin assisté pour les supposées tromperies ; le chef d'escroquerie est rejeté. Réentendu en juin et en août, il fournit des réponses identiques. Pendant un an, il fourbit ses armes, bataille pour la levée d'une mesure qu'il juge dégradante et infondée. En vain. Il n'imagine pas que le parquet, vexé de n'avoir pas obtenu gain de cause en mars 2015, prépare une riposte.

Le 21 octobre 2016, le procureur requiert à nouveau sa mise en examen. Il estime « établi » que Jean-Jacques Daigre « est le concepteur et le rédacteur des contrats passés entre Aristophil et les souscripteurs depuis 2006, et de la clause litigieuse intitulée "promesse de vente" ». La rédaction intrinsèque de celle-ci est de nature « à induire le consommateur en erreur et à considérer qu'il dispose, au terme des cinq ou sept ans de la convention de garde, d'un engagement de rachat de sa quote-part dans la collection par Aristophil, et dans l'existence d'un rendement associé au produit par la répétition de mentions "8,85 % par an" », note le parquet. Autre grief : il aurait une « parfaite connaissance du caractère trompeur des contrats ». Enfin, « Me Daigre a régulièrement été mis en avant, au titre de la communication, comme la caution juridique de la validité du système. Il intervenait à la demande d'Aristophil dans les formations des conseillers. Il était étroitement associé aux prises de décisions stratégiques de la société ».

Une âpre bagarre juridique s'ensuit : la lecture du dossier par Charlotte Bilger est différente, elle persévère dans son refus d'une mise en examen. Celle-ci sera pourtant notifiée par la chambre de l'instruction de la cour d'appel le 3 mai 2018. L'avocat est poursuivi pour complicité de pratiques commerciales trompeuses. Il en est très affecté. Sa carrière, irréprochable, peut s'achever dans le déshonneur.

Un autre gardé à vue vit des moments difficiles. Le libraire Jean-Claude Vrain, dont la comptabilité a été épluchée, est prié de s'expliquer sur ses ventes à Aristophil. Les montants apparaissant sur les factures expliquent que Gérard Lhéritier ait cru acheter des œuvres extrêmement chères. D'où les cessions par son groupe à des tarifs qui pouvaient être « déconnectés du marché ». Les 17 pages du PV répertoriant les marges du libraire sont édifiantes. Un exemple : dix documents acquis 61 768 euros par monsieur Vrain ont été cédés à Aristophil pour 536 115 euros.

Assisté de son avocat, Me Antoine Vey[1], il est prié de déclarer ses avoirs en banque. Ils n'ont pas été « gelés », pas plus que ses tableaux de grands maîtres. Seuls ses biens immobiliers ont été placés sous séquestre.

Interrogé sur sa première vente à Aristophil, il la situe en 2009 : 35 lettres d'Henri Matisse, pour 90 000 euros. Il déclare ne rien connaître au fonctionnement de la société de Gérard Lhéritier : « Je ne suis qu'un commerçant. Je ne me suis jamais posé de questions. » Il n'a pas collaboré à l'écriture de brochures, il a « effectué des expertises en [son] âme et conscience », point final. Interrogé sur la progression de son chiffre d'affaires, passé de 6,6 millions en 2008 à 33,2 millions en 2011, monsieur Vrain convient simplement : « Aristophil l'a boosté. J'achète pour revendre. J'ai le droit, non ? Si je revends avec de bonnes marges, c'est parce que je suis un bon vendeur. Je ne vois pas où est le problème. »

La deuxième journée est du même tonneau. Chacune de ses ventes est passée au crible et la seule réponse du libraire est qu'il « n'oblige personne à acheter chez lui ».

---

1. Me Antoine Vey et Jean-Claude Vrain n'ont pas souhaité répondre à nos sollicitations.

Vrai. Et il n'est pas illégal de multiplier les tarifs par dix. En revanche, il s'étonne des coefficients appliqués par son « ami » Lhéritier. Il n'en a pas entendu parler. Pas même lorsqu'il fixait les montants après expertises ? Non. Ces détails ne l'intéressaient pas. Son client était une source de profits, voilà tout. Il n'a trompé personne, n'a pas « faussé le mécanisme ». Sa garde à vue s'achève le 5 mars à 11 h 45. Il est mis en examen dans la foulée.

À le lire, on pourrait presque croire que le libraire de la rue Saint-Sulpice n'avait qu'une relation commerciale avec Gérard Lhéritier. Il l'a pourtant soutenu et encouragé durant des années, comme en témoigne l'un des nombreux échanges qu'il a eus avec son « ami », alors critiqué pour sa démarche de mécénat envers la Bibliothèque nationale de France : « Tu t'attires des ennuis, Gérard. Attention, on est entourés d'un paquet de cons. Tu attises la jalousie. Mais ne te mets pas martel en tête, tu marques des points, tu as une position acquise, des tas de soutiens. Si tu continues à acheter des œuvres de grande qualité comme celles que tu possèdes déjà, tu n'auras jamais d'emmerdes, on ne pourra pas t'attaquer. Si tu as des problèmes, tu le dis, je serai toujours de ton côté. » À l'époque, il lui conseille de céder à 1,8 million le premier manuscrit autographe de Charlotte Brontë, « *The Young Men's Magazine, Number 2* », qu'elle écrivit à 14 ans, en septembre 1830. L'expert Alain Nicolas l'avait estimé à 1,5 million. Gérard Lhéritier, qui l'avait acquis 690 850 livres sterling en décembre 2011, supportera seul la responsabilité de l'évaluation. L'instruction n'a pas prouvé que l'ancien président d'Aristophil et les deux libraires/experts se sont entendus pour faire grimper les prix. Tous trois réfutent fermement les soupçons de collusion.

Trois autres hommes sont inquiets. Ils ont subi également des perquisitions en novembre 2014, mais n'ont plus eu de nouvelles de la BRDE. Ce sont Philippe Samson, président de Finestim ; Michel Perronnet, directeur de Finestim et président d'Art Courtage ; Jean-Jacques Itard, directeur d'Art Courtage. Ils ont recruté les CGP, ils animaient le réseau, dispensaient trois cycles annuels de formation, vendaient les « produits Aristophil ». Ils se savent en délicate posture. Si certains courtiers ont commis des erreurs, voire mystifié des clients en contant des fariboles, ils sont susceptibles d'en répondre, ès qualité de dirigeants. Le vacarme médiatique ayant alerté les investisseurs du nord au sud et d'est en ouest du territoire, les plaintes affluent. Des conseillers sont placés en garde à vue. Leurs interlocuteurs étaient des gens qui les recevaient chez eux, qu'ils croisaient en ville, qui leur offraient l'apéritif. Il en est qui les ont assurés de « l'impossibilité de perdre de l'argent », présentant les garanties de la Lloyd's comme une preuve de la valeur des œuvres. D'autres, comme l'ont relevé les défenseurs de Gérard Lhéritier, auraient falsifié des contrats. Du reste, de nombreuses plaintes mettent en cause non pas Aristophil et son président mais les CGP, et eux seuls. Cet aspect de la procédure, s'il est négligé par le parquet, sera immanquablement invoqué au tribunal correctionnel.

Michel F. confirme : « Mon CGP m'a dit que même si nous vendions à perte, la Lloyd's garantissait l'investissement. » Michael R. : « J'ai parcouru le contrat en diagonale, le courtier n'arrêtait pas de sauter du coq à l'âne. Il était 18 heures et il était pressé. Il a dit que l'investissement était net d'impôt, garanti pas la Lloyd's. Le risque étant faible, j'ai signé. » Sonia C. : « Je n'ai pas lu le contrat. Je faisais une totale confiance à mon conseiller. Il m'a indiqué qu'il n'y avait pas de risque, que c'était comme ouvrir un livret à la banque. Il ne m'a pas dit que j'achetais en indivision. » Monique D. : « Le CGP nous harcelait pour que nous signions. » Alain S. : « J'ai évoqué avec mon courtier l'avenir de nos documents en indivision au cas où Aristophil déposerait le bilan. Il a répondu qu'il n'y avait aucun risque car nous restions propriétaires des parts, à charge pour nous de trouver des acquéreurs. Ce qui m'a rassuré, c'est que le produit existerait toujours. »

Ils ont cru les vendeurs. Mais aucun n'est mis en examen dans la procédure contre Gérard Lhéritier et consorts. Sans doute parce que le non-respect de leurs obligations ne suffit pas pour les incriminer. Il faut démontrer qu'ils ont contribué à la réalisation du préjudice, avec l'intention d'escroquer. Et aucune des actions individuelles intentées devant la juridiction civile contre des CGP n'a abouti à des réparations.

En février 2019, les avocats du président d'Aristophil ont demandé à la juge d'entendre les CGP présumés fautifs. Elle a refusé, au motif qu'ils ne diraient rien qu'elle ne sache déjà. Lorsqu'elle a interrogé Jean-Jacques Daigre, le 11 juillet 2018, il a pourtant lui aussi pointé leurs possibles manquements : « Je conteste le caractère intentionnellement trompeur, et trompeur tout court [de la clause de promesse de vente]. Cette clause a été rédigée conformément à la jurisprudence de l'époque et a été validée puisqu'elle a donné lieu à la rédaction du nouvel article 1124 du Code civil [...] J'observe que l'Autorité des marchés financiers, qui a poursuivi Aristophil, ce qui est extrêmement rare, ne la contestait pas. Pas plus que la DGCCRF, et des clients reconnaissent l'avoir comprise. Cette clause en tant que telle n'est pas trompeuse. En revanche, je n'exclus pas que le discours de certains courtiers l'ait été quand ils la présentaient. Je leur ai pourtant clairement dit, dans les conférences, qu'il n'y avait pas d'obligation de rachat. Je leur ai indiqué qu'ils devaient préciser deux choses à leurs clients : il n'y avait pas d'assurance de gain en capital et il y avait un risque de ne pas retrouver le capital investi. » La retranscription des conférences, par un huissier, confirme ses propos.

Le 4 décembre 2014, le courtier Jean-Pierre Rondeau a été entendu par la BRDE, il s'est montré très critique envers le réseau de Finestim et d'Art Courtage : « Selon moi, ce sont des marchands de tapis, des bandits. Ceux qui ont vendu des produits Aristophil sont soit des cons, soit des types alléchés par les commissions. C'est impardonnable. » Son avis conforte les policiers dans l'idée que les dirigeants ont favorisé l'escroquerie. Ils sont placés en garde à vue le 19 mai 2015.

Michel Perronnet, à la fois président et directeur des deux entreprises, rapporte un chiffre d'affaires pour Art Courtage « de 17 à 20 millions. Il a augmenté lorsque, sur les conseils d'Alain B. [l'ancien policier recruté par Gérard Lhéritier], nous avons conclu en 2011 l'accord d'exclusivité avec Aristophil, qui n'était pas propriétaire de Finestim et d'Art Courtage ». Il certifie « n'avoir jamais eu de doute quant à la valeur des collections, que Gérard Lhéritier ne s'engageait pas à racheter ». Michel Perronnet rejette l'idée que le président d'Aristophil ait fait « exploser le marché » : « Un jour, il m'a montré un catalogue de Christie's. Il était intéressé par 70 lots mais il n'en a acquis que 5 ou 6. Le reste était trop cher. » Il a toujours pensé que son système économique était viable. Les commissions versées aux CGP étaient élevées, 5 à 11 %, « car il fallait que les gens gagnent bien leur vie si on voulait qu'ils nous suivent, qu'ils recrutent à leur tour ». Il déplore que l'enquête « ait tué dans l'œuf Finestim et Art Courtage » et signale que, « lors des formations dispensées aux CGP, les experts Vrain, Bodin, Nicolas et des commissaires-priseurs étaient présents ».

Philippe Samson, président de Finestim, situe son chiffre d'affaires à 140 millions en 2013, contre 60 en 2011. Il confirme qu'Alain B. a initié le partenariat avec Aristophil et que Gérard Lhéritier « ne jouait aucun rôle dans la stratégie commerciale ». Philippe Samson avait tant confiance en la valeur des œuvres que lui-même et sa famille ont investi. Il assume la direction des CGP mais ne se sent « pas responsable de ce qu'ils ont pu faire ou promettre. Nous leur notifions par lettre recommandée leurs obligations et le fonctionnement des conventions ». Il s'étonne des déclarations critiques des commissaires aux comptes, « alors qu'ils ont chaque année validé les bilans d'Aristophil ». Cette remarque frappée au coin du bon sens ne figurera pas dans le rapport de synthèse des policiers. Enfin, Jean-Jacques Itard, directeur d'Art Courtage, confirme que, s'il lui est arrivé « d'avoir des doutes sur la valorisation d'œuvres », ils se sont envolés grâce aux réponses des experts. « Aristophil ne fixait pas les prix à la louche ! Des spécialistes s'en chargeaient, comme Jean-Claude Vrain, mondialement reconnu. » Anne-Sophie V., directrice de Finestim, le certifie : « Ils garantissaient la justesse des prix. Ils définissaient la valeur des biens. Nous nous sommes forgé notre opinion grâce à eux. »

Les trois dirigeants sont mis en examen le 21 mai 2015. Me François Saint-Pierre, leur défenseur, affirme que « ce sont des gens bien. Ils ne sont pas des petits chapardeurs qui se sont livrés à une carambouille. Pourtant, ils ont été traités comme de dangereux gangsters ».

En 2016, quand la liquidation judiciaire battra son plein, Gérard Lhéritier tentera d'alerter le ministre de la Justice, Jean-Jacques Urvoas. Non pas qu'il sollicite un traitement de faveur – il sait ne pas y avoir droit – mais il pense que cet ex-professeur de droit peut être sensible à l'injustice que représente la dispersion des collections. Il lui résume le dossier : les mesures conservatoires sur requête du parquet, le blocage des comptes, la désignation de Me Philippot et sa volonté de poursuivre le redressement dans l'intérêt des investisseurs, la requête aux fins de mainlevée de fonds disponibles, l'accord de la juge et le refus du procureur, la volonté de vendre rapidement les actifs, les valorisations en dessous des prix du marché, le dépeçage qui s'opère. Priant le ministre de protéger les clients, il conclut : « C'est un carnage procédural, auquel les Archives de France contribuent. Me concernant, je suis mis en examen, notamment pour escroqueries en bande organisée portant, dit-on, "sur des centaines de millions d'euros". Peut-être trouverez-vous étrange que je sois en liberté. J'ai investi dans mon entreprise 41 millions sur mes deniers personnels, ce qui, à ce jour, fait de moi le seul escroc de l'histoire judiciaire qui est aussi la victime des agissements qui lui sont reprochés. » Il n'aura évidemment pas de réponse.

Le 18 mai 2017, le commissaire divisionnaire Guillaume Batigne rend son rapport de synthèse. Les éléments de la BRDE accablent les neuf personnes poursuivies.

25

« Un feuilleton à sensations »

Le 20 décembre 2017, Claude Aguttes dirige la première vente des collections Aristophil en l'hôtel Drouot. Il propose « des œuvres qualitatives » triées selon « différents thèmes » afin que la vente soit « un succès ». Mes Corre et Leloup-Thomas, liquidateurs, insistent sur « la valeur patrimoniale et financière exceptionnelle, estimée à plusieurs centaines de millions d'euros ». On est donc à des années-lumière de leur évaluation du stock à 6,9 millions.

La vente stupéfie Gérard Lhéritier. À la veille de Noël, ont été sélectionnés des documents d'Adolf Hitler, de Joseph Goebbels, de Benito Mussolini, d'Hermann Goering et d'Heinrich Himmler… Le lot est accompagné de lettres et de cartes de déportés en camps de concentration, et de tickets de rationnements. Comme si ce choix n'était pas suffisamment original, les enchères portent sur des notes d'Henri-Désiré Landru guillotiné le 25 février 1922 pour l'assassinat de onze personnes. Gérard Lhéritier intervient auprès des mandataires, l'ensemble est retiré de la vente. Restent des photos et dessins dont les auteurs les plus connus sont Andy Warhol et Federico Fellini.

La vente totalise 3 millions seulement. Un échec.

Même le « trésor » du Titanic ne trouve pas preneur ! Il comprenait, entre autres, le manuscrit d'Helen Churchill Candie, la journaliste et géographe américaine qui a survécu au naufrage du paquebot transatlantique le 15 avril 1912 (1 491 à 1 513 morts, selon les bilans). Composé de 41 feuillets autographes, intitulé « The North Atlantic », il a inspiré le réalisateur James Cameron. Gérard Lhéritier avait aussi acheté le télégramme adressé ce 15 avril par un responsable de la White Star Line au sénateur de Virginie occidentale, James Anthony Hugues, indiquant que « tous les passagers », dont sa fille, étaient « sains et saufs », ainsi qu'une lettre d'un des voyageurs de première classe, Edward Pomeroy Colley, à sa belle-sœur. Lorsque l'on sait à quel point les Américains et Britanniques sont passionnés par ce qui se rapporte à la tragédie – un violon a été cédé 1 million en 2013, un plan du bateau s'est envolé à 259 900 euros en 2011 –, il est regrettable que le public international n'ait pas été mieux attiré.

Cette vente a suscité la colère de clients d'Aristophil. Sur le forum où il leur arrive d'échanger, un investisseur, visiblement au fait du marché de l'art, avait posté un billet rageur un mois avant les enchères. Sous le titre : « De l'art de foirer une vente dans les grandes largeurs », l'auteur regrettait que Me Aguttes croit vendre « des pommes ou des poires ». Il fustigeait « l'extrême disparité entre les œuvres, mêlant dessins anciens, objets d'orfèvrerie, timbres, partitions musicales, formant un bric-à-brac hétéroclite propre à désorienter l'acheteur. La lecture du catalogue renforce cette impression. Les lots sont dispersés au petit bonheur ». Il concluait ainsi : « Tout est réuni pour que la vente soit un échec retentissant. »

Ce n'est pas la première fois que Gérard Lhéritier est « surpris » par les ventes de Claude Aguttes. Le 22 décembre 2008, lors d'enchères réalisées par le commissaire-priseur, le collectionneur avait acquis trois tableaux, dont l'un du peintre franco-russe Ivan Choultsé. Le *Coucher de soleil sur la neige*, huile sur toile peinte en 1923, lui avait coûté 37 741 euros. Lorsqu'il a souhaité le revendre, après le gel de ses avoirs, Gérard Lhéritier l'a confié à un collègue de Me Aguttes dont l'expert l'a informé qu'il s'agissait d'un « faux grossier, une sorte de photographie enduite de vernis ». Le vrai *Coucher* de Choultsé fut vendu le 30 novembre 2016 par la maison Bonhams, à Londres. Il a donc écrit à Claude Aguttes, précisant que même les dimensions de la copie étaient erronées, que les références de sa maison de vente se trouvaient toujours au dos du tableau, et qu'il lui saurait gré de le rembourser. Le commissaire-priseur a refusé, arguant que « son » Choultsé était passé entre les mains des meilleurs spécialistes. Au terme d'une réunion en son office, en présence d'experts et d'avocats, Claude Aguttes a fini par convenir que c'était un faux. Le 4 août 2017, il a établi un chèque à l'ordre de Gérard Lhéritier, évitant ainsi tout procès.

Les clients d'Aristophil n'ont pas eu la possibilité de saisir la justice pour réparer le fiasco de décembre 2017. Mais ils ont été à ce point indignés qu'ils ont alerté le fameux « comité scientifique », ce triumvirat composé de Frédéric Mitterrand, Didier Griffe et Michel Maket, chargé de veiller au bon déroulement des ventes Aguttes. Ce dossier judiciaire s'apparente à une pièce montée à laquelle on rajoute toujours plus de petits choux.

Le comité se réunit le 18 janvier 2018 pour statuer, en présence du mandataire en charge des indivisions,

Me Pascal Hotte. À l'issue du rendez-vous, les « sages » rédigent une attestation : « Après examen de la préparation et des résultats de la vente du 20 décembre, le collège constate que celle-ci a été bien organisée et s'est déroulée sereinement malgré un contexte sensible et délicat. L'organisation et la logistique ont été utiles et efficaces. » Ils jugent les résultats « conformes au prix du marché », concluant que tous « ces éléments ont permis d'agir dans l'intérêt des investisseurs ». Les indivisaires sont furieux. La suite des événements décuple leur colère.

Quelques mois plus tard, ils apprennent que le commissaire-priseur a reversé, en février 2018, 1 019 081 euros à Me Hotte, en règlement des ventes de décembre. En octobre, CPARTI se fend d'un communiqué : « La principale motivation, pour précipiter la vente de décembre, était de commencer à indemniser les indivisaires. Huit mois après, aucun d'entre eux n'a reçu le moindre euro. La priorité était sans doute de rémunérer les acteurs de cette vente au détriment des investisseurs. C'est inacceptable ! » Il s'avère que les bénéfices transitent par les comptes de Me Hotte, administrateur des indivisions, ou des liquidateurs Bernard Corre et Valérie Leloup-Thomas, ouverts à la Caisse des dépôts et consignations. Ce qui rallonge considérablement les délais. Le collectif regrette enfin qu'aucune leçon ne soit tirée de cette première vacation « catastrophique », bien que les enchères de 2018 aient été couronnées d'un certain succès.

Le commissaire Batigne, chef de la BRDE, s'adosse à l'échec de décembre pour conforter ses investigations. Dans son PV du 8 mars 2018, il écrit qu'il a été « la réponse à la tromperie du marché artificiel d'Aristophil, qui n'était qu'une sorte de modèle financier à la Ponzi. La valorisation exponentielle a conduit à une surestimation du stock ». Ce qui pourrait se résumer ainsi : « On vous l'avait bien dit. »

En juin 2018, quatre nouvelles ventes ont donc été organisées à Drouot. *Libération* titre : « Aristophil, enchères cruelles[1] », annonçant la « grande vente des collections de la société spécialisée dans les manuscrits qui a escroqué des milliers d'épargnants ». La messe est dite depuis 2014, l'escroquerie est acquise, les clients demeurent des « épargnants », tels des titulaires de Livret A. La journaliste expose « un feuilleton à sensations loin d'être achevé. Il y a tous les ingrédients d'une bonne série, d'un roman exceptionnel, et cette incroyable saga se déroule dans la réalité, sous nos yeux, depuis plusieurs années ». Qualifiée de « success-story bling-bling », elle réunit tout ce dont on peut rêver : « Une escroquerie, une instruction judiciaire en cours depuis trois ans avec neuf mises en examen, des centaines d'auditions à la clé, des poursuites au pénal et au civil… » Ainsi se résume l'affaire qui plonge des milliers de personnes dans le désarroi : « Un feuilleton à sensations. »

L'article met en scène Claude Aguttes, « le grand ordonnateur de ces enchères » qui manifeste « une certaine excitation » car « l'exceptionnel ne lui fait pas peur. Il se félicite : « "Globalement, il n'y a pas de manque, il n'y a pas de faux", dit-il tel le chef d'entreprise qui astique les comptes pour rendre belle la mariée aux yeux des investisseurs. » Le 15 juin, *Le Figaro* évoque l'événement que l'on doit au « Madoff des manuscrits ». Chaque article est du même acabit. Monsieur

1. Article de Frédérique Roussel paru le 13 juin 2018.

Lhéritier et « sa bande organisée » ont ruiné « plus de 18 000 épargnants ».

À la décharge des journalistes, le discours des avocats de plaignants est susceptible de les induire en erreur. Ainsi, en 2018, on lit sur le site Internet du cabinet AGO de Nancy qu'il « ne fait plus aucun doute aujourd'hui qu'Aristophil a proposé aux investisseurs des collections souvent surévaluées » et que les dirigeants ont « créé un système pyramidal de cavalerie ». Il est précisé aux clients qui se constitueront partie civile contre Gérard Lhéritier que « la société possède un important capital sous forme, notamment, d'œuvres uniques qui sont revendues par Me Aguttes » et que, « dès lors, Aristophil sera en mesure de rembourser en partie les préjudices subis ». Pure spéculation.

Réfugié dans sa villa sur les hauteurs de Nice, l'ancien président lit tout cela avec une infinie amertume. Il n'a aucun moyen de se faire entendre, il ne peut pas appeler un journaliste pour tenter de le convaincre que l'instruction patine sur du verglas, que les choses ne sont pas aussi simples qu'elles le semblaient en 2014. Personne ne le croirait. La curée reprend de plus belle à l'automne 2018 lorsque d'autres ventes sont annoncées. « Chaque fois que l'on parle de la collection Aristophil, je lis que j'ai détourné des fonds, que je suis "un Madoff". C'est insupportable. » France 2, lors de son émission *Télématin* du 16 novembre, stigmatise « le parfum de scandale » qui entoure la dispersion des œuvres. « La mise en vente de ce fonds exceptionnel est le résultat d'une vaste escroquerie », est-il expliqué. La journaliste et France Télévisions font l'objet de poursuites judiciaires.

Même quand il est question du renvoi devant le tribunal correctionnel de Paris de la Société Générale et du CIC, *Le Parisien*[1] présente Gérard Lhéritier comme « le bonimenteur des lettres et manuscrits », concepteur d'une « fraude à 800 millions d'euros ». Me Lecoq-Vallon profite de cette tribune pour réitérer ses accusations contre le créateur d'Aristophil « qui avait déjà monté une fraude comparable dans les années 1990. L'affaire des timbres de Monaco était une pyramide de Ponzi ». Les auteurs mentionnent la relaxe, contredisant le juriste. Les mots en défense de Francis Triboulet sont balayés par une question-réponse : « Suffisant pour assurer que Gérard Lhéritier est blanc comme neige ? Rien n'est moins sûr... »

En dépit de la déception exprimée par l'association CPARTI, les quatre ventes de juin, réservées aux héros de l'aviation, aux œuvres et correspondances de peintres, écrivains et poètes des XIXe et XXe siècles, à la musique, aux écrits du Moyen Âge et de la Renaissance seront plébiscitées sauf pour les aviateurs – 12 œuvres sur 67 ont trouvé preneurs – et Saint-Exupéry – 61 invendus. Claude Aguttes n'est plus seul maître à bord : Ader-Nordmann, Artcurial, Osenat, Drouot Estimations ont été appelés en renfort. Les 25 % de commissions prélevés sur le prix d'achat servent à régler l'organisation de l'événement, le reliquat étant divisé en cinq parts octroyées aux commissaires-priseurs, dont deux à Me Aguttes.

Le premier jour, 16 juin, ce dernier espérait 1,5 million ; les enchères des œuvres de Van Gogh, de lettres et manuscrits de Renoir, Monet, Manet ou un livre illustré d'Henri Matisse se sont élevées à 2,3 millions. Aristophil

---

1. Boris Cassel et Matthieu Pelloli, « Escroquerie aux manuscrits anciens : deux banques devront faire face aux juges », édition du 26 janvier 2018.

n'a pas fait « grimper les prix ». Les 30 000 visiteurs n'ont pas tous acheté, mais la vacation à Drouot qui s'est achevée le 20 juin a rapporté 17,6 millions. Seul *L'Est républicain*, dans son édition du 23, y a vu là « une goutte d'eau dans le scandale ». D'autres se sont frotté les mains. Par exemple, la maison Kotte, sise en Bavière. En ce mois de juin 2018, aux enchères opérées par Ader, elle a acquis l'album musical Fuchs 585 000 euros (Aristophil l'avait acheté 800 000 à Alain Nicolas). En mars 2019, ce recueil de 112 manuscrits autographes de compositeurs et musiciens est proposé, par l'Allemand Thomas Kotte, au prix de 1,8 million...

26

Épilogue (provisoire)

ENCHÈRES « cruelles », vraiment ? Le second semestre de l'année donne tort aux Cassandre. Les ventes de l'automne 2018, qui ont succédé à celles du mois de juin et du 6 juillet, ont été une réussite. Le 4 novembre, le commissaire-priseur Osenat a eu l'idée d'agir dans la discrétion, sans évoquer le fonds Aristophil. Il proposait, entre autres, des lettres que Charles Baudelaire, icône à l'étranger, a écrites et reçues. À Fontainebleau ce dimanche ne se sont réunis que des passionnés du poète. Le courrier que Baudelaire adressa à sa maîtresse Jeanne Duval en juin 1845, à l'âge de 24 ans, par lequel il annonçait son intention de se suicider (il est mort en 1867), a été adjugé 234 000 euros, trois fois l'estimation de l'expert. Jean-Pierre Osenat a aussi mis en vente des missives de Delacroix, Manet ou Hugo envoyées à l'auteur des *Fleurs du mal*, et des manuscrits, jugés « exceptionnels », de Verlaine, Sartre, Voltaire, Rimbaud et Zola, dont la première édition de *La Bête humaine* (1890), annotée par l'auteur. L'ensemble a rapporté 683 000 euros, CPARTI a salué la qualité de la vacation, déplorant toutefois « que le quart des indivisions Baudelaire n'ait pas été restitué par Claude Aguttes ». La guerre entre commissaires-priseurs se poursuit.

Selon l'association, des œuvres du poète auraient disparu. Apparaissant dans les inventaires réalisés au musée et chez Chenue, la société qui les entreposait, elles sont aujourd'hui introuvables. Faute de réponse satisfaisante, CPARTI a alerté le procureur et la juge d'instruction. Lors d'une réunion de conciliation, le commissaire-priseur de Neuilly a démenti toute disparition mais, compte tenu du volume de pièces et des inventaires toujours en cours, il a précisé que « certaines œuvres pourraient être retrouvées dans quelques années ». L'administrateur Hotte a exigé « un pointage » sérieux, dans les meilleurs délais.

En dépit des problèmes rencontrés, le collectif s'est félicité des résultats de la vacation Baudelaire, reconnaissant enfin « qu'il est possible d'organiser de belles ventes ». L'heure n'est plus à l'invariable dénigrement des investissements de Gérard Lhéritier. Il se pourrait qu'à la faveur des enchères successives, le regard de l'opinion soit moins tranché : si certains manuscrits ont été proposés par Aristophil à des tarifs prohibitifs, basés sur des estimations avantageuses, nombre d'entre eux semblent valoir leur prix. Il arrive d'ailleurs que des clients, lors de cessions de gré à gré, rentrent intégralement dans leurs frais. Ainsi de monsieur D., propriétaire d'une collection Amadeus Prestige comprenant huit lettres signées de Charles Baudelaire, Gustave Flaubert, Stendhal et Antonin Artaud ; il les avait achetées 300 000 euros et les a revendues au même prix le 31 décembre 2015.

L'Est républicain admet aussi le succès de la vente opérée le 15 novembre, sous le marteau de Me Aguttes. Le quotidien lorrain estime qu'il « contribue à combler le trou abyssal de cette escroquerie de 850 millions, mise au jour il y a cinq ans » – une nouvelle fois, le délit est acquis, l'auteur de l'article soulignant encore que c'est « une goutte d'eau dans le scandale », expression déjà utilisée en juin. Mais il convient que la 10e vente Aristophil à Drouot « a fait rentrer 2,77 millions dans la poche des vendeurs ». Parmi les lots, relève-t-il, « quatre volumes des *Fables Choisies* de Lafontaine (*sic*). Si les fables de Gérard Lhéritier ont coûté cher aux épargnants, celles du moraliste, poète et ami de Fouquet, ont trouvé preneur à 45 495 euros[1] ». Les autres journaux se dispensent de commentaires acerbes, préférant souligner l'engouement pour trois manuscrits de Molière (56 868 euros), pour la correspondance de Jean-Jacques Rousseau avec la marquise d'Épinay (240 500 euros), pour son manuscrit autographe *Lettres de deux amans, habitans d'une petite ville au pied des Alpes* (*La Nouvelle Héloïse*, 481 000 euros) ou pour les 22 acquisitions de la Bibliothèque nationale. La BNF s'est notamment approprié le manuscrit *Les Mémoires d'un Fou* de Gustave Flaubert (364 000 euros). Le texte manuscrit de la chanson « Je t'aime moi non plus », écrit par Serge Gainsbourg pour Brigitte Bardot en 1967, a été adjugé 123 500 euros, huit fois l'estimation. Les ventes numéro 10, 11, 12 ont rapporté 5,62 millions.

Lundi 19 novembre, Artcurial a organisé la 13e cession d'une partie des collections rassemblées par Gérard Lhéritier. Montant total : 2,37 millions, plus du double des prévisions.

Albert Einstein, Émilie du Châtelet et Marie Curie ont dominé la journée réservée au domaine des Sciences. Parmi la centaine de manuscrits, *Altes und Neues zur*

1. Pascal Salciarini, « Vente Aristophil : Héloïse et Abélard adjugés à Drouot », édition du 16 novembre 2018.

Feldtheorie (1929) d'Einstein, se rapportant à la théorie de la relativité et du tout, s'est envolé à 299 000 euros (estimation 30 000-50 000). Un lot d'écrits d'Émilie du Châtelet, dont *Exposition abrégée du système du monde selon les principes de Monsieur Newton*, si disputé chez Christie's en 2012, a décroché la palme de cette vacation : 507 000 euros (mise à prix 150 000). Une dactylographie comportant 1 200 corrections, ajouts, équations et schémas de la main de Marie Curie, sur la seconde partie du traité *Radioactivité* publié en 1935, un an après sa mort, a été achetée 227 500 euros. À noter l'enthousiasme pour l'édition originale d'*On the Origin of Species* de Charles Darwin, considéré comme l'œuvre fondatrice de la théorie de l'évolution : 109 000 euros, soit plus de sept fois l'estimation.

Enfin, la 14e vente, également consacrée aux scientifiques, a vu un lot de 28 lettres autographes et signées, adressées par Pierre Curie au chimiste Eugène Demarçay entre 1898 et 1902, adjugé 325 000 euros (estimation 40 000). Einstein a encore suscité l'intérêt des collectionneurs, ses écrits rapportant 286 182 euros. Montant de la vacation : 879 710 euros. Ce qui fait dire à Claude Aguttes que « le succès de la session d'automne est révélateur : les acquéreurs sont rassurés par la qualité des œuvres mais également confiants dans le processus mis en place pour les vendre. Le taux de 70 % de lots vendus, pourcentage bien supérieur à celui de la session d'été, illustre combien les acheteurs suivent notre élan ». Il ajoute que l'État, « en usant de son droit de préemption à 32 reprises confirme [la qualité] des collections Aristophil ». La valeur des fleurons du MLM n'a jamais échappé à ses hauts fonctionnaires…

Les prochaines ventes ont été programmées du 1er au 5 avril 2019. Aguttes, Artcurial, Drouot Estimations et Ader vont diriger sept vacations dédiées aux grands personnages historiques, aux beaux-arts, à la littérature et à l'histoire postale. Les quatre opérateurs ont annoncé proposer, notamment, des lettres d'Henri IV, de Marie-Antoinette, de Rimbaud, de Staline, un roman de Marat, et des œuvres de Matisse, Renoir ou d'Éluard. Vraisemblablement, les enchères poursuivront leur courbe ascendante. « On a choisi de garder le nom Aristophil comme image de marque », a confirmé Me Aguttes à l'Agence France Presse le 28 février, conduisant l'auteur de la dépêche à conclure que le commissaire-priseur « reconnaît au moins un fin talent de collectionneur à Gérard Lhéritier ». La maison Ader-Nordmann estime que « les vendeurs et acheteurs du monde entier nourrissent une même passion, un même dynamisme pour les collections de cette nature ». Pour preuve, la société évoque 600 lots qui ont rapporté 22,7 millions de 2010 à 2017, dont le manuscrit *Quai des Brumes* de Jacques Prévert (560 000 euros), une portée de Mozart (131 250 euros), deux lettres de Denis Diderot et de Marcel Proust (50 000 euros chacune), de Catherine d'Aragon (68 750 euros) ou une bible adjugée 1,6 million au Louvre d'Abou Dhabi. Ces derniers exemples, parmi tant d'autres cités dans cet ouvrage, devraient convaincre les plus dubitatifs : les lettres et manuscrits ont un bel avenir et le patrimoine saisi chez Aristophil ne fait pas exception.

Les propriétaires et indivisaires gardent donc espoir. Même si 900 personnes, qui sont opposées aux estimations des experts de Claude Aguttes et lui dénient le droit de vendre leur patrimoine, restent confrontées à ses réticences. La plupart d'entre elles sont dans l'incapacité d'assumer les frais de restitution fixés à 0,43 % du prix de vente. Dans sa saisine du juge-commissaire, Matthieu Sellies, avocat de CPARTI, a fait valoir que, « pour justifier les coûts, Me Aguttes invoque la solidarité entre les indivisaires et propriétaires, qui ne peut légalement exister ». Il a de nouveau porté le litige devant le Conseil des ventes volontaires, lui adressant « des éléments » sur les dysfonctionnements et « des surfacturations ». C'est une histoire de fou.

Gérard Lhéritier n'est guère plus épargné. Des biens personnels, acquis *avant* sa mise en cause mais qu'il a eu la mauvaise idée d'exposer au musée et qui ont donc été saisis, sont entreposés en l'office Aguttes. Il s'agit d'un ensemble acheté 1,15 million, comprenant des lettres d'Antoine de Saint-Exupéry, le contrat de mariage de Bonaparte et de Joséphine, un coffret en ivoire « Courrier de la Reine » et la cloche du sous-marin Narval (1899). En décembre 2018, cela faisait vingt mois qu'il les réclamait lorsque, le 13, la juge a refusé de les lui rendre. Motif invoqué : ils contribueront à régler les dommages et intérêts aux victimes, s'il est condamné. Pour le consoler, elle a réduit sa caution judiciaire de 500 000 euros à 420 000…

Dans ce contexte de crispation générale, il n'est pas facile de prendre le contre-pied de l'opinion dominante, en l'espèce quasiment dogmatique. La version de Gérard Lhéritier n'est pas audible, les préjugés, trop ancrés. Il en est conscient, tant il sait avoir face à lui ceux qu'il pointe derrière un mot cher au général de Gaulle : « Un quarteron[1] de puissants ! Des hauts fonctionnaires et magistrats

1. Dans son discours du 23 avril 1961, après le putsch d'Alger, Charles de Gaulle fustige « un quarteron de généraux en retraite » (*sic*).

obsédés par leur plan de carrière, mandataires judiciaires et avocats qui profitent des difficultés et de la détresse d'autrui pour s'enrichir, des marchands opportunistes et un petit nombre de faiseurs du microcosme culturel qui me méprisait. » Comme en témoignent les déclarations dans la presse ou sur PV, ils n'ont jamais admis qu'un ancien soldat autodidacte ait pu leur damer le pion. La grosse erreur de Gérard Lhéritier fut de sous-estimer leur pouvoir. Malgré cela, il refuse de baisser les bras. Il ose croire que des journalistes accepteront un jour de compulser son dossier et y trouveront les preuves qui leur manquent. « La pseudo affaire des timbres de Monaco m'a conduit à défendre mes droits durant quinze ans, à lutter pied à pied. Je n'ai jamais cédé un pouce de terrain. On m'a traîné dans la boue. J'ai dû me battre, m'obstiner, m'endurcir, je suis devenu une machine à combattre l'injustice », rappelle cet admirateur de l'opiniâtreté de Napoléon.

Cette fois, il s'épuise pour deux. À ses yeux, sa fille, prise dans la nasse, est une victime. S'il a pu commettre des erreurs, ce ne fut pas le cas de Valérie Lhéritier. La chambre de l'instruction a examiné sa part de responsabilités en 2017. Pour maintenir sa mise en examen, les juges ont brandi un argument qui surprend : « Devenue millionnaire en novembre 2012 à la suite d'un gain de jeu, elle n'a pas jugé utile d'acquérir des contrats d'Aristophil, présentés comme exceptionnellement rentables. » Ils y voient « la preuve qu'elle prenait part à l'escroquerie ». Mais Valérie Lhéritier pouvait investir sans passer par la société, sous peine de payer deux fois plus (la marge) que le « prix marchand ». C'eût été incongru. Il est stipulé que, « l'instruction toujours en cours » rend impossible la levée des charges. La justice accorde pourtant des non-lieux avant l'achèvement d'une procédure. Elle s'honore même de le faire quand elle s'est égarée.

Le 13 décembre 2018, Me Hervé Lehman, son défenseur, a de nouveau demandé que lui soit octroyé le statut de témoin assisté, estimant qu'« il n'existe plus à ce jour d'indices graves et concordants à l'encontre de Valérie Lhéritier du chef d'escroquerie en bande organisée ». Les investigations et les pièces versées à la procédure prouvent qu'elle était « une salariée comme les autres » embauchée en février 2003, émargeant alors à 2 756 euros nets, et dont le salaire a évolué de façon classique au regard de la politique menée dans cette entreprise privée – les rémunérations des cadres étaient élevées. Ils percevaient de 5 200 à 12 000 euros. Quant à son statut d'actionnaire, « il n'a eu aucune conséquence sur sa responsabilité ». Valérie Lhéritier n'a perçu aucun dividende de 2003 à 2008, ni de 2011 à 2013 – les bénéfices étaient réincorporés au capital. « Elle exécutait les instructions de son père et ne disposait d'aucun pouvoir de décision », rappelle Hervé Lehman. Valérie Lhéritier n'était pas mandataire sociale, n'avait pas de délégation de signature ni d'accès aux comptes bancaires du groupe. Il mentionne par ailleurs les témoignages des employés, évoquant le caractère « autoritaire » du président d'Aristophil « qui était très directif ». Sa fille « était très soumise », elle n'était qu'une « exécutante ». L'avocat produit plusieurs e-mails qui en attestent. Il conclut qu'elle n'a « strictement aucun rapport avec les faits » reprochés « pas plus que les dizaines de salariés qui, à juste titre, n'ont pas été mis en examen ». Notamment les cadres dirigeants.

Sept jours plus tard, la juge Bilger rend son ordonnance. La requête est rejetée, le procureur considérant qu'il est « préférable d'attendre l'issue de l'instruction pour apprécier les charges » – elle dure depuis quatre ans ! Il est cependant stipulé que la prévenue « n'a pu avoir qu'un rôle secondaire ».

Quant à son père, il a eu la surprise de découvrir, dans une autre ordonnance de la juge, en date du 19 février 2019, qu'il n'est plus poursuivi « que » pour « pratique commerciale trompeuse », « escroquerie en bande organisée » – le pluriel a disparu pour ces deux incriminations –, « complicité d'abus de bien sociaux et d'abus de confiance » – il n'est plus l'auteur principal – et « concours à une opération de placement » (on est loin du délit de blanchiment initialement retenu). Il a aussi obtenu que la procédure de la Brigade financière datant de 2010-2012, qui l'exonérait de poursuites, soit versée au dossier d'instruction. Enfin ! Elle pourrait produire son effet au procès. Lequel n'est pas près de s'ouvrir. Si l'instruction est en voie d'achèvement, Charlotte Bilger doit notifier la fin des investigations par lettre recommandée à chacune des parties. Soit l'envoi d'environ 2 000 courriers dont son greffier sera chargé entre deux tâches. Le parquet, qui doit rédiger ses réquisitions, ne s'acquittera pas de cette mission en 24 heures. Des avocats évoquent un délai supplémentaire d'un an avant le renvoi définitif devant le tribunal correctionnel. Puis il faudra trouver des dates pour l'audience fleuve, ce qui n'est pas une mince affaire quand on connaît l'encombrement du TGI de Paris. Les mis en examen et les plaignants ne verront pas le bout du tunnel avant longtemps...

Nul ne sait ce qu'il ressortira de ce dossier tentaculaire, un serpent de mer depuis l'ouverture de l'enquête au printemps 2014, en France, et des perquisitions de décembre 2012, en Belgique. À ce jour, il est au minimum acquis que la liquidation d'Aristophil aura été précipitée.

Ce récit s'achève en mars 2019. Gérard Lhéritier aura 71 ans en juin, il continuera à vendre ses biens pour vivre et entretenir les maisons saisies. À Paris, la valse des millions se poursuivra imperturbablement au rythme de la cession d'œuvres « d'une rareté muséale ». La dispersion de ce patrimoine rapportera toujours plus aux commissaires-priseurs, aux liquidateurs, aux marchands, aux avocats, à l'État qui revendique sa part. Et la clientèle d'Aristophil commencera peut-être à s'interroger sur l'origine et la nature du scandale.

ANNEXES

Promesse de vente

ARTICLE 7 : DROIT DE PRÉEMPTION

Le Propriétaire, en cas de revente de sa collection à un tiers, que ce soit sur le marché national ou international des œuvres d'art, de gré à gré, en vente publique ou en vente sur offres, octroie à Aristophil un droit de préemption sur tout ou partie de la collection. Ce droit de préemption peut être cédé à un tiers par Aristophil.

Le Propriétaire s'engage à conclure la vente sous la condition suspensive du droit de préemption consenti à Aristophil. Il communiquera l'offre ferme d'achat ou l'acte de vente de la collection conclu sous condition suspensive par lettre recommandée avec accusé de réception à Aristophil dans les huit jours de la signature de cette offre ferme d'achat ou cet acte de vente afin qu'Aristophil puisse décider si elle exerce ou non son droit de préemption sur tout ou partie de la collection.

Si Aristophil décide d'exercer son droit de préemption sur tout ou partie de la collection, elle confirmera sa décision d'exercer son droit de préemption aux conditions qui étaient proposées par le premier acheteur, par lettre recommandée avec accusé de réception adressée au Propriétaire dans les dix jours de la communication de l'acte de vente par le Propriétaire. L'acte de vente d'Aristophil devra être signé dans les quinze jours de la décision d'Aristophil d'exercer son droit de préemption.

ARTICLE 8 : PROMESSE DE VENTE (DROIT D'ACHAT PAR ARISTOPHIL)

Le Propriétaire promet unilatéralement de vendre sa collection à Aristophil qui bénéficiera ainsi d'un droit – mais non d'une obligation d'achat, au terme du contrat de garde et de conservation, aux conditions suivantes :

Durée de la promesse : la promesse a une durée de validité de 6 mois à compter du terme de la convention de garde et de conservation ;

Prix : le prix d'achat de la collection sera égal au prix d'achat qui figure en annexe I du présent contrat majoré de :

2,10 % par année pleine et entière de garde et de conservation si le dépôt a eu une durée d'au moins 2 années complètes (Option n° 1).

4,00 % par année pleine et entière de garde et de conservation si le dépôt a eu une durée d'au moins 3 années complètes (Option n° 2).

5,00 % par année pleine et entière de garde et de conservation si le dépôt a eu une durée d'au moins 4 années complètes (Option n° 3).

8,00 % par année pleine et entière de garde et de conservation si le dépôt a eu une durée d'au moins 5 années complètes (Option n° 4).

8,30 % par année pleine et entière de garde et de conservation si le dépôt a eu une durée d'au moins 7 années complètes (Option n° 5).

Dès à présent, le Propriétaire sélectionne l'Option n° : ci-dessus.

Nonobstant l'option choisie, le Propriétaire peut résilier chaque année la présente convention conformément à l'article VI ci-dessus, la promesse de vente demeurant dans ce cas également pleinement valide. En cas de résiliation pour une échéance antérieure à celle de l'Option choisie ci-dessus, le Propriétaire est toutefois conscient que le prix d'achat de la collection sera majoré du taux concernant le nombre effectif d'années de conservation réalisé et non le nombre d'années envisagé suivant l'Option initiale sélectionnée. Le prix d'achat de la collection ne sera donc pas majoré en cas de durée de conservation inférieure à 2 années pleines et entières.

Modalités d'exercice du droit d'achat :

Si Aristophil décide d'exercer son droit d'achat, elle en informera le Propriétaire par lettre recommandée avec accusé de réception. L'acte de vente en faveur d'Aristophil devra être signé dans les quinze jours à compter de la décision d'Aristophil d'exercer son droit d'achat.

Ce droit d'achat peut être cédé à un tiers par Aristophil. Il sera exercé aux mêmes conditions que celles offertes à Aristophil conformément au présent article. Si, avant exercice par Aristophil de son droit d'achat conformément au présent article, l'Acquéreur a trouvé un acheteur de la collection pour un prix supérieur, il sera procédé conformément aux conditions de l'article 7 « Droit de préemption » ci-dessus.

DOSSIER CONNAISSANCE CLIENT
Commercialisation de la solution ARISTOPHIL

Solution ARISTOPHIL commercialisée par :

ART COURTAGE FRANCE - 30 rue de la République 69002 LYON – tél. 04 78 79 60 30

Représentée par (*coordonnées complètes du conseiller*) :

....

....

....

Ce document de recueil d'informations a notamment pour but de permettre à votre interlocuteur commercial de se conformer à la règlementation en matière de lutte contre le blanchiment des capitaux et le financement du terrorisme. Cette lutte est de la responsabilité de chacun d'entre nous : celle des conseillers comme celle de leurs clients.

Dans ce cadre, le législateur a placé au centre des obligations le principe de « connaissance du client » et la nécessité de faire preuve de vigilance à l'égard de l'ensemble de leurs clientèles en fonction du niveau d'exposition au risque de blanchiment et de financement du terrorisme que présente chaque situation.

Nous vous remercions de remplir ce document afin de garantir la prise en charge de votre dossier. La conservation des informations et des documents que nous recueillons dans ce cadre est réalisée de façon à en assurer la confidentialité et l'intégrité.

Avertissement : les conventions ARISTOPHIL représentent une acquisition pouvant offrir une plus-value éventuelle à moyen ou long terme qui n'offre aucune garantie de liquidité et aucun engagement de rachat. Il est donc recommandé de s'assurer de disposer de liquidités suffisantes pour faire face à des besoins financiers à court et moyen terme.
Cet investissement se place dans une démarche de diversification patrimoniale et ne doit en aucun cas se positionner en substitut des outils financiers classiques, les œuvres d'art n'étant pas un placement financier.

INFORMATIQUE ET LIBERTE N°78-17 DU 6 JANVIER 1978 MODIFIÉE PAR LA LOI N°2004-801 DU 6 AOÛT 2004

Toutes les informations recueillies dans le présent bulletin ne seront utilisées et ne feront l'objet de communications extérieures que pour les seules nécessités de la gestion ou pour satisfaire aux obligations légales et réglementaires.
Dans les conditions prévues par la loi n°78-187 du 6 janvier 1978 relative à l'informatique, aux fichiers et aux libertés, vous bénéficiez d'un droit d'accès avec possibilité de faire rectifier les erreurs qui auraient pu être commises.

VOTRE INTERLOCUTEUR COMMERCIAL SE TIENT A VOTRE DISPOSITION POUR TOUTE INFORMATION COMPLÉMENTAIRE.

1- IDENTITÉ DU SOUSCRIPTEUR

1a-PERSONNE PHYSIQUE

Souscripteur ☐ Madame ☐ Monsieur

NOM
PRÉNOM
NOM D'USAGE
ADRESSE .... CP VILLE
Résidence fiscale
NATIONALITÉ
DATE DE NAISSANCE LIEU DE NAISSANCE DPT
TEL DOMICILE TEL PORTABLE
ADRESSE E-MAIL
SITUATION FAMILIALE ☐ CELIBATAIRE ☐ PACS ☐ DIVORCÉ(E) ☐ VEUF / VEUVE ☐ MARIÉ(E) sous un régime ☐ COMMUNAUTAIRE ☐ SÉPARATISTE NOM / PRENOM ÉPOUX/ÉPOUSE ....
SITUATION PROFESSIONNELLE ☐ ACTIF ☐ INACTIF FONCTION EXERCÉE (cf. CSP page 4) .... (SI INACTIF PRECISER LA PROFESSION ANTÉRIEURE)

1b-PERSONNE MORALE (Si vous agissez au nom et pour le compte d'une entité)

DÉNOMINATION OU RAISON SOCIALE
FORME JURIDIQUE
SIEGE .... CP VILLE
N° RCS et greffe d'immatriculation
ACTIVITÉ
IDENTITÉ ET FONCTION DU REPRÉSENTANT DE LA PERSONNE MORALE
BENEFICIAIRE EFFECTIF
TÉLÉPHONE
ADRESSE E-MAIL
SITE INTERNET
A-T-ELLE UNE ACTIVITÉ EN DEHORS DE L'UNION EUROPÉENNE ☐ OUI ☐ NON SI OUI DANS QUELS PAYS

2- DONNÉES FINANCIERES ET PATRIMONIALES (uniquement dans le cas de la personne physique)

2a- REVENUS NETS ANNUELS DU FOYER	2b-ESTIMATION DU PATRIMOINE DU FOYER
☐ de 0€ à 25 000€	☐ de 0€ à 100 000€
☐ de 25 000€ à 50 000€	☐ de 100 000€ à 300 000€
☐ de 50 000€ à 75 000€	☐ de 300 000€ à 500 000€
☐ de 75 000€ à 100 000€	☐ de 500 000€ à 1 000 000€
☐ de 100 000€ à 150 000€	☐ de 1 000 000€ à 2 000 000€
☐ de 150 000€ à 300 000€	☐ de 2 000 000€ à 5 000 000€
☐ > 300 000€ Précisez :	☐ de 5 000 000€ à 10 000 000€
	☐ > 10 000 000€ Précisez :

2c- Est-ce que la solution ARISTOPHIL vous permet de réduire (ou de sortir) de la base taxable à l'ISF ☐ OUI ☐ NON

2d- Répartition estimative de votre patrimoine (en%) :

☐ Actifs immobiliers : RÉSIDENCE DE JOUISSANCE ________ |_|_|%

IMMOBILIER D'INVESTISSEMENT |_|_|%

☐ Actifs financiers : (compte titre, PEA, assurance vie en UC et en euros, contrat de capitalisation, PEE...) |_|_|%

☐ Liquidités : (Livrets, PEL, CEL, compte à terme, LDD, compte courant...) .... |_|_|%

☐ Actifs professionnels : |_|_|%

☐ Autre (préciser) : .... |_|_|%

V092013 Original : ART COURTAGE FRANCE Copie 1 : Conseiller Copie 2 : Client

3- PROFIL INVESTISSEUR

3a-Objectif(s) de l'investissement :

Plusieurs choix possibles

- ☐ Diversification patrimoniale
- ☐ Préparer ma retraite
- ☐ Valoriser un capital
- ☐ Transmettre un actif
- ☐ Défiscalisation ISF

3b- Information sur l'origine des fonds permettant l'investissement

NATURE	MONTANT AFFECTÉ	NATURE	MONTANT AFFECTÉ
☐ Epargne	________	☐ Cession d'actifs	________
☐ Revenus	________	☐ Gains au jeu	________
☐ Héritage	________	☐ Autre	________

TOTAL ________

3c- PERSONNES POLITIQUEMENT EXPOSÉES : (Cf. Définition P.4)

Etes-vous une PEE ? ☐ OUI ☐ NON

Si oui, pourquoi ?

....

....

....

4- RISQUE ET HORIZON D'INVESTISSEMENT

Investissement en ART par rapport au patrimoine global du client :

☐ Moins de 10% ☐ De 10 à 20% ☐ De 20 à 30% ☐ De 30 à 40% ☐ Autre :______ %

Part approximative de cet investissement par rapport au montant global de votre trésorerie :

☐ Moins de 10% ☐ De 10 à 20% ☐ De 20 à 30% ☐ De 30 à 40% ☐ Autre :______ %

Avez-vous des affinités avec l'art ?	☐ OUI	☐ NON
Avez-vous déjà acheté des œuvres d'art, d'antiquité ou de collection ?	☐ OUI	☐ NON
Etes-vous informé(e) que la collection dans laquelle vous investissez puisse perdre de la valeur ?	☐ OUI	☐ NON
Etes-vous informé(e) que les collections sont conservées dans des coffres sécurisés et assurées dans le cadre du contrat de garde et de conservation contre tous les risques auprès des Lloyd's ?	☐ OUI	☐ NON
Etes-vous informé(e) de la non-liquidité de votre investissement ?	☐ OUI	☐ NON
Etes-vous informé(e) sur les conséquences fiscales et/ou financières de l'opération ?	☐ OUI	☐ NON

Dans le cadre du contrat de la convention ____________________ N° ____________, je reconnais :

☐ avoir suivi les préconisations de mon conseiller qui sont conformes à ma situation familiale et patrimoniale et à mon profil d'investissement, ou

☐ avoir choisi moi-même les caractéristiques de mon investissement en dépit des recommandations de mon conseiller.

☐ Je reconnais :

- que les décisions d'investissement mentionnées ci-dessus le sont sur la base de la réglementation fiscale actuellement en vigueur et que nul ne pourra être tenu responsable de toute modification ultérieure de cette réglementation
- avoir pris connaissance au préalable des conditions du (des) contrat(s) ci-dessus mentionné(s), proposé(s) par mon conseiller
- avoir pris connaissance de la documentation relative à l'investissement auquel je souscris et avoir eu toute information ou avoir été mis en mesure de recevoir tout conseil suffisant me permettant d'y souscrire en pleine connaissance de cause, notamment en termes de risques et de durée d'investissement.

☐ Je certifie :

- que les éléments ci-dessus sont conformes à la réalité de ma situation familiale et patrimoniale
- que les sommes versées au titre de ce contrat n'ont pas d'origine frauduleuses, conformément aux exigences des lois relatives à la lutte contre le blanchiment des capitaux et au financement du terrorisme.

Fait à ____________________ Le ____________________ (en 3 exemplaires Société/conseiller/client)

Signature du client (précédé de la mention « je certifie sur l'honneur l'exactitude des informations mentionnées ci-dessus »	Signature et cachet du Mandataire (conseiller) Prénom : Nom : Cabinet partenaire :

V092013 Original : ART COURTAGE FRANCE Copie 1 : Conseiller Copie 2 : Client

LISTE DES CATÉGORIES SOCIOPROFESSIONNELLES DÉTAILLÉES NIVEAU 3 (SOURCE INSEE)

11 Agriculteurs sur petite exploitation
12 Agriculteurs sur moyenne exploitation
13 Agriculteurs sur grande exploitation
21 Artisans
22 Commerçants et assimilés
23 Chefs d'entreprise de 10 salariés ou plus
31 Professions libérales
33 Cadres de la fonction publique
34 Professeurs, professions scientifiques
35 Professions de l'information, des arts et des spectacles
37 Cadres administratifs et commerciaux d'entreprise
38 Ingénieurs et cadres techniques d'entreprise
42 Professeurs des écoles, instituteurs et assimilés
43 Professions intermédiaires de la santé et du travail social
44 Clergé, religieux
45 Professions intermédiaires administratives de la fonction publique
46 Professions intermédiaires administratives et commerciales des entreprises
47 Techniciens
48 Contremaître, agents de maîtrise
52 Employés civils et agents de service de la fonction publique
53 Policiers et militaires
54 Employés administratifs d'entreprise
55 Employés de commerce
56 Personnels des services directs aux particuliers
62 Ouvriers qualifiés de type industriel
63 Ouvriers qualifiés de type artisanal
64 Chauffeurs
65 Ouvriers qualifiés de la manutention, du magasinage et du transport
67 Ouvriers non qualifiés de type industriel
68 Ouvriers non qualifiés de type artisanal
69 Ouvriers agricoles
71 Anciens agriculteurs exploitants
72 Anciens artisans, commerçants, chefs d'entreprise
74 Anciens cadres
75 Anciennes professions intermédiaires
77 Anciens employés
78 Anciens ouvriers
81 Chômeurs n'ayant jamais travaillé
83 Militaires du contingent
84 Élèves, étudiants
85 Personnes diverses sans activités professionnelle de moins de 60 ans (sauf retraités)
86 Personnes diverses sans activités professionnelle de 60 ans et plus (sauf retraités)

PERSONNES POLITIQUEMENT EXPOSÉES ET FONCTIONS POLITIQUES JURIDICTIONNELLES OU ADMINISTRATIVES

<u>Les personnes qui résident à l'étranger et qui sont exposées à des risques particuliers en raison des fonctions qu'elles exercent ou les personnes qui exercent ou ont cessé d'exercer depuis moins d'un an, l'une des fonctions suivantes, pour le compte d'un autre état :</u>

Chef d'État, chef de gouvernement, membre d'un gouvernement national ou de la Commission européenne ;
- Membre d'une assemblée parlementaire nationale ou du Parlement européen ;
Membre d'une cour suprême, d'une cour constitutionnelle ou d'une autre aute juridiction dont les décisions ne sont pas, sauf circonstances exceptionnelles, susceptibles de recours ;
-Membre d'une cour de comptes ;
- Dirigeant ou membre de l'organe de direction d'une banque centrale ;
- Ambassadeur, chargé d'affaires, consul général et consul de carrière ;
- Officier général ou officier supérieur assurant le commandement d'une armée ;
- Membre d'un organe d'administration, de direction ou de surveillance d'une entreprise publique ;
- Dirigeant d'une institution internationale publique créée par un traité.

<u>Y COMPRIS LES MEMBRES SIRECTS DE LEUR FAMILLE :</u>
- Le conjoint ou le concubin notaire
- Le partenaire lié par un pacte civil de solidarité ou par un contrat de partenariat enregistré en vertu d'une loi étrangère ;
- En ligne directe, les ascendants, descendants et alliés, au premier degré ainsi que leur conjoint, leur partenaire lié par un pacte civil de solidarité ou par un contrat de partenariat enregistré en vertu d'une loi étrangère.

<u>OU LES PERSONNES CONNUES POUR LEUR ETRE ÉTROITEMENT ASSOCIÉES :</u>
- Toute personne physique identifiée comme étant bénéficiaire effectif d'une personne morale conjointement avec ce client ;
- Toute personne physique connue comme entretenant des liens d'affaire étroits avec ce client.

Art Courtage France
INVESTISSEMENT ART

Art'Courtage

PIECES A FOURNIR (en cours de validité)

Souscripteur PERSONNE PHYSIQUE

☐ CNI

ou

☐ PASSEPORT

☐ Justificatif de domicile

Souscripteur PERSONNE MORALE

☐ extrait Kbis de moins de 3 mois

☐ dernier bilan

☐ statuts mentionnant les associés

☐ pouvoir si le signataire n'est pas le représentant légal

☐ pièce d'identité en cours de validité

TRACFIN : Justificatifs des fonds

JOINDRE OBLIGATOIREMENT la copie des justificatifs des fonds en présence :

- d'un versement ≥ 100 000€
- d'une Personne Politiquement Exposée et / ou d'un non résident fiscal français et/ ou d'un virement d'une banque étrangère pour tout versement dès le 1er euro
- si vous avez le moindre soupçon

Événements Aristophil

1989-1999

- Salon Philexfrance 1989 sur le Bicentenaire de la Révolution.
- Création des sociétés Valeur et Patrimoine, Artepoly's et Valeur Philatélique.
- Exposition à Hong-Kong.

2000-2003

Création de la première convention Coraly's autour d'une collection scientifique et du manuscrit Einstein-Besso.

2004

Ouverture du premier Musée des Lettres et Manuscrits le 18 juin 2004 au 8, rue de Nesle, dans le 6e arrondissement de Paris.

2005

La filiale belge d'Aristophil est créée à Bruxelles.

2006

Le magazine *Plumes*, créé en 1994, est racheté par Aristophil et devient *Plume*, reconnue comme une publication de référence consacrée au patrimoine écrit.

2010

• Transfert du MLM au 222, boulevard Saint-Germain, dans le 7e arrondissement de Paris.

• Réception à l'Académie française le 1er juillet pour présenter le livre *L'Académie française au fil des lettres, de 1635 à nos jours*, coédité avec les éditions Gallimard à l'occasion de l'exposition éponyme organisée au Musée des Lettres et Manuscrits.

2011

• Inauguration du Musée des Lettres et Manuscrits de Bruxelles le 22 septembre 2011 dans les Galeries Royales Saint-Hubert.

• Conférence au Palais des Congrès de Paris sur le thème « Investir dans le patrimoine culturel : le modèle Aristophil » en présence de plusieurs centaines de personnes. À l'occasion du salon Fiscap (5 et 6 avril 2011), la société présente sa démarche innovante et fait découvrir aux investisseurs une partie de son patrimoine.

2012

• Création de la Fondation du Patrimoine écrit, d'utilité publique, placée sous l'égide de la Fondation de France.

• 25 au 27 avril : Aristophil et Finestim participent au 10e Forum international de la CIFA, Fondation spécialisée dans la réforme des marchés financiers.

- 12 juin : Aristophil et le MLM sont partenaires du concours « Rencontres en toutes lettres », organisé par la Poste de Cannes.
- 12 juillet : acquisition de l'hôtel de La Salle.
- 27 et 28 septembre : Salon Patrimonia à Lyon.
- 12, 13 et 14 octobre, Hôtel de Rothschild : premières Rencontres internationales des Lettres et Manuscrits.

Partenariats institutionnels

Aristophil et le Musée des Lettres et Manuscrits nouent des partenariats avec les institutions culturelles, notamment avec le ministère de la Culture, et développe sa politique de démocratisation de l'accès aux trésors de l'écrit.

2009 - 2010

Le musée est partenaire de la manifestation « Paris en toutes lettres », lancée par la Mairie de Paris.

2011

• Aristophil et le MLM sont partenaires du Centre national du livre dans le cadre de l'opération « À vous de lire ! » inaugurée par le ministre de la Culture et de la Communication Frédéric Mitterrand, et du train « Littératour » qui sillonne la France du 27 mai au 6 juin 2011. Pour l'exposition itinérante « Des tablettes d'argile aux tablettes numériques » qu'il abrite, le musée prête des pièces exceptionnelles qui témoignent de l'histoire et de l'évolution de l'écrit, depuis les tablettes cunéiformes aux lettres et aquarelles de Saint-Exupéry, en passant par d'inestimables incunables. Un dépliant pédagogique est imprimé à 30 000 exemplaires.

• Dans le cadre de l'opération « À vous de lire ! », le musée propose des dotations pour récompenser les enfants auteurs de la plus belle lettre écrite à leur mère (concours organisé par le ministère de l'Éducation nationale et le Centre national du Livre, en partenariat avec le MLM, La Poste et Bayard).

• 29 avril : Gérard Lhéritier préside le jury Grand Public du concours Rencontres en toutes lettres, organisé par La Poste.

• Le Musée des Lettres et Manuscrits est partenaire des Journées du patrimoine organisées par le ministère de la Culture et de la Communication, ainsi que de l'opération Nuit blanche initiée par la Mairie de Paris.

• 21 juillet : une convention de mécénat est signée avec l'association Les Ponts du Cœur pour « Les Bancs de la Liberté ».

• 14 septembre : le magazine *Historia* choisit le Musée des Lettres et Manuscrits pour remettre ses premiers prix littéraires.

2012

• 17-25 mars : partenariat avec la « Semaine de la langue française et de la francophonie ».

• 16-19 mars : le MLM et *Plume*, partenaires du Salon du livre de Paris dans un nouvel espace de 600 m^2 baptisé « Trésors de livres » et consacré aux livres anciens et modernes, à l'estampe et aux éditions originales. Le musée a organisé une exposition sur le thème du cinéma où sont exposées des pièces exceptionnelles, tels les manuscrits *Quai des brumes* de Prévert et de *La Belle et la Bête* de Cocteau.

• 30, 31 mars, 1er avril : participation aux 6e Journées européennes des métiers d'art.

• 19 mai : participation à la Nuit européenne des musées en partenariat avec le Centre national d'études spatiales (CNES).

• 23-24 juin : participation à l'opération « J'aime le patrimoine » avec le soutien de la Fondation du Patrimoine.

• 15-16 septembre : partenaire des Journées européennes du patrimoine organisées par le Ministère de la Culture.

• 6 octobre : partenaire de l'opération « Nuit blanche » organisée par la Mairie de Paris.

• 10 octobre : partenariat du musée au Salon de l'Écriture organisé par la Mairie du 7e arrondissement.

2013

• 25 janvier-24 février : participation au festival de la biographie de Nîmes.

• 22-25 mars : le MLM et *Plume* sont partenaires du Salon du livre de Paris et organisent l'exposition « Art Square » sur l'histoire du livre d'art dans l'espace, reprise de « Six siècles d'art du livre, de l'incunable au livre d'artiste ».

Les grandes acquisitions

2014

Le manuscrit *Les 120 Journées de Sodome* ou *l'École du libertinage*, du marquis de Sade, rentre en France.

2013

Fonds Boris Vian , acquis à la demande de son fils Patrick Vian.

2012

• La lettre codée de Napoléon, du 20 octobre 1812, et un manuscrit dicté par l'empereur, provenant des archives du général d'Empire Henri Gatien Bertrand. Plus de 310 pages illustrées de 44 dessins.

• Le manuscrit *Exposition abrégée du système du monde selon les principes de Monsieur Newton*, annoté et corrigé par Émilie du Chatelet entre 1745 et 1749. Copies manuscrites de la main de secrétaires comportant de nombreux ajouts, becquets et corrections. Réunion de 35 cahiers, 357 feuillets recto-verso comprenant l'introduction et les cinq premiers chapitres (le sixième et dernier chapitre n'y figure pas) et 57 feuillets de brouillons et notes.

• « L'Album Fuchs », composé de 112 manuscrits musicaux autographes signés de Chopin, Beethoven, Schubert, notamment. Témoignage unique sur l'entourage de Brahms, Chopin,

Beethoven, Mozart, Schubert, Schumann. Vaste panorama de la musique autrichienne et allemande du XIXe siècle. Relié vers 1830 en basane maroquinée ornée, il comporte un titre lithographié à l'époque, un index des noms et une préface autographe d'Aloys Fuchs soulignant la rareté et la préciosité de l'ensemble, ainsi qu'environ 240 pages manuscrites.

• Album rare comprenant 26 gouaches sur vélin représentant des scènes bibliques et historiques. Gravures européennes, dont celles de Matthäus Mérian, illustre graveur suisse. Chine, XVIIIe siècle.

• Lavis d'encre de Chine *Souvenir de Belgique* de Victor Hugo, rehauts d'aquarelle et de gouache blanche. Titré, dédicacé, signé et daté « Souvenir de Belgique / À mon excellent [...] compagnon d'exil / le docteur Terrier / Victor Hugo – Guernesey 1858 ».

• Manuscrit calligraphié *L'Alchimiste* d'Alexandre Dumas, dans une somptueuse reliure de présent au tsar Nicolas Ier.

• Manuscrit autographe de la pièce de théâtre *Orphée* de Jean Cocteau, représentée pour la première fois le 17 juin 1926 au Théâtre des Arts.

• Brouillon inconnu du *Petit Prince* de Saint-Exupéry.

• Le fonds Raymond Queneau composé, entre autres, d'une correspondance de près de 9 000 lettres qui lui sont adressées, d'un ensemble de 33 manuscrits de poésie, traductions, romans, de son journal autographe, d'une série de gouaches, d'huile et d'aquarelles ainsi que d'un ensemble de notes, travaux et études sur le cinéma, sur les mathématiques et les rapports de celles-ci avec le langage.

• Correspondance d'André Breton adressée à Théodore Fraenkel. Ensemble de lettres autographes, poèmes, dessins et collages originaux permettant de suivre l'évolution intellectuelle d'André Breton, depuis son adolescence où il écrivit ses premiers poèmes jusqu'aux débuts du surréalisme.

2011

• Premier manuscrit autographe connu de Charlotte Brontë *The Young Men's Magazine, Number 2,* qu'elle écrivit à

14 ans, en septembre 1830. Le texte met en scène des personnages imaginaires de la ville de verre, inventée durant leur enfance par les sœurs Brontë et leur frère. Il contient un passage qui préfigure une scène du roman *Jane Eyre* écrit dix-sept ans plus tard par Charlotte Brontë. Ce minuscule livre de 19 pages (il mesure 35 x 61 mm) totalement inconnu s'ajoute aux quatre manuscrits similaires détenus par le Brontë Parsonage Museum.

• Découverte des 313 brouillons de télégrammes inédits du général de Gaulle.

• Acquisition d'un *Livre d'Heures* à l'usage de Rome, dites « *Heures de Petau* ». Manuscrit enluminé composé au début du XVIe siècle.

2010

• Correspondance d'Émile Zola avec sa femme Alexandrine. 312 lettres autographes signées, quatre cartes autographes signées, 34 télégrammes et trois pages d'herbier, représentant un ensemble d'environ 1 100 pages manuscrites s'étendant de 1876 à 1901. Classé trésor national.

• Précieux atlas du XVIIe siècle de dix cartes marines ou Portulans exécutés sur parchemin aux encres de couleurs et rehaussés à l'or par François Ollive.

• Épistolaire de saint Jérôme : exceptionnel incunable imprimé en rouge et noir sur peau de vélin et enluminé, dans une superbe reliure d'époque.

• Acquisition du fonds Romain Gary, comprenant les plus grands manuscrits de l'écrivain, dont *La vie devant soi*, *La Promesse de l'aube*.

• Collection Académie française de la famille de Flers, plus de 7 000 lettres d'académiciens, écrites de 1635 à la fin du XXe siècle, rassemblées par six générations de collectionneurs.

• Le « Garde-manger » d'Honoré de Balzac, seul journal de travail connu de l'écrivain, qui avait disparu.

• Fonds Jean Cocteau, composé de notes, de lettres, de dessins souvent inédits et de manuscrits majeurs tels *La Lampe d'Aladin*, *Les Parents terribles*, *Les Enfants terribles* et *Le Sang d'un poète*.

• Manuscrit autographe signé d'*Ursule Mirouët* de Balzac.

2009

• Le testament politique de Louis XVI.
• La plus grande collection des manuscrits de Victor Hugo encore en mains privées.

2008

• Rapatriement en France d'une collection de 500 lettres et documents signés de Napoléon, rassemblés à Boston pendant trente ans par un Américain.
• Le *Manifeste du surréalisme* d'André Breton, texte fondateur du célèbre courant artistique.

2007

Dernières lettres d'amour avec dessins de Saint-Exupéry à une inconnue rencontrée dans le train entre Oran à Alger en mai 1943.

2005

Manuscrit autographe signé de Jean Cocteau regroupant l'histoire, les paroles et la mise en scène de *La Belle et la Bête*.

2004

Manuscrit autographe *Cellulairement* de Paul Verlaine, recueil de 32 poèmes, classé trésor national.

2003

Manuscrit Einstein-Besso, préparatoire à la théorie de la relativité générale.

Expositions Aristophil

Les expositions organisées au sein du Musée des Lettres et Manuscrits, à raison de trois par an, ont permis de présenter au public les pièces les plus exceptionnelles. À partir de septembre 2011, le Musée des Lettres et Manuscrits de Bruxelles a également proposé des expositions temporaires.

2014

- « Le rouleau du Marquis de Sade, *Les 120 Journées de Sodome* ».
- 9 avril- 31 août : « Entre les lignes et les tranchées : 1 563 jours de mort et de vie, les véritables causes de la Grande Guerre », Paris.

2013

- 9 septembre 2013-5 mai 2014 : « Édith Piaf ou cette beauté de l'ombre qui s'exprime à la lumière ».
- 11 octobre 2013-9 mars 2014 : « Jean Cocteau le magnifique, les miroirs d'un poète ».
- 23 mai-15 septembre : « Landru – 6 h 10 – Temps clair (Les pièces du dossier) ».
- 4 avril-31 août : « *L'Écume des jours,* du roman au film (1946-2013) ».
- 8 février-5 mai : « Verlaine emprisonné ».

2012

- Septembre 2012-janvier 2013 : « Six siècles d'art du livre, de l'incunable au livre d'artiste ».
- Mai-août : « *Sur la Route* de Jack Kerouac, l'épopée de l'écrit à l'écran », en partenariat avec MK2.
- Juillet-octobre : « L'étincelle surréaliste », Bruxelles.

2011

- Novembre 2011-mai 2012 : « Les Messages secrets du général de Gaulle – Londres 1940-1942 », Paris.
- Septembre 2011-février 2012 : « Georges Simenon, parcours d'un écrivain belge », Bruxelles.
- Avril-août : « Des lettres et des peintres (Manet, Gauguin, Matisse) », Paris.

2010

- Décembre 2010-avril 2011 : « Romain Gary – des *Racines du ciel* à *La Vie devant soi* », Paris.
- Septembre-novembre : « L'Académie française au fil des lettres », Paris.
- Avril-août : « Proust, du temps perdu au temps retrouvé », Paris.

2009

- Mai-octobre : « Saint-Germain des Prés – L'écume des années Vian », Paris.
- « André Breton, d'un manuscrit à l'autre ».

2008

- « L'Aigle et la Plume, le retour des manuscrits ».

• 2 décembre : inauguration, sous le dôme des Invalides, de la collection de manuscrits rares de Napoléon, retrouvée aux États-Unis.

• « La lettre : une aventure de haut vol. Les débuts de l'aéropostale ».

2007

• « Parlez-moi d'amour », 2007 et 2008.
• « Jean Cocteau, homme de scène et d'images ».
• « Calamity Jane ou les légendes de l'Ouest ».
• « Titanic au cœur de l'océan ».

2006

• « Les lettres illustrées s'exposent ».
• « Promenade musicale, de Mozart à Stravinsky ».

• La musique est à l'honneur avec les célébrations du 250e anniversaire de la naissance de Mozart et du 150e anniversaire de la mort de Schumann. À cette occasion, une sélection de pièces autographes des grands noms de la musique classique du XVIIe au XXe siècle est présentée : partitions de Lully, Mozart et Beethoven, lettres de Delacroix, Wagner, Saint-Saëns ; correspondances et extraits de partitions autographes de Brahms, Mendelssohn, Chopin, Liszt, Strauss, Paganini, Rossini, Verdi, Berlioz, Robert et Clara Schumann. Le théâtre lyrique est représenté par Massenet, Offenbach, Puccini, Bizet. L'avant-garde et le XXe siècle : lettres et fragments d'œuvres de Debussy, Satie, Bartók, Honegger, Prokofiev ou Stravinsky.

2005

• « Voyage au centre de Jules Verne », 2005 et 2006.
• « Autour de Sartre ».
• « Signes des temps : écriture et calligraphie latines ».

2004

« La Plume de l'Aigle », dans le cadre du bicentenaire du sacre de Napoléon.

2003

« Lettres d'Histoire, histoires de l'être ».

Expositions itinérantes

2014

• 2 au 23 mai : « L'esprit & la lettre, La Rochelle ma belle », La Rochelle.

• 15 avril-31 octobre : « Station Saint-Germain-des-Prés – Ligne 4 ».

• 13 avril-29 juin : « En toutes lettres – La Loire, entre douceur et turbulence » à Saumur.

• 11-13 avril : Le « testament politique » de Louis XVI et des épreuves corrigées et manuscrits de Clémenceau, dans le cadre du Printemps du Livre de Montaigu.

• 11-15 février : Hommage à Gustave Flaubert, Centre Méditerranéen de Nice.

• 24 janvier-8 février : L'Académie française au fil des lettres, de 1635 à nos jours, exposition présentée à l'occasion du 13e festival de la Biographie de Nîmes.

2013

• 4-9 novembre : Hommage à Albert Camus, à l'occasion de la célébration du centenaire de sa naissance, Centre méditerranéen de Nice.

• 24-28 septembre : exposition sur l'évolution de la théorie de la relativité autour d'Albert Einstein, Centre méditerranéen de Nice.

• 13-15 septembre : « Plumes engagées », 35ᵉ édition du Livre sur la Place à Nancy.

• 13-15 septembre : exposition consacrée à l'évolution de la figure du *Petit Prince* à l'occasion du 70ᵉ anniversaire de la première édition de l'ouvrage. 35ᵉ édition du Livre sur la Place à Nancy.

• 28 juin-1ᵉʳ septembre : Marathon des mots de Toulouse, Musée Paul-Dupuy.

• 25 janvier-24 février : Festival de la biographie de Nîmes.

2012

• 8-11 novembre : participation au Salon international du Patrimoine culturel, exposition de lettres et manuscrits sur les moyens de transport non polluants, Carrousel du Louvre à Paris.

• 14-15 septembre : « La Lorraine en toutes lettres », 24ᵉ édition du Livre sur la Place à Nancy.

• 16-19 mars : exposition au Salon du livre de Paris.

2010

21 octobre-1ᵉʳ novembre : « Voyage, exil : lettres et manuscrits d'écrivains », chapelle Saint-Anne à La Baule.

2009

18 avril-23 mai : « Voyage, exil : lettres et manuscrits d'écrivains », médiathèque de la Roche-sur-Yon.

Prêts aux musées en France et dans le monde

2012

• Juin-septembre : « L'art d'aimer », le MLM prête 350 œuvres, Palais Lumière, Évian-les-Bains.

• « Pulsion(s) : éclairage sur les rapports entre l'art et l'hystérie autour de 1900 ». Le MLM prête l'aquarelle originale signée de Félicien Rops, *Deuxième dizaine*, Société Archéologique de Cythère (Paris, Pellet, 22 mars 1893).

• Septembre 2012-janvier 2013 : « Maurice Denis, l'éternel printemps ». Le MLM prête une huile sur toile de Maurice Denis, *Annonciation à Fiesole* (Bellavista, 1907), musée Félicien Rops, Belgique.

• Juin-août : « Henri Martin – Collection Paul Louis Riff : les toiles d'Henri Martin, réunies entre 1890 et 1900 par Paul Riff, sont dévoilées au public ». Le MLM prête des huiles sur toile d'Henri Martin, *Faucheur et paysanne au soir près du hameau*, *Femme à la lyre*, *Le bassin*, musée de Cahors Henri Martin.

• Juin : « 140 ans de chansons françaises, de 1871 à nos jours ». Prêt d'un manuscrit autographe de Jacques Prévert, *Les Feuilles Mortes*, parc Floral de Vincennes.

2011

• Novembre-décembre : « Culture Chanel ». Le MLM prête des manuscrits et une édition originale de Pierre Reverdy, une carte autographe signée et illustrée d'Igor Stravinsky, un manuscrit autographe de Jean Cocteau, une lettre de Catherine de Médicis, un placard d'épreuves corrigées à la main de Marcel Proust, Museum of Contemporary Art à Shanghai, janvier-mars, et National Art Museum of China de Pékin.

• Novembre 2011-février 2012 : exposition rétrospective de reliures d'art de Micheline de Bellefroid (1927-2008). Le MLM prête des reliures sur un manuscrit autographe d'André Pieyre de Mandiargues, *La Motocyclette*, et trois éditions originales, Musée royal de Mariemont, Belgique.

• Novembre 2011-juillet 2012 : « Brume, ombre et lumière – Mac Orlan et le cinéma ». Prêt des versions numérisées du manuscrit autographe de Jacques Prévert du scénario de *Quai des brumes*, musée des Pays de Seine-et-Marne.

• Octobre-décembre : « *Fables* de La Fontaine, illustrations d'hier et d'aujourd'hui ». Le MLM prête une édition des *Fables* de La Fontaine, accompagnée de 32 compositions, Scriptorial / musée des manuscrits du Mont-Saint-Michel, Avranches.

• Novembre 2011-janvier 2012 : « Le Surréalisme à Paris ». Prêt des manuscrits des deux *Manifestes* d'André Breton, de deux cahiers d'écritures automatiques, de lettres autographes signées Marcel Duchamp, René Magritte, d'un poème autographe signé de Paul Éluard, Fondation Beyeler, Bâle.

• Octobre 2011-janvier 2012 : « Auguste Rodin – Félicien Rops, les embrassements humains ». Prêt d'un télégramme d'Auguste Rodin à Félicien Rops datant de 1888, musée Félicien Rops, Belgique.

• Nombreux prêts du MLM au Musée des manuscrits du Mont-Saint-Michel pour les expositions « Paroles et musique, les manuscrits de la chanson française » (juin-septembre), « Plumes d'histoire, Histoires de plumes : Petits et grands écrits de France » (mars-juin), « Matisse et le livre illustré » (juin-septembre 2010), « Robert Doisneau, Trait pour trait, portraits d'écrivains par Doisneau » (octobre -décembre 2009) et « Lumière sur le Ciel » (juin-septembre 2009).

2010

• Exposition permanente au musée Champollion (Figeac). Prêt de deux lettres de Marie Curie et Gustave Eiffel (septembre 2011-février 2012), d'une lettre de Victor Hugo et d'un manuscrit de Gustave Flaubert (décembre 2010-juin 2011).

• Octobre 2010-février 2011 : « Vincent Van Gogh – Campagna senza tempo ». Prêt des lettres autographes signées de Vincent Van Gogh, Città moderna – Complesso del Vittoriano, Rome.

• Septembre 2010-janvier 2011 : « Trésor des Médicis ». Prêt des lettres de François Ier, d'Élisabeth de France, de Giorgio Vasari et de Catherine de Médicis, musée Maillol, Paris.

• Mars-juin : « De Corot à Monet ». Prêt des lettres autographes des impressionnistes Camille Pissarro, Claude Monet, Pierre Auguste Renoir, Gustave Courbet, Complesso del Vittoriano, Rome.

2009

• Septembre-décembre : « Rien qu'un battement aux cieux : éventail dans le monde de Stéphane Mallarmé ». Le MLM prête un éventail à 18 brins en ivoire sur feuille de vélin orné d'un motif aquarellé comportant des signatures de contemporains de Mallarmé, Musée départemental Stéphane Mallarmé, Vulaines-sur Seine.

• Mai-juillet : « Le bassin de la Villette ». Prêt une lettre de Pierre-Simon Girard, à en-tête du directeur du canal de l'Ourcq, à son camarade l'inspecteur des Ponts et Chaussées de Prony, de l'Académie des Sciences, Cité des Sciences et de l'Industrie, Paris.

2008

• Novembre 2008-mai 2009 : « Jean Marais, l'éternel retour ». Prêt d'un manuscrit sur l'histoire, les paroles et la mise en scène de *La Belle et la Bête*, avec huit pages de dessins originaux (trésor national) et album de 89 photographies du tournage du film, Musée de Montmartre, Paris.
• Mars-juin : « Renoir à Rome ». Prêt de 47 lettres d'Auguste Renoir, Complesso del Vittoriano, Rome.

2007

• « René Char » : le MLM prête le manuscrit de *Moulin Premier* de René Char, Bibliothèque nationale de France.
• « Georges Seurat, The Drawings » : le MLM prête une lettre de Georges Seurat, Museum of Modern Art, New York.
• « Paul Gauguin » : prêt de 30 lettres de Paul Gauguin, Complesso del Vittoriano, Rome.

2005

• « Reliure française actuelle » : prêt de trois livres reliés par Véronique Sala-Vidal, Bibliotheca Wittockiana, Bruxelles.
• « 100 ans après Einstein » : prêt des lettres d'Albert Einstein, Cité des Sciences, Paris.

2003

« Les Amis du livre contemporain – Cent ans de bibliophilie » : le MLM prête une édition rare du *Livre de la Jungle*, Musée Condé, Chantilly.

Dons et mécénat

2013

Archives Michel Foucault pour la BNF : don de 1,85 million.

2012

• Société de bibliophiles Les Amis du livre contemporain : don de 40 000 euros.

• Don à la Ville de Nice du manuscrit original du discours du général de Gaulle prononcé le 9 avril 1945 place Masséna (valeur : 60 000 euros).

• Les amis de Yorola : huit puits pour le Mali.

2011

• Classé « trésor national », la *Vie de sainte Catherine d'Alexandrie* entre en 2011 à la BNF grâce au mécénat d'Aristophil, à hauteur de 2,5 millions d'euros.

• L'association des Amis de Verlaine acquiert l'appartement natal de Verlaine à Metz, pour y installer un musée consacré au poète, grâce à un don de 150 000 euros.

• Aristophil et le MLM participent à hauteur de 100 000 euros à l'opération « Les Bancs de la liberté » lancée par l'association Les Ponts du cœur, bénéficiant du label de l'ONU et de l'UNESCO, dans le cadre de l'année internationale du rapprochement des cultures. Plus de 20 bancs en hommage à de grands écrivains seront ainsi installés sur l'ensemble du territoire.

• Association des Amis de Yorola : don de 60 000 euros pour la réalisation de 15 puits d'eau au Mali.

• Association La Passerelle : don de 12 000 euros pour la réalisation d'une école au Sénégal.

• Les Amis du livre contemporain : dons de 40 000 euros entre 2009 et 2011.

• Financement de la statue de Jean Moulin à Villefranche-sur-Mer.

• Association Culture et Sport Adapté 06 : don de 5 000 euros.

• Association « Le Fardier de Cugnot » : don de 50 000 pour la création d'une réplique du fardier, premier véhicule automobile de l'histoire conçu en 1769 par l'ingénieur français Nicolas-Joseph Cugnot.

2010

Association MIR : don de 40 000 euros à pour l'accueil et l'accompagnement de personnes en difficulté.

2008

Association Luberon Montagne magique : don de 10 000 euros.

Bibliographie des ouvrages auxquels a participé Gérard Lhéritier

Gérard Lhéritier, *Les Ballons de la liberté*, Plon, 1995.

Gérard Lhéritier, *Guerre de 1870 et le siège de Paris. Livre des valeurs et cotations des années 1870-1871*, tome I, Aristophil, 1997.

Gérard Lhéritier, *Guerre de 1870 et le siège de Paris. Livre des valeurs et cotations des années 1870-1871*, tome II, Aristophil, 1998.

Gérard Lhéritier, *Le Collier de feu*, Aristophil, 1998.

Gérard Lhéritier, *Guerre de 1870 et le siège de Paris. Livre des valeurs et cotations des années 1870-1871*, tome III, Aristophil, 1999. Récompensé par le Cardinal Spelmlman Muséum de Weston, Massachusetts, médaille d'argent.

Gérard Lhéritier, *Guerre de 1870 et le siège de Paris. Livre des valeurs et cotations des années 1870-1871*, Aristophil, 2000.

Gérard Lhéritier, *Coffret Albert Einstein*, Aristophil, 2003.

Gérard Lhéritier, *Lettres d'Histoire, histoires de l'être*, Aristophil, 2003.

Gérard Lhéritier, *Coffret Hector Berlioz*, Aristophil, 2003.

La Plume de l'aigle, Aristophil, 2004.

Letters of History, History makers, version anglaise du Livre de l'exposition de Cagnes-sur-Mer, *Lettres d'histoire, histoires de l'être*, Aristophil, 2005.

La Calligraphie, signes des temps, MLM, 2005.

Autour de Sartre, MLM, 2005.

Voyage au centre de Jules Verne, Aristophil, 2006.

Gérard Lhéritier, *Le Manuscrit du Titanic*, Aristophil, 2007.

Jean Cocteau, homme de scène et d'images, Aristophil, 2007.
Gérard Lhéritier, *Guerre de 1870 et le siège de Paris. Livre des valeurs et cotations des années 1870-1871*, Aristophil, 2008 (rééd.).
Napoléon, L'aigle et la plume, Aristophil, 2008.
Parlez-moi d'amour, Aristophil, 2008.
Saint-Germain-des-Prés. L'écume des années Vian, Aristophil, 2009.
Lectures de Romain Gary, coédition Gallimard/Magazine littéraire, MLM, 2010.
Philippe de Flers et Thierry Bodin (dir.), *L'Académie française au fil des lettres*, coédition Gallimard/MLM, 2010.
Gérard Lhéritier, *Lettres et manuscrits. Petits et grands secrets*, tome I, Flammarion, 2010.
Proust, du temps perdu au temps retrouvé, coédition Les Équateurs/MLM, 2010.
Gérard Lhéritier et Jean-Pierre Guéno, *Messages et manuscrits secrets du général de Gaulle 1940-1942*, coédition Gallimard/MLM, 2011.
Gérard Lhéritier, *Grand coffret Messages et Manuscrits du général de Gaulle*, MLM, 2011.
Musée des Lettres et Manuscrits de Bruxelles, *Florilège*, coédition Racine/MLM, 2011.
Georges Simenon, *Parcours d'un écrivain belge*, coédition Racine/MLM, 2011.
Gérard Lhéritier, *Lettres et manuscrits. Petits et grands secrets*, tome II, coédition Flammarion/MLM, 2011.
Des lettres et des peintres, coédition Beaux-Arts éditions/MLM, 2011.
Gérard Lhéritier, *Coffret Albert Einstein*, MLM, 2011.
Gérard Lhéritier et Christel Pigeon, *L'Or des manuscrits. Les 100 manuscrits les plus précieux*, coédition Gallimard/MLM, 2012.
Pascal Fulacher, *Six siècles d'art du livre. De l'incunable au livre d'artiste*, coédition Citadelles & Mazenod/MLM, 2012.
Marie-Renée Morin, *Lettres à Lamartine. Les enjeux de la célébrité*, coédition Éditions des Cendres/MLM, 2012.
Gérard Lhéritier (dir.), *Le fabuleux Kaléidoscope « Poèmes de Paul Verlaine » avec Cellulairement*, coédition France Loisirs/MLM, 2013.
Pascal Fulacher et Dominique Marny, *Jean Cocteau, le magnifique. Les miroirs d'un poète*, coédition Gallimard/MLM, 2013.

Eric Yung, *Landru. 6 h 10 temps clair*, coédition Télémaque/MLM, 2013.

Gérard Lhéritier et Christel Pigeon, *L'Or des manuscrits. 100 lettres illustres et illustrées*, Gallimard, 2014.

Pascal Fulacher et Jean-Pierre Guéno (dir.), Gonzague Saint Bris et Gérard Lhéritier, « Le rouleau de Sade l'incroyable épopée d'un manuscrit », dans *Sade. Marquis de l'ombre, princes des lumières*, coédition Flammarion/MLM, 2014.

Gérard Lhéritier et Christel Pigeon, *Ces papiers tachés d'encre. Fleurons des lettres et manuscrits*, Gallimard, 2014.

Gérard Lhéritier et Christel Pigeon, *L'incroyable voyage au cœur du monde mystérieux des lettres et manuscrits. Histoires étonnantes, jeux et secrets !*, Gallimard Jeunesse, 2014.

Le nouveau jeu « Scriptural » pour tous, d'après une idée de Gérard Lhéritier à l'occasion des vingt ans du magazine *Plume* et des dix ans du Musée des Lettres et Manuscrits, Aristophil, 2014.

Jean-Pierre Guéno et Gérard Lhéritier, *Entre les lignes et les tranchées*, coédition Gallimard/MLM, 2014.

Participation à la publication des ouvrages suivants :

Antoine de Saint-Exupéry, *Lettres à l'inconnue*, Gallimard, 2008.

Jean-Pierre Guéno, *La Vie en toutes lettres. Ces paroles qui marquent notre existence*, Plon, 2010.

Yvonne Salmon, *Le général de Gaulle, Biographie*, Les Équateurs, 2010.

Collection Gustave Flaubert, Aristophil, 2010.

Gwenaëlle Abolivier, *Lettres océanes*, Glénat, 2010.

Collectif Félicien Rops, Auguste Rodin. Les embrassements humains, en collaboration avec le musée Félicien Rops de Namur, Hazan, 2011. *L'Univers surréaliste*, Itsaro, 2011.

Jacques de Saint Victor et Jean Christian Petitfils, *Testaments et manifestes de Louis XVI*, Les Équateurs, 2014.

Collectif, *Marc Chagall. Des rêves aux souvenirs*, MLM, 2011.

Piaf mon amour bleu, Grasset, 2011.

Paul Cézanne, *Cinquante-trois lettres*, L'Échoppe, 2011.

De Salvador Dali à René Magritte.

Table

ANNEXES

CET OUVRAGE A ÉTÉ COMPOSÉ
EN PALATINO CORPS 11
PAR NORD COMPO
À VILLENEUVE-D'ASCQ.

ACHEVÉ D'IMPRIMER
PAR L'IMPRIMERIE CPI FIRMIN-DIDOT
À MESNIL-SUR-L'ESTRÉE, EN MARS 2019,
POUR LE COMPTE DU PASSEUR ÉDITEUR.

Dépôt légal : avril 2019.
N° d'imprimeur : 151999
Imprimé en France.